JN255767

開発政治学を
学ぶための **61**冊

開発途上国のガバナンス理解のために

木村宏恒 監修

稲田十一／小山田英治／金丸裕志／杉浦功一 編著

明石書店

はじめに——国際開発学と開発政治学

日本の将来は開発途上国の開発にある

この言葉は日本が人口減少に直面する中でよく言われるようになった。開発途上国（以下、途上国）の人口は世界の人口の 8 割を超え、まだ増える勢いにある。ここに今後の日本の新たな市場を開拓するというわけだ。ただ、途上国の場合、貧困層が多く、問題は購買力を持つ人口が増えるかどうかだ。1980年代、日本の中国への輸出は、人口で中国の 2%にすぎない台湾への輸出より少なかった。それが経済成長につれて、対米輸出を抜いて 2008 年には中国が日本の輸出相手国のトップになった。

今後、若い世代はいやおうなく、途上国と関わることになる。その場合、途上国の人たちと付き合っていくには、「語学や異文化理解が不可欠」といった議論もあるが、より大事なのは、開発途上国の人たちが望み、希求していることを理解することである。それは開発の理解である。

途上国の開発理解は貧困撲滅から出発する。これまでの実績から、貧困削減の 7 割は経済成長、3 割が社会開発（教育・保健など）の結果であると言える[1]。その両方を促進させたのがガバナンスである。過去 25 年で途上国の貧困層は 10 億人余り減った。1990 年には途上国の 47%、19 億人だった貧困層は、2015 年には 14%、8.4 億人に減った[2]。途上国の 86%の人はもはや貧困層ではない。その少数派になった貧困層をなくしてしまおうというのが、国連の開発に関する第一目標である。ただ、途上国の実際の貧困はもっと幅広い。世界銀行（世銀）は、1 人 1 日 1 ドル以下の所得の人々を貧困層と定義してきたが[3]、一方の先進国の貧困層は中産階級以下の階層をいう。貧困層の定義が異なるのである（ダブルスタンダード）。途上国では、貧困層から上で中産階級から下の

1　大坪滋「民主的ガバナンスと経済成長・貧困削減」木村宏恒他編著『開発政治学入門』勁草書房 2011、p.75.
2　United Nations, MDG Report 2015, p.4 ［online］.
3　この 1 ドルは約 110 円の市場為替交換ドルではなく PPP1 ドルである。PPP は購買力平価という各国の 1 ドルの値打ちを平均した単位である。世銀はさらに、物価を考慮して、2005 年に 1 ドルを 1.25 ドルに、2015 年に 1.9 ドルに改めた。

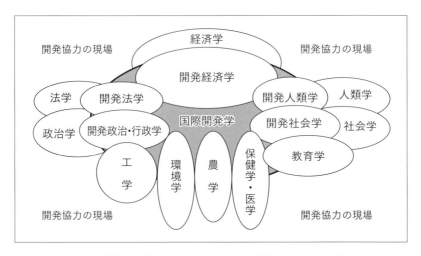

図　学際性を持つ国際開発学と他の学問分野との関係

層が最大の階層を占める。先進国の定義では貧困層である。その人たちは当然、自分たちはまだまだ貧しいと思っている。

　途上国の貧困撲滅を第一目標とし、それに関連する政治・経済・社会の開発についての一通りの知識を持つことを開発リテラシーと言う。コンピュータ・リテラシー、環境リテラシーと同様、開発リテラシーも、今後の日本人には不可欠となろう。開発学（近年では国際開発学という用語も普及している）は大英帝国の植民地遺産を持つイギリスで 1960 年代に生まれた。ほぼ同じ時期に女性学、老年学（高齢者の総合科学）、環境学も生まれ、世界中の多くの大学で授業が持たれるようになったが、日本の大学ではこれらはいずれも遅れている。

　開発は長い間、経済学の枠で考えられてきたが、近年は社会学や教育学、政治学なども含めた複合領域として理解されるようになっている。大坪滋・木村宏恒・伊東早苗編『国際開発学入門』（勁草書房 2009）は、国際開発学を「多学問領域ネットワーク型研究」と位置づけた。その序章では、国際開発学の全体像を図示し、開発経済学、開発政治学、開発社会学を国際開発学の 3 本柱としている（上図、p.14）。

開発協力（援助）の必要性

　援助とか開発協力と言うと、「上から目線だ」「不遜だ」「日本の利益優先だ」と反応する人もいる。たしかに、欧米や日本の近代化過程や法体系、民主化や市民社会を直輸出するやり方は、その多くが失敗してきた。しかし歴史的にみると、途上国が開発の進んだ国から学ぶことは国の発展に欠かせない。幕末・明治の日本を思い起こしてほしい。日本が近代化するにあたって、富岡製糸場の操業を軌道に乗せたフランス人技師たち、東海道において道も橋も造れなかった暴れ川、木曽三川（木曽川、長良川、揖斐川）の治水工事を成功させたオランダ人技師、廃仏毀釈という大文化破壊が進行しているときに日本美術の再評価に努めたフェノロサらの尽力が、どれほど貴重なものであったか。多くの若者が欧米に留学し、法律、軍事、鉄道、郵便制度などを学び、帰国してその制度をつくっていった過程なくして日本の近代化はありえなかったのではないか。

　32年間続いたスハルト独裁体制が1998年に崩壊したとき、筆者はインドネシアの大学の政治学の先生から、「民主化って何と何をすればいいんだ？　教えてくれ！」と言われた。中央選挙管理委員長を務めた別の先生の博士論文は欧米政治モデルの直輸入で、これではだめだと思った。先進国とインドネシアの歴史的諸条件を踏まえたハイブリッド体制づくりが必要であった。その民主化も、経済成長と生活向上がなければ国民の支持が持続しない。統治のあり方、経済政策、教育や保健医療に代表される社会開発政策など、先進国の例に学び、資金援助も得て、各方面での政策対話や開発協力を軌道に乗せることは順当な道である。

　開発協力も、1990年代からずいぶん変わった。1980年代末、世銀の緊縮財政政策は、社会福祉の切り捨てだとずいぶん批判を浴びた。その結果、世銀は年報『世界開発報告1990——貧困』を出して、経済成長でなく貧困撲滅が世銀の開発目標であると規定するようになった。日本の援助も、鷲見一夫『ODA援助の現実』（岩波新書1989）や村井吉敬らによる批判が普及して、それまでの姿勢が反省を迫られた。「貿易と投資、援助の三位一体」と言われたように、日本の利益を優先させ、商売さえうまくいけば相手国の独裁政権を強化することになろうが、それは内政問題であり関係ないといった態度が転換を求められたのである。

先進諸国は国内の民主的な福祉国家体制の延長線上に、民主化と政府の説明責任・予算の透明性などを援助と抱き合わせにして求めるようになった。国連開発計画（UNDP）など国連諸機関も、民主化、説明責任、政府機関の能力構築、教育や保健医療の重視といった「やるべきことをやる政府」を前面に掲げるようになった。NGO（非政府組織）を通じて行う援助もずいぶん増え、国際NGO は国連諸機関の中で大きな発言力を持つようになった。

　ただし、先進国側のそれまでの援助政策が、以上のような批判を受けてどの程度根本的に転換したのかというと、まだ転換したとは言えない。国際機関も先進各国政府も、「やるべきことをやらない政府」に面と向かって対立せず、たとえば、人権や民主化や参加を政策目標としては掲げるが実際は軽視して、開発独裁[4]下の見せかけの選挙を「民主的に行われた」と擁護し、カンボジアやルワンダの指導者に「先進国の言う民主化は口だけだ」と確信させている。しかし、国際機関や援助の舞台が、保守派と改革派の諸政策のせめぎあいの場、国際的な支援の改革可能性の場になってきていることは確かである。

　援助効果をめぐる一番の難問は、援助を最も必要とする国々（50〜60ヵ国）は、援助を有効に使う能力が最も低いことである。優先課題は、人道的なニーズと、国家エリートによる経済の略奪や行政組織を弱める可能性を減じることである。「問題は政治」であり、あらゆる（援助等の）介入は、政治的経済（political economy）、社会構造、国や地域のリーダーに対する深い理解に基づいて計画されなければならないと、イギリス開発学会会長は言う[5]。

途上国開発の焦点になったガバナンス（統治）と政治

　1961 年の国連「開発の 10 年決議」で南北問題が国際課題となって 50 年以上が経ち、先進国入りする途上国もあれば、一方で最貧国にとどまっている48 ヵ国もあるというように、大きな格差が出てきた。国内の格差も深刻である。多くの途上国で開発がなぜ順調に進まないのか、格差の根源は何かを考える中で、1990 年代から、各種の開発の試みは政府や政治がやるべきことをやらないからだという認識が、国際機関や（日本を除く）援助国の公式の政策と

4　Sebastian Strangio, *Hun Sen's Cambodia*, Yale University Press, 2014；木村宏恒「ルワンダの開発と政府の役割」名古屋大学国際開発研究科 DP 2016［online］.
5　デイビッド・ヒューム『貧しい人を助ける理由 —— 遠くのあの子とあなたのつながり』佐藤寛監訳、日本評論社 2016=2017、pp.58, 66.

して一般化した。そして、途上国開発政策の鍵として「良い統治（グッド・ガバナンス）」を公的に掲げ、推進することがクローズアップされるようになった。しかし各国の個々の援助の実務家や、経済学者・社会学者の多くは、その認識がまだ薄いと言われている。[6]

　途上国貧困層への支援には、食べたら終わりの食料でなく釣り竿（生産手段）が必要といった議論は過去の話である。その程度では貧困から抜け出せない。過剰小規模農漁民に対して都市と農村における非農業分野を開き、そのための投資環境を改善する中で、経済成長を軌道に乗せ、「仕事を生み出す成長（job-creating growth）」を目標にした国家建設への支援が不可欠なのだ。

　いまや「良い統治」をどう実現するかは開発の焦点になってきている。しかし、先進国政府や援助機関や国際機関は、内政干渉にならないようにという配慮から、非政治的にガバナンス（統治。共治と訳す人もいるが、共治〔co-governance〕は統治の一部である）という言葉を使う。そのような婉曲話法に学者や一般の人が合わせる必要はない。実際問題として、ガバナンスを政治と切り離すことは不可能である。開発の世界で焦点となったガバナンスを、政治学的に位置づけたものが開発政治学である。途上国の開発は政治を中心に動いているため、開発政治学の枠で考えることが重要であるということだ。「政治が国家をつくり、国家が開発をつくる」。開発は国づくりであり、国をつくるのは政治である。日本ではまだそういう理解が弱いが、本書はそうした開発の基本の理解を、政治学の各分野の研究状況と、関連する 61 冊の本の紹介を通じて、理解することができるように編纂された。

ガバナンスと政治の中身

　アナン国連事務総長（在任 1997 ～ 2006 年）は「グッド・ガバナンスは、貧困を撲滅し、開発を進める上で、おそらく最も重要な要因である」という認識を示していた。2015 年の国連決議「持続可能な開発目標（Sustainable Development Goals：SDGs）」の準備作業で、UNDP は次のように書いた。「ガバナンスが2015 年以降の開発目標においてより強力な役割を演ずるべきだという幅広く受け入れられた議論がある」。「国家は効率的（efficient）なだけでなく、民衆の

6　Thomas Carothers & Diane De Gramont, *Development Aid Confronts Politics: The Almost Revolution*, Carnegie Endowment for International Peace, 2013, pp.7, 21, 206（紹介文献 **9**）.

声を聞く（responsive）能力を持つべきである」。「ガバナンスは他のあらゆる開発目標に貫徹する主流化が必要である」と[7]。世界銀行は、『世界開発報告』2017年版（紹介文献⓬）を「ガバナンスと法」の特集とし、冒頭に、「ガバナンスの強化についてより大きな注意を払わなければ、世界銀行グループの目標だけでなく、国連のより幅広い持続可能な開発目標という転換的な目標にも手が届かないだろう」と書き、さらに正しい政策が実施できないのは、「国レベルの政治的意思が欠如している」からであり、「現行の力の均衡に対する挑戦になるからである」として、改革の焦点は政治であることを明確にした[8]。この報告は、90年代以来の「ガバナンスが問題である」を「政治が問題である」に言い換え、それを体系的に提起した画期的な報告である。

　現在、世界の独立国は195、そのうち途上国は世銀の分類で147ヵ国。各国の自由度を毎年公表しているフリーダムハウス（Freedom House）は、そのうち49ヵ国が自由のない国、59ヵ国が部分的にしか自由を認めていない国としている。国際機関や援助国の圧力で選挙が行われて民主国家の体裁を整えている国でも、選挙の実態は公正とは言いがたく、「粉飾国家」の様相を呈している国が少なくない。

　中国、カンボジア、ケニア、ルワンダ、中東、中南米と、非常に多くの途上国では、家産制と権威主義（第6章参照）が続き、競争力によってではなく政治的地位やコネによって富が蓄積される「政治的資本主義（political capitalism）」が続き、その中で新たな資本家階級が形成され、格差社会が拡大している。

　2015年9月に、国連は全会一致で、2030年までの途上国開発の戦略、「持続可能な開発目標（SDGs）」を決議した。2030年まで、途上国の開発はこの決議を軸に動いていくことになる。SDGsを決議するまでの世界的討議の間に、世界アンケートが行われた。130万人の回答者（8割が途上国）の回答を集計すると、人々が希求することは、第一に子どもたちの教育の質、第二に保健医療、第三に仕事、第四に汚職をしないで人々の要望に応える政府であった[9]。それらが途上国開発の中心課題である。第一は教育行政、第二は保健医療行政、第

7　UNDP, *Discussion Paper: Governance for Sustainable Development – Integrating Governance in the Post-2015 Development Framework*, 2014〔online〕.
8　世界銀行『世界開発報告2017 —— ガバナンスと法』田村勝省訳、一灯舎 2017=2018, 序文 p.7.
9　UN Global Survey for a Better World, *Listening to 1 Million Voices*, 2013〔online〕.

三は経済が向上するインフラなどの条件を整え、仕事の機会を増やすこと。いずれも政府の役割（公共政策）に依存しており、政治の役割は、優先順位の高いそれらの分野に政府予算と人材を重点的に配分することにある。「仕事の機会を増やすのは民間の仕事だろう」と思われるかもしれないが、途上国の民間投資で最大の問題は「投資環境の改善[10]」である。その中身は、商法や刑法、労働法などの法整備、もめごとがあった場合に公正な裁判が機能すること、電力や道路などのインフラが整っていること、汚職が少ないことなどで、いずれも政府が機能してこそ可能になる。

SDGsの決議前文の第9項では「民主主義、良い統治、法の支配は、持続可能な開発に不可欠である」と規定された。そうした政府がやるべきことをやる体制は、政治・経済・社会の近代化全体が進み、制度化する中で進展すると理解されている。経済成長がなければ貧困層の生活向上や仕事の機会は望みえないが、同時に政府が、経済成長と福祉社会の方向に向けて効果的に機能しないと、社会の下層を含む全体の底上げができないということである。

本書の構成

開発政治学は開発学と政治学をドッキングさせたものである。政治学は、政府が、一国の富をどのようにつくり出し、多くのレベルで分配するシステムをどのようにつくるか、誰が、何を、いつ、いかにして、なぜ獲得するかを分析する学問分野である（ラスウェルの定義をイギリス高等教育品質管理庁「政治学・国際関係論」部門が再確認[11]）。

「第Ⅰ部　現代世界と途上国開発」ではまず、開発研究の主流であった経済学に政治学を結びつける政治経済学（political economy）について分析するいくつか視角と主要論点を整理したのち、途上国の政治発展論、および開発援助における政治的側面について解説し、文献を紹介する。もう1つの大枠が途上国国家論の全体像に迫る諸側面の解説である。「第Ⅱ部　開発途上国における国

10　世界銀行『世界開発報告2002――市場制度の構築』（西川潤監訳2002＝2003）、『世界開発報告2005――投資環境の改善』（田村勝省訳2005＝2005、いずれもシュプリンガーフェアラーク東京）；ポール・コリアー『最底辺の10億人』（中谷和男訳、日経BP社2007＝2008）pp.141-149.

11　H. D. ラスウェル『政治――動態分析』久保田きぬ子訳、岩波書店1936＝1959。ただし邦訳前半は原著 Harold D. Lasswell, *Politics: Who gets What, When, How* と併読しないと理解できない：Quality Assurance Agency for Higher Education, UK [QAA], *Subject Benchmark Statement: Politics and International Relations*, 2015〔online〕.

家の役割」では、国際機関による途上国国家認識、制度、国家論、なかでも脆弱国家論、およびナショナリズムと国家形成について論じている。

政府は、法体系をつくり、軍と警察などを使って秩序を維持し、インフラや都市計画、教育・保健医療体制の整備などで経済と社会の舵をとる。そのため税を徴収し、公債を発行する。その政府メカニズムの諸要素についての議論が「第Ⅲ部　開発のための国家運営」であり、その分配をめぐる政治的駆け引きの構成要素理解が「第Ⅳ部　開発を取り巻く政治過程」である。第Ⅲ部では、国家運営の主要な要素、すなわち、法の枠組み、違法行為の中でもとくに負の効果が大きい汚職、リーダーシップの決定的重要性、官僚制と公共政策、および地方分権について取り上げている。第Ⅳ部で重要なことは、途上国では、民主政の中心にある政党政治の駆け引きで予算などの分配が決まるのではなくて、その前に与党が政権を維持する構造であるクライアンテリズムがあることである。それに対して、市民社会は非常に小さく、民主政の全体像を抜きにした形式的な「民主化」には問題が多すぎる。

最後に「第Ⅴ部　開発への国際関与」として、政策改革支援、平和構築支援、民主化支援という政治関係の国際関与について解説し、文献紹介をしている。

本書はどの章から読んでもいいようにできている。目次だけでなく、索引からアプローチすることも一案である。

開発政治学を学ぶための 61 冊の選び方

61 冊の選定にあたっては、政治学そのもののほか、法学、社会学、経済学といった隣接科学との接点にあたる「政治と法」、政治社会学、政治経済学からも選んだ。また、政治学とは言えないものの、開発の実務者が政治に関係する議論を展開した著作も入れている。

「政治と法」研究の系譜には、ケルゼン『一般国家学』（清宮四郎訳、岩波書店 1925=1971）、ダントレーヴ『国家とは何か』（石上良平訳、みすず書房 1967=2002）からダグラス・ノース『制度・制度変化・経済成果』（紹介文献❶）、松尾弘『良い統治と法の支配』（紹介文献㉗）まで多くの研究がある。

政治社会学の系譜には、マックス・ウェーバー『支配の社会学』（全 2 巻、世良晃志郎訳、創文社 1922=1960/1962）からカール・フリードリヒ『伝統と権威』（三邊博之訳、福村出版 1972=1976）、アンソニー・ギデンズ『国民国家と暴力』

（松尾精文他訳、而立書房 1985=1999）、デイビッド・ヒューム（紹介文献❸❹）に至る一連の研究がある。政治経済学の系譜には、アダム・スミス『国富論』（玉野井芳郎他訳、中央公論新社 1776=2010）からポール・コリアー『民主主義がアフリカ経済を殺す』（紹介文献㉑）に至る多くの研究がある。スミスもコリアーも政治経済学を自称した。

《付記》
　本書の執筆者は日本国際開発学会のガバナンス研究会のメンバーである。ガバナンス研究会では、これまでに次のような出版活動をしてきた。
- 木村宏恒・近藤久洋・金丸裕志編著『開発政治学入門』勁草書房 2011
- 木村宏恒・近藤久洋・金丸裕志編著『開発政治学の展開』勁草書房 2013
- 国際開発学会機関誌『国際開発研究』第 23 巻 1 号、2014（特集：ポスト2015 年の開発戦略におけるガバナンス）［online「国際開発研究」で入力］

　文献情報に［online］とあるのは、インターネットでアクセス可能という意味である。
　なお、明石書店大江道雅社長のご紹介で、研究会以外から笹岡雄一氏に「第14 章　ローカル・ガバナンス」を執筆いただいた。また、メンバー常連の近藤久洋氏は超多忙で今回は執筆に加わらなかったが、多くの章のコメントで活躍いただいた。本書の企画を引き受けていただいた大江社長と、編集に尽力していただいた吉澤あきさんにも、厚くお礼申し上げる。
　本書は、日本学術振興会の科学研究費基盤研究（B）「途上国開発戦略におけるガバナンス論の深化を目指して」（2015–2017 年度）の研究活動の一部である。

2018 年 1 月

監修者　木村宏恒

第Ⅴ部　開発への国際関与

第Ⅰ部
現代世界と途上国開発

Contents

第1章

開発の政治経済学のいくつかの視角

keywords 開発の政治経済学, 国際政治経済学, 新制度学派, 市場と国家, ワシントン・コンセンサス, 北京コンセンサス

はじめに ——「開発の政治経済学」のいくつかの流派

　開発は分野横断的な政策分野であり、関連する学問分野も幅広い。経済開発を経済学のツールで分析する開発経済学はこうした分野の分析の主流を担ってきたが、開発途上国における開発のプロセスは、その国の政治社会のあり方と密接に関連しており、社会学や政治学的な分析も不可欠で、そうした視点を取り込んだ研究も少なくない。本書は開発政治学の体系化をめざし、関連文献を紹介するものであるが、本章ではこれまでの政治経済学の長期的な潮流を踏まえる意味で、開発過程を分析する政治経済学的な枠組みの主要な流派について整理しておきたい。開発を経済面だけでなく政治経済学的に分析する視角、また逆に政治学の視点から国際経済を分析する視角として、以下の流派を取り上げたい（比較政治学の視点からの整理は第2章参照）。

　一つの流派は、経済学者による広義の政治経済学の一形態として「経済と政治の相互作用」を解明しようとする議論である。アダム・スミスやミルなどの古典派経済学はもともと政治経済学であったとされるが、その後、経済学は経済を社会構造とあわせて分析しようとするマルクス経済学と、市場メカニズムに焦点を当てて経済を分析しようとする新古典派経済学に分かれていく。マルクス主義はとくに1990年代以降、旧ソ連・東欧の社会主義体制の破綻とともに、現実の開発モデルとしても学問的にもその影響力を減じさせた。しかし、途上国の開発をその歴史や政治社会構造にも目を向けながら議論するアプローチは、開発途上国の地域研究のアプローチやその後の国連開発機関の開発論などにも少なからず影響を与えている。他方、東西冷戦の潮流の中で、欧米では

新古典派の経済学が主流となり、世界銀行などの開発アプローチに影響を与えてきた。サミュエルソン（Samuelson）以来の「新古典派総合」は1980年代にその全盛期を迎えたが、新古典派の主流派経済学の中から市場メカニズムの限界をさまざまな角度から分析する「新制度学派」と呼ばれる学派が登場しその影響力を増してきた。ノース（North, 紹介文献**15**）やスティグリッツ（Stiglitz）などがその代表的論客であり、2000年代以降、世銀の開発アプローチにも大きな影響を与えている。

　上記とは全く別の学問的な流派として、米国の国際関係論の一部をなす流派があり、これは国際経済体制の政治的な側面に焦点を当てて分析するもので、一般に「国際政治経済学（International Political Economy）」と称される。先の二つの学問的流派が経済学から出発しているのに対し、こちらは政治学が基礎にある。この流派の代表的な教科書的文献は、スペロ（Spero）の『国際経済関係論』（1977=1988）やギルピン（Gilpin）の『世界システムの政治経済学』『グローバル資本主義』（1987=1990：2000=2001）などであり、いずれも貿易・投資・開発援助・エネルギー資源などの国際経済問題を国際関係論の分析アプローチで説明したものである。この国際政治経済学の研究対象として、国際貿易や国際金融の国際的枠組みや政策決定過程、地球環境問題やエネルギー問題への国際的取り組みなどについて数多くの研究業績がある。

❶「開発パラダイム」のとらえ方

　第二次世界大戦後の開発思想を、開発経済学を基礎としながら政治経済学的視点から整理した代表的な業績として、後述する絵所秀紀の『開発の政治経済学』（紹介文献**1**）がある。絵所は、第二次世界大戦後から90年代に至る開発論の主要なアプローチを、「構造主義」「改良主義」「新古典派」の三つに整理し、この三つの開発思想の現在に至る潮流と近年の新制度学派の台頭をうまくまとめている。構造主義から改良主義および新古典派にいたる開発思想の変遷は、国際開発戦略の潮流でもある。国全体の所得の不均衡と貧困の社会的要因に焦点を当てる構造主義は、1960年代から70年代前半に広まった。しかし、1970年代半ばにはBHN（Basic Human Needs：人間の基本的ニーズ）の不足とその対策を重視する改良主義のアプローチが強調されるようになり、さらに1980年代には市場自由化・輸出志向工業化を主張する新古典派アプローチにとって

代わられていった。構造主義は議論の表舞台からは退き、改良主義と新古典派のアプローチは部分的には融合し、今日では貧困削減のためには経済開発と社会開発の両面からの政策が必要と考えられている。

　一方、新古典派経済学では市場メカニズムを重視し政府の市場への介入を限定的なものと見なし、世界銀行などの開発アプローチに大きな影響を与えてきた。こうした開発アプローチを一般に「ワシントン・コンセンサス (Washington Consensus)[1]」と称する。前述のように、近年では、新古典派の中から市場経済の前提としての社会制度や情報の重要性を指摘する議論（「新制度学派」）が台頭し、たとえば、スティグリッツは新古典派の教義を重視する国際通貨基金 (IMF) を批判したほか（スティグリッツ 2002=2002）、彼らが中心となってとりまとめた『世界開発報告1997──開発における国家の役割』（紹介文献**⓫**）では政府の役割を再評価した。社会制度の要素を取り込んだその後の議論は「ポスト・ワシントン・コンセンサス」とも呼ばれる（Serra et.al. 2008）。

　他方、国際政治経済学では、第二次大戦後の国際経済システムのとらえ方として「従属論」と「リベラリズム」という異なる議論があったと整理する。上記の「構造主義」は、国際経済体制を「中心国－周辺国」間の構造的問題ととらえるプレビッシュ（Prebisch）やアミン（Amin）などのマルクス主義の影響を受けた「従属論」の議論と重なる。また、新古典派アプローチは（その修正論としての新制度学派も含め）「リベラリズム」の思想の中核とされ、貿易・投資の自由化などの自由主義的な政策によるグローバル経済の進展に焦点を当てる。しかし、国際政治経済学に特徴的なのは、国際経済体制が決して経済原理だけで形成・運営されているわけではなく、そこに国家が介入し各国の利害が絡んでいると見ることであり、その中である種の利害の収斂の結果、国際経済体制が形成・持続され、時に変革されると見て、そのメカニズムや政治過程を分析してきた。

---

1 「ワシントン・コンセンサス」とは、世銀・IMFの本部のあるワシントンDCで常識と考えられている経済運営の枠組みという意味で、次の10項目が挙げられることが多い。①財政の規律、②公共支出の優先づけ、③税制改革、④金融自由化、⑤市場原理を取り入れた為替制度、⑥貿易の自由化、⑦直接投資の自由化、⑧国営企業の民営化、⑨規制緩和、⑩所有権の確立、である（Williamson 1992）。

❷「市場」対「国家」

　上記のさまざまな開発の政治経済学の議論の中で、いずれの学派でも焦点となってきたのは、「市場」と「国家」の果たす役割についての議論である。とくに1980年代以降、世銀・IMFを中核として取り組まれた構造調整や新古典派的な経済開発アプローチ、あるいはサッチャーやレーガンの時代に推進された新自由主義の意義と是非について、国際的にさまざまな議論がなされてきた。それらに対する批判論には、政府の過剰な介入を否定し市場メカニズムを重視する自由主義的な経済改革の処方箋に対する批判が中核にあり、スティグリッツら多くの（新制度学派と見なしうる）開発経済学者がこの点について批判的議論を提示してきた。

　一方、マルクス主義的な視点も含め、世銀が途上国の開発にもたらした功罪を批判的に取り上げた典型的な文献としてジョージ（George）他による『世界銀行は地球を救えるか』（1994=1996）などが挙げられ、また、国際政治経済学の視点からは、「IMF・世銀の政策の背後には米国の利害・国益が色濃く反映されており、それらは米国（とくに金融界）の利害に資するためのものである」との批判も提示され、「IMF・世銀＝財務省＝ウォール街複合体」という言葉も広まった（Bhagwati 1998）。この議論は、国際機関・枠組みを通じた政策形成メカニズムや欧米金融資本の利害といった政治的側面を含む問題である。

　一方、90年代には、開発を政治経済学的に分析する論者の中で、東アジアの経験に基づく独自の発展戦略があると主張する論者が多く登場した。たとえば、過去数十年の歴史の中で、国家の市場経済への積極的介入のもとで、日本や韓国や台湾の経済成長がもたらされたことを指摘したウェイド（Wade）やアムスデン（Amsden）らの文献や、各国の政治的・社会的な背景・歴史をもとに分析した文献も少なくない（ヴォーゲル 1991=1993 など）。ジョンソン（Johnson）は「開発国家（developmental state）」という用語を広めたが（第6章参照）、他方で、「強い国家」のもとでの開発体制に焦点を当てた議論（いわゆる「権威主義開発体制」や「開発主義（developmentalism）論」）も恒川や末廣らによって展開された（東京大学社会科学研究所 1998）。これらの論者の中には地域研究者も含まれ、個々の国家・地域（とくに経済発展に成功したアジア諸国）に固有の歴史的・社会的な特殊要因がある中で、何が開発の成功要因となるか、国家の役割として共通して言えることは何かという論点が焦点の一つであった。

市場と国家のどちらの役割がより重要なのかについては、学問的な議論にとどまらず、現実の歴史上も大きな課題であった。開発における政府の役割や市場と国家の関係については、本書の多くの章（第2〜6章）でも議論を整理している。そうした「市場」と「国家」が果たしてきた役割とその考え方の変遷を具体的に理解するための好著として、後述するヤーギンとスタニスローによる『市場対国家』（紹介文献❷）がある。

❸ 新たな開発モデル論争 ──「北京コンセンサス」

　開発援助を「国際公共財」としてとらえる見方や、開発援助をめぐる国際援助協調の進展を「グローバル・ガバナンス」の一側面ととらえる見方は、近年の国際関係論や国際政治経済学の主要なテーマでもある。一般財政支援やMDGs（ミレニアム開発目標）の登場など2000年代以降に進展してきた国際援助協調や、非DAC（OECD開発援助委員会）ドナーとしての中国の台頭などを踏まえた「国際開発援助レジーム」についての研究などは、近年の新しいテーマである（稲田2013）。こうした議論の背景には、21世紀を迎える頃から、主要先進国と国際機関による国際的開発枠組みが広がりを見せ具体化してきたことがある。

　一方で、中国を筆頭とする非DACドナーが台頭し、それは既存の国際開発援助レジームに対する新たな挑戦となってきている（下村他2012）。経済的に台頭してきた中国が、これまで大きな影響力を持ってきた「ワシントン・コンセンサス」とは異なる開発アプローチを提供しつつあることに着目して、「北京コンセンサス」の台頭やその影響力に関する議論も多い。しかし、「北京コンセンサス」や「中国モデル」という言葉が何を意味するのか、いまだ定まった定義はない状況である。経済学者はそれを政府主導型の開発モデル、市場経済メカニズムを活用しながらも政府が経済に深く介入するアプローチ、あるいは政府主導で貿易や投資を促進し産業を育成するアプローチとして議論し、それが開発途上国にとっても有効な開発モデルであると議論する（モヨ2009=2010；Brautigam 2009）。それに対して、政治学・国際関係論では、それを権威主義的な政治体制下の国家主導の開発体制として、経済発展と政治体制の連関に着目しながら、その是非を議論することが多い。中国の経済的な台頭とその開発モデルの途上国への影響を、経済発展と政治体制の連関に着目しながら国際関係

論の立場から論じた代表的な著書が、後述するハルパーの『北京コンセンサス』（紹介文献**❸**）である。

中国の援助の拡大など非 DAC ドナーの比重の増加に加え、欧米諸国の視点とは異なる開発援助論の台頭などは、国際援助潮流にも変化をもたらしつつあり、学問的にも政策論としても大いに議論されるべきテーマであるといえよう。

関連文献ガイド

稲田十一『国際協力のレジーム分析 —— 制度・規範の生成とその過程』有信堂 2013.

ヴォーゲル，エズラ『アジア四小龍 —— いかにして今日を築いたか』渡辺利夫訳、中公新書 1991=1993.

＊ギルピン，ロバート『世界システムの政治経済学 —— 国際関係の新段階』佐藤誠三郎他監修／大蔵省世界システム研究会訳、東洋経済新報社 1987=1990；『グローバル資本主義 —— 危機か繁栄か』古城佳子訳、東洋経済新報社 2000=2001.

下村恭民・大橋英夫＋日本国際問題研究所編『中国の対外援助』日本経済評論社 2012.

ジョージ，スーザン／サベッリ，F.『世界銀行は地球を救えるか —— 開発帝国 50 年の功罪』毛利良一訳、朝日新聞社 1994=1996.

スティグリッツ，ジョセフ・E.『世界を不幸にしたグローバリズムの正体』鈴木主税訳、徳間書店 2002=2002.

ストレンジ，スーザン『国際政治経済学入門 —— 国家と市場』西川潤・佐藤元彦訳、東洋経済新報社 1988=1994.

スペロ，ジョーン・E.『国際経済関係論』小林陽太郎・首藤信彦訳、東洋経済新報社 1977=1988.

＊東京大学社会科学研究所編『20 世紀システム 〈4〉開発主義』東京大学出版会 1998.

モヨ，ダンビサ『援助じゃアフリカは発展しない』小浜裕久監訳、東洋経済新報社 2009=2010.

Bhagwati, J., The Capital Myth, *Foreign Affairs*, 77(3), 1998.

Brautigam, D., *The Dragon's Gift: The Real Story of China in Africa*, Oxford University Press, 2009.

Serra, N., & Stiglitz, J. E., *The Washington Consensus Reconsidered: Toward a New Global Governance*, Oxford University Press, 2008（とくに 第 4 章 Stiglitz, J. E., "Is there a Post-Washington Consensus Consensus?"）.

Williamson, J., Democracy and the Washington Consensus, *World Development*, 21(8), 1992.

1 絵所秀紀
『開発の政治経済学』

[日本評論社 1997]

　著者である絵所秀紀は、『現代インド経済研究』（法政大学出版局 1987）で発展途上国研究奨励賞を受賞するなど、社会構造のあり方に着目しながら南アジアの貧困や経済を中心に研究を進め、開発経済学の主要な問題に取り組んできた。本書は、第二次大戦後の草創期から 1990 年代までの開発経済学の変遷を跡づけて整理し、その到達点と課題を明らかにした書物である。本書は大来佐武郎賞を受賞し、開発経済学の潮流を整理した基本文献として評価が高い。

　著者は、戦後の「開発経済学」の潮流をあえて「開発の政治経済学」として整理した理由として次のように述べている。すなわち、アダム・スミスの『国富論』やマルクスの『資本論』など経済学の源流は「政治経済学」であったにもかかわらず、やがて経済学が「私心のない有能な政府」を想定し「政治経済学の内容を伴うことのない開発の経済学となってしまった」と批判した（pp. 220-221）。そして、あらためて開発経済学の展開を世界経済史と重ねながら跡づけ、開発理論の背景にある政治経済思想を浮かび上がらせた。

　絵所によれば、戦後から 1980 年代に至る開発経済学が形成してきたアプローチには、構造主義、改良主義、新古典派の三つのアプローチが存在する。

　第一は構造主義である。1940 年代後半から 60 年代前半にかけて、先進諸国の経済構造と途上国の経済構造は異質だという二分法的世界観が共有され、この考え方は「構造主義」と呼ばれた。構造主義で問題にしたのは「周辺国」の経済構造であり、また「周辺国（貧困国）」と「中心国（先進国）」との間の経済格差の拡大であり、マルクス経済学の影響が強く見られた。

　第二は改良主義である。1960 年代後半になると構造主義に対する批判が提出されるようになり、改良主義は後述する新古典派を補完する支流として発言力を増した。1960 年代後半から、雇用の増大、公正な所得分配、BHN（人

間の基本的ニーズ）の充足を開発戦略と援助政策の主要課題にすべきであると主張する改良主義の考えが大きな影響力を持つようになった。

第三は新古典派である。新古典派とは、価格メカニズムによる需給調整能力を信頼する経済学であり、途上国でも先進国と同様に市場が機能しており、経済成長のためには、①人的資本への投資を促進し、②政府の介入を極力抑えて市場の歪みを正し、③比較優位に沿った「輸出志向工業化」を採用することが必要であるとした。しかし著者は、新古典派アプローチは「有能かつ合理的に改革を実施する政府を想定するという自己矛盾に陥った」とし、「政治システムに関する分析のない開発経済学」と批判した。

そして、1980年代後半からの時期を「開発の政治経済学」と呼ぶべき「第2のパラダイム転換」の過渡期と位置づけ、そのパラダイム転換を生み出した背景として、以下の二つを指摘している。すなわち、第一は「構造調整改革の実施は政治要因に依存するとの考えが徐々に浸透しはじめた」こと、第二に途上国を一括りに扱うのではなく「個々の途上国の歴史的、政治的、制度的な要素を考慮すべきであるという考えが徐々に浸透しはじめた」ことである。この新しい潮流は「発展における政府の役割を再評価するもの」であり、「政府」と「市場」と「制度・組織」という三つの領域間の関係を総合的に把握する政治経済学研究」であると位置づけている（pp.226-227）。

そして、「第2のパラダイム転換」を導いたいくつかの学説を紹介し、とくに「新制度派アプローチ」を評価している。このアプローチには、オルソン（Mancur Olson）らの合理的選択アプローチ、スティグリッツらの情報経済学アプローチ、ノースらの新歴史学アプローチなどが含まれるとし（pp.227-229）、それらが「制度としての市場」および「制度としての国家」に焦点を当て、「万能の市場」も「万能の国家」も想定することはできないと論じたことを重要な貢献として評価した。

著者は本書の「あとがき」で、「本書は「開発経済学」を、できあがった体系としてではなく、より有効な仮説の提示とより有効な開発戦略を求めつづけてきた政治経済学の一分野として見直してみようと試みたものである」と述べている。開発研究は本来的に政治経済学であるべきであることを理解する上で、本書はまず目を通すべき基本的文献であると言えよう。

2 ダニエル・ヤーギン＆ジョゼフ・スタニスロー
『市場対国家
── 世界を作り変える歴史的攻防』

［（上下巻）山岡洋一訳、日本経済新聞社 1998］

Daniel A. Yargin & Joseph Stanislaw, *The Commanding Heights: The Battle Between Government and the Marketplace That is Remaking the Modern World*, Simon & Schuster, Inc. 1998.

　ダニエル・ヤーギンは、学者というよりはノンフィクション作家として著名であり、『石油の世紀』でピュリッツァー賞を受賞した（1992 年）。他方、ジョゼフ・スタニスローは、国際市場・国際政治のコンサルタントであり、両者はケンブリッジ・エネルギー研究所の社長および所長である。

　本書の原題は *The Commanding Heights*（管制高地）であり、これは経済全体を支配する根幹を指す表現で、管制高地を国家が握ることこそが最も重要だとレーニンは言ったとされるが、20 世紀は管制高地をめぐる国家と市場の攻防の歴史だった、と述べる。経済・社会の主導権を握るのは市場なのか、それとも国家か。大恐慌とケインズ経済学の登場以来、20 世紀を通じて全世界で繰り広げられてきた政府と市場との格闘の歴史を、二人の著者が生き生きとした壮大なドラマのように描いたのが本書である。

　20 世紀前半は、政府の役割がかつてないほど拡大した時期である。20 世紀前半の世界恐慌後の混乱がもたらした苦痛がきわめて大きかったために市場は信用されなくなり、先進国では政府が公共事業や産業支援政策などで経済回復の主導権を取り、同時に雇用政策や社会保障制度による福祉国家をつくり上げた。そのシステムは行政国家、大きな政府をつくることになり、1970 年代頃までにピークを迎えたが、1980 年代にはレーガンやサッチャー政権の登場とともに、政府の役割を限定的にとらえ市場の力を信奉する考え方が広まった。

　その市場対国家という闘争の歴史を描きながら、著者が強調しているのは、思想・考え方が世の中や経済を動かすということである。世界は政府を信用するか、市場を信用するかという考え方の違いによって大きく動いてきたのであり、壮絶なバトルを繰り広げてきた。本書は市場主義に向かう世界の現状を基本的に肯定しているが、それを絶対視しているわけではなく、国家主導の経済

建設や社会民主主義が果たす役割にも目を向けている。そして、公正さが保たれるか、文化のアイデンティティが維持できるかなど、市場経済への信認を決定する要件が最終章で挙げられている。

　本書は、膨大な文献と現地取材の積み重ねをもとに地域や時代ごとに構成された歴史物語である。全13章中5章を中国、インド、中南米など開発途上国の分析にあて、国家が経済を采配する共産主義世界と福祉国家を志向する資本主義世界の相互の関連を描いている。邦訳書の上巻では、「自由主義（リベラリズム）」の意味、資本主義的市場経済と社会主義的福祉国家が共存するヨーロッパ混合経済、ローズベルト大統領のニューディールなど政府介入を重視するアメリカの規制型資本主義、第三世界（東西両陣営と区別された途上国群）の開発主義、サッチャーによって再び市場が重視されるようになったイギリスの市場革命、20世紀の歴史を通じて大きな影響力を持ったマルクス主義の影響、第二次世界大戦後のアジア・中国の勃興などが取り上げられ、各国の国家情勢や政治的経緯が述べられている。そして下巻では、80年代後半から90年代にかけてのインドや中南米の国家主導の経済から自由主義への変化、旧ソ連・東欧の共産主義から市場経済への変容、ヨーロッパの社会民主主義の動き、市場経済に振れすぎた米国におけるジョンソン政権の「偉大な社会」による福祉国家的要素の導入などを取り上げ、最後の章で全体をまとめている。

　最終章では、あらためて世界各地域で進んだ「国から市場への移行」に関する共通の課題を取り上げている。この移行は永続するのか、一時的なものにとどまり、国と市場の境界を見直し再調整する動きが起こって、政府の役割と責任が再び拡大するのか。著者は「人びとが信じるものと世界を解釈する方法、つまり「考え方」が、今後、この問いへの答えがどうなるかを決める大きな要因になる」と結論づけている。そうした主張はやや単純化しすぎている面もあり、本書が書かれたあとの21世紀の現実の動きは政府の役割の再評価（市場と国家の両方のシナジーの重視）であったと言えるかもしれない。ともあれ、本書は「市場」と「国家」の役割のダイナミックな世界的・歴史的変遷の具体的な現実を理解する上で、きわめて面白い読み物であり、一読に値する書物であると言えよう。

3

ステファン・ハルパー
『北京コンセンサス
―― 中国流が世界を動かす？』

［園田茂人・加茂具樹訳、岩波書店 2011］
Stephan Halper, *The Beijing Consensus: How China's Authoritarian Model Will Dominate the Twenty-First Century*, Basic Books, 2010.

　ステファン・ハルパーはケンブリッジ大学国際関係学部を卒業し、ニクソン、フォード、レーガン、ブッシュ（父）政権期に国務省で外交・安保担当官を務めた国際関係の実務家であり、近年では、ワシントンDCにあるニクソン・センターのシニア・リサーチ・フェローであった。長くアメリカにおける権力の中枢から対中外交を見てきたハルパーは、その長年の経験を総括し、『北京コンセンサス』の中で台頭する中国への処方箋を提示している。その主張の骨子は以下のようなものである。

　中国は日本を抜いて世界第2位の経済大国となり、米国と肩を並べようとしている。その中国モデル、すなわち権威主義的市場経済モデルが、アフリカ、中東、ラテンアメリカなどの新興国に広まりつつある。新興国の間では西側の市場経済・民主主義というモデル（ワシントン・コンセンサス）ではなく、中国の市場経済・権威主義体制という国家資本主義モデル（北京コンセンサス）が広まり、今後の国際秩序に影響するという論点を示している。実際、中国の対外援助政策や経済活動は、人権蹂躙や政治腐敗の目立つ独裁政権に偏っている。中国の進出が著しいアフリカ諸国を例にとり、中国は財力にものを言わせて途上国との関係を構築していると指摘する。

　他方で、経済発展のためにはインフラの整備が必要であり、アフリカ諸国に対する中国の投資・援助と、アフリカから中国への原材料輸出は、物々交換のような形でインフラ建設に役立っているという指摘もある。国際政治経済学の議論では、アフリカにおける中国の経済活動のマイナス面ばかりでなくプラス面もフェアに評価しようという動向もある。たとえば、ブローティガム（Brautigam, 2009）やテイラー（Ian Taylor, *China's New Role in Africa*, Lynne Rienner, 2009）などである。また、近年の中国の台頭は既存の国際ルールの枠内にあり、した

がって必要以上に脅威視すべきではないという議論もある（G. John Ikenberry, The Rise of China and the Future of the West: Can the Liberal System Survive? *Foreign Affairs*, Jan/Feb., 2008）。しかし、本書はこうした立場に対しては批判的である。

　政治的な面では、民主化や情報の透明化や人権重視を義務づける「ワシントン・コンセンサス」の有効性が陰りを見せる中、それに対する「北京コンセンサス」（中国モデル）を対比させ、それは「市場－民主主義モデル」対「市場－権威主義モデル」の抗争であるとし、その中国モデルは、「自由な政治と自由な経済が結びついていた時代から、再び政府が経済を管理する時代へ」のモメンタムとなり「専制体制とその世界的な影響力が強まる」（p.115）として、西側への挑戦となりうると警鐘を鳴らす。

　また、「中国は国内の不満をそらすためナショナリズムと経済発展の持続が必要不可欠である。中国の経済発展は国家資本主義体制によって推進されている以上、西側の基準に合わせてリベラルな国際秩序に同意することはあり得ない。この点で中国に対して幻想を抱くべきではない」と主張する。

　それを踏まえてアメリカ政府はどのように対応すべきかを提言するのが本書の結論部分である。単に経済的脅威ではなく政治社会体制の理念というレベルの脅威として本書はとらえる。その台頭する中国とどう向き合うか、封じ込めか、関与か。その観点から、アメリカ政府内における対中政策の動向についてパンダ・ハガー（親中派）とパンダ・バッシャー（対中強硬派）の二つのグループの動向もまとめている。そして最後に、著者は、アメリカは他国（インド、ロシア、日本など）の支援を得て多国間協調の枠組みをつくり、そこを通して中国に働きかけていくべきだと主張している。

　本書を読んで、我々はハルパーの処方箋をどう受けとめ、日本はどう対応すべきなのかを考えざるを得ない。欧米と協調し民主化への関与・圧力を行使すべきか、あるいは、アジア型（中国型）開発モデルの有効性には同意しつつ、その一方で日本も援助や経済協力の「量の拡大」で対抗するのか。

　中国の台頭によって新たな国際秩序が模索されている今日、中国との付き合い方、途上国開発の方向性や民主化の行方を考える上で、参考文献として読んでおきたい本である。

第2章

比較政治学と政治発展論

keywords 比較政治学, 近代化論, 公共政策論, 制度論, 従属論, 世界システム論

はじめに

比較政治学は政治学の中心的な下位分野の一つであるが、その対象や方法、アプローチはきわめて多様である。国際開発学と政治学の下位分野である開発政治学は、開発途上国（以下、途上国）を対象としていることから、同じく途上国を対象として含む比較政治学とは重なり合う部分を持つ。のみならず、ガバナンスや民主化といった論点はその双方で中心的な論点でもあり、比較政治学と開発政治学は互いに関係の深い分野であると言える。この章では、比較政治学の中でも開発政治学との関わりが深い、政治発展論の展開を中心に紹介する。その際、政治発展論の中での理論的展開だけでなく、理論と現実との関係にも着目する。「現実から乖離した「理論」は比較政治学にはありえず、すべての理論が政治の実態に深く根付いているはず」（真柄 2006, p.iii）と言われるように、政治学理論は現実との相互作用によって発展するからである。

❶ アメリカ政治学と政治発展論

そもそも戦後、比較政治学が大きく発展したのも、現実政治への対応から来ている。というのも、戦後の比較政治学は、旧植民地諸国の独立という現実に対応して、広く途上国をその対象に収めるようになったからである。こうして、それまでの比較政治学が欧米先進諸国をもっぱら対象としていたのに対し、戦後の比較政治学は大きくその研究対象を広げて政治学の中心的分野に成長した。その中から現れてきた潮流が政治発展論である。そこでは、新たに研究対象となった多数の途上国がいかにして政治発展を実現するか、そこで生じる問題は

何か、その問題はいかなる要因によるものかといったことが主要な論点となった。

　同時に戦後の政治学はアメリカが主導してきた。このことは、激しさを増す冷戦の下で、アメリカの対外政策・世界戦略と比較政治学の発展が深く関係していたことをも示唆する。すなわち、途上国政治研究はアメリカの世界戦略とも合致していたし、そのため多くの公的資源が途上国政治研究に投下されるという結果をもたらした。戦後アメリカ政治学界で政治発展論が成長してきたのには、こうした意味での現実政治の影響もある。アメリカ政治学は、「政治科学（political science）」を称し、それまで制度や歴史の解釈に偏りつつあったヨーロッパ中心の政治学と一線を画そうとしてきた。とりわけ戦後すぐのアメリカ政治学にはその傾向が強く、多様な政治現象を包括的に説明しうる理論的一般化および理論が先行する演繹性にその特徴があった。

❷ 近代化論

　このような特徴を持つ戦後アメリカ政治学界において、政治発展論の一大潮流となったのが「近代化論」である。これは、欧米先進国が経験してきた近代化の過程を、近代化以前の段階にある途上国に適用して、その発展過程を一般化する試みである。こうした近代化論のさきがけとなったのが、経済発展のモデルを示したロストウの『経済成長の諸段階』（1960=1961）である。伝統的社会からの「離陸」を経て発展・成熟へと至る、経済発展の 5 段階をモデルとして示したこの研究は、ほどなく政治発展にも応用され、オーガンスキーの『政治発展の諸段階』（1965=1968）として著された。そして 1960 年代、政治学において一世を風靡したイーストン（Easton）らの政治システム論およびその基盤を成す構造・機能主義を援用して、途上国の近代化過程をモデル化する多数の研究が発表され、近代化論という一大潮流を形成した。この近代化論ブームを牽引したのは、アメリカ社会科学評議会・比較政治学委員長として一連の研究を組織したアーモンド（Almond）をはじめ、著名な政治学者たちであった。なかでもアプターの『近代化の政治学』（1965=1982）は近代化論の代表的著作と言える。彼らの研究業績は、冷戦下で世界戦略を展開するアメリカ政府の豊富な支援の下に、多数発表・刊行されてきた。

　こうした近代化論に対して、学問的には次のような批判がなされた。第一に、政治発展の単線的なとらえ方に対する批判である。前近代から近代へという不

可逆的・一方向的な近代化過程の認識は単純であるばかりでなく、現実にそぐわないのではないかという疑問が提示された。実際、後に途上国の政治発展が停滞するばかりか混乱し退行する現実に直面して、近代化論は修正を迫られることになる。第二に、その単線的な発展認識は多様性つまり各国や地域の固有性を無視しているという批判にもつながった。この点は後に、途上国地域研究者が現地での調査研究を深めるにつれてその固有性・多様性を強く認識するようになり、一般理論志向の発展論に異議を唱え始める。さらに、近代化過程は歴史的な過程であるにもかかわらず、近代化論は、理論的志向が強すぎるあまり実際の歴史過程を軽視しているという批判がなされた。

　しかし、近代化論に対しては、このような学問上の批判よりも、現実政治の面からの打撃がより大きなダメージを与えたといえよう。1960年代には、近代化と政治発展の最先端を行っている（はずの）アメリカが、深刻な政治的混乱を経験する。公民権運動と学生運動そしてベトナム戦争の泥沼化である。とりわけベトナム戦争に関しては、ベトナムという途上国を相手にアメリカが苦戦して米兵に多数の被害を出しただけでなく、非人道的な兵器まで使用して数百万人に上る犠牲者を出し、国内外で強い反対運動が展開された。それは政治発展のモデルとしてのアメリカのイメージに大きなダメージを与えた。

　戦後のアメリカ政治学は科学性とりわけ行動科学的手法を極めていったが、混乱する国内とベトナム戦争の泥沼に直面して、政治学が現実政治ないし政治的規範や価値観にコミットしなくてもよいのかという疑問や反省が出てきたのである。その象徴的なものが、イーストンの1969年アメリカ政治学会会長就任演説で謳われた「脱行動論革命」であろう。そこでは、科学性や価値中立性を追求してきたアメリカ政治学が、政治的規範や価値観にも関与し、現実政治に対する有意性を取り戻す必要があることが主張されていた。

❸ 従属論

　「政治科学」としてのアメリカ政治学、とくに近代化論はあまりに理論化・一般化の志向が強く単線的な歴史観であると批判され、また60年代終わりからの混乱する現実政治から反省を迫られた。しかしその一方で、必ずしも楽観的な見通しではなく、強く問題点を指摘する政治発展論の流れもあったことには留意する必要があるだろう。❻で紹介するヒゴットによれば、アメリカ

政治学の主流派とほとんど接点を持たなかったという従属論がその一つである。従属論は、近代化論とは対照的に、低開発国が国際経済のメカニズムの中で、植民地から独立した後も先進国に従属させられ搾取される構造に押し込められているため、低開発状態にとどまり続けていることを理論的に示した。その嚆矢はフランク（Frank）の「低開発の開発」論にみられるが、フランクは依然として低開発状態にとどまり続ける旧植民地諸国の「現実」に着目し、その原因と構造を解明しようとした。後に従属論と呼ばれるこの一大学派は、ラクラウ（Laclau）、アミン（Amin）、カルドーゾ（Cardoso）らによって、国際経済構造におけるマルクス主義的な生産余剰の搾取の構造を、先進国と低開発国との間に見出した。さらに、ウォーラーステイン（Wallerstein）は、世界規模の長期歴史的な経済構造分析を行い、中央・半周辺・周辺 3 要素の分業による「世界システム論」を提唱した。これら従属論に始まる潮流は、実際に低開発にとどまり続けていた 60 ～ 70 年代の途上国の現実問題を真摯にとらえた点で大きな意味があったといえる。

　しかしこうした従属論に対しては、70 年代後半から 80 年代にかけて、ブラジルやアルゼンチンなどの南米の一部の国、そして韓国・台湾・シンガポール・香港といったアジア NIES が工業化に成功し、途上国の中に低開発から脱する国が現れたことで、現実から修正を迫られることになった。すなわち、途上国が構造的に低開発状態にとどまり続けるとする従属論の認識は否定されたのである。こうして、ウォーラーステインは半周辺概念の導入により途上国の中心あるいは周辺への移動可能性を示唆し、カルドーゾは先進国の国際資本が途上国から搾取するだけでなく途上国の地場資本や、時に国家資本とも連携して経済発展をもたらすという連携従属発展論を展開した。

❹ 制度化論とその後

　一方、アメリカ政治学の方では近代化論の挫折のあと、「変動」研究への変化が生じた。その代表的なものが、❺で紹介するハンチントンの『変革期社会の政治秩序』である。詳しくはあとで述べるが、ここで彼が問題視したのは、近代化論の楽観的な途上国の発展という見通しではなく、クーデターや内戦、政治腐敗などといった、近代化論が見通せなかった途上国政治における混乱と停滞であり、それがどうして起きるのかという説明であった。そして彼はその

原因を、途上国において社会的流動性が急速に増大したのに対し、政治の「制度化」がそれに追いつかなかったことに見出した。またそれを検証するにあたり、数多くの諸事例から経験的に理論（仮説）を検証するという方法を取り入れており、この点で、一般理論から演繹的に諸事例を説明するという近代化論の方法から経験的・帰納的な方法への転換がみられた。また、「制度」に重点が置かれたことも、後の新制度論につながる大きな基点をつくったといえよう。

　この後、政治発展論でも比較政治学でも、近代化論のような包括的な理論や従属論のような世界規模のメカニズムを説明する理論といった「大理論」は提唱されなくなり、より現実に即した中範囲理論や地域や国の個別の歴史・文化を深く掘り下げた地域研究へとシフトしてゆく。**4**で紹介するウィーアルダは、こうした比較政治学の理論状況を「理論の島々」と呼んでいるが、それは理論的一貫性を備え、なおかつ現実政治に対してより有意性のある学問としての、このような展開の中から帰結したものなのである。

関連文献ガイド

＊アプター，デービッド・E.『近代化の政治学』内山秀夫訳、未來社 1965=1982.

　アミン，サミール『不均等発展——周辺資本主義の社会構成体に関する試論』西川潤訳、東洋経済新報社 1973=1983.

＊ウォーラーステイン，イマニュエル『近代世界システム——農業資本主義と「ヨーロッパ世界経済」の成立』（全2巻）川北稔訳、岩波書店 1974=1981.

　オーガンスキー，A. F. K.『政治発展の諸段階』沖野安春他訳、福村出版 1965=1968.

　フランク，アンドレ・G.『世界資本主義とラテンアメリカ——ルンペン・ブルジョワジーとルンペン的発展』西川潤訳、岩波書店 1972=1978.

　真柄秀子「はじめに」日本比較政治学会編『比較政治学の将来』早稲田大学出版部 2006.

　ロストウ，ウォルト・W.『経済成長の諸段階——一つの非共産党宣言』木村健康他訳、ダイヤモンド社 1960=1961.

＊ Almond, G. & Powell, G. B. Jr., *Comparative Politics: A Developmental Approach*, New York: Little Brown, 1966.

　Easton, D., New Revolution in Political Science, *American Political Science Review*, 62(4), 1969, pp.1051-1061.

4 ハワード・J・ウィーアルダ
『入門 比較政治学
—— 民主化の世界的潮流を解読する』

[大木啓介訳、東信堂 2000]
Howard J. Wiarda, *Introduction to Comparative Politics*, Harcourt Brace & Co., 1993.

　比較政治学の対象や方法はきわめて多種多様で、政治学の中でもとりわけ大きな位置を占めている。最初に紹介するこの本は、そうした幅広い比較政治学の全体像をたいへん手際よくまとめており、入門書・概説書の中でも最もよくできている。著者のハワード・J・ウィーアルダは、ミシガン大学を卒業後フロリダ大学で博士号を取得、本書の刊行時はマサチューセッツ大学政治学部の教授である。本書は、「学生諸君に比較政治学の手ほどきを適切に行える入門書として、釣り合いの取れた総合的なものはいまだにない」という認識から、比較政治学の「首尾一貫した統一体として概観するような入門書、しかも釣り合いがとれ最新情報に基づいた読みやすくて興味をそそる刺激的な入門書」（「日本語版への序文」p.iv）として書かれているという。

　第1章では、多種多様な分野・方法を含む比較政治学という学問分野を、さまざまな研究対象や研究手法によって六つの分野に分けている（pp.11-14）。①一国研究（特定の国の個々の制度、政治過程、公共政策の研究）、②2ヵ国以上を対象にする研究、③（東南アジアなど）地域（region）の研究、④複数の地域を横断する研究、⑤全世界にわたる比較研究、⑥主題別研究、である。第2章以降では、比較政治学の発展の歴史を見たあと、さまざまに分岐していく比較政治学の諸分野と中心的論点が各章ごとにまとめられている。その際やはりアメリカ政治学がその中心になる。第一次大戦直後に始まった初期の比較政治学は、西欧諸国、とくにイギリスやフランスの政治・法制度の形式的な並列にすぎなかった。それが1955年のマクリディスによる法制度的・形式的比較への批判によって転換を迎える。また、同時期にパーソンズの社会学理論やイーストンのシステム理論が登場することで、普遍的な社会科学理論に基づく各国比較政治研究が行われるようになった。そして60年代、アジアやアフリカなどの旧

植民地諸国が独立すると、これらの国の政治発展を論じる「政治発展論」が隆盛を極め、比較政治学の中心的な位置を占めるようになる。発展（開発）研究は最初に経済学、次に社会学の分野で展開した。経済学者は社会や政治の発展が経済発展によって自然にもたらされるものと考え、また社会学ではリプセットのように、一定の社会的要件が満たされれば民主化が進むとされた。そしてこれらの研究は、冷戦下でアメリカが途上国に対する巨額の開発援助を行う理論的裏付けとなった。比較政治学における途上国研究と政治発展論の隆盛も、こうしたアメリカの世界戦略に後押しされたものであった（第3章）。

　1960年代の比較政治学で中心的な位置を占めた政治発展論は、その後、学問上の方法的問題だけでなく現実政治からも深刻な批判にさらされた。ウィーアルダは、その後に登場した新たな理論やアプローチとして、従属論、コーポラティズム、官僚主導型権威主義論、政治経済学、国家−社会関係論、土着の変革理論を提示し、それらを解説している（第4章）。また途上国研究について第7章でまとめている。80年代には共産主義陣営に陰りが見え始め（第6章）、それに対して自由民主主義への移行すなわち民主化論が比較政治学の中心的論点となった（第5章）。そして本書が書かれた90年代、冷戦の終結を迎えて、自由民主主義と自由市場経済の勝利が叫ばれると同時に、60年代や70年代にみられた比較政治学の魅力が失せてきていると著者は言う。第9章では「比較政治学は死んでしまったか」と題し、比較政治学がどのようにして「退屈」な学問になったのか、そして今後、どのような展開がありうるのかを展望する。

　現在、私たちはこの著作から20年以上あとの世界に生きている。冷戦後、途上国で民族紛争や内戦が頻発し、民族やナショナリズムはいまや欧米先進諸国でも猛威を振るいつつある。またイスラーム過激派のテロは世界を揺るがし続けている。いくつかの新興国が台頭してくる中で、中国は世界第二の経済大国となり、途上国開発援助の新たな主体となるばかりか、その非民主主義体制が正当化され、途上国の開発政治モデルにすらなりつつある。その中で近年、「競争的権威主義体制」の台頭が比較政治学の分野でもホットなテーマとなっている。今日の世界は決して「退屈」な時代ではなく、「比較政治学は、総体としての政治学のなかで、さらには社会科学の全分野のなかでも、最も活気に満ちた革新的な分野のひとつである」（p.257）ことは現在でも変わりない。

［（上下巻）内山秀夫訳、サイマル出版会 1972］
Samuel P. Huntington, *Political Order in Changing Societies*, Yale University
Press, 1968.

　本書が出版された 1968 年といえば、世界中の先進国で学生運動や社会運動が頻発し政治が混乱を極めた時代である。とくに、黒人の選挙権などを求める公民権運動が激化し、泥沼化するベトナム戦争への反戦運動も起きたアメリカでは、比較政治学の政治発展論でも、楽観的なニュアンスを持つ近代化論が批判され、新しい方向性が模索され始めていた。そうした時期に発表された本書は、その問題意識と方法論の両方に関して、それまでの近代化論と大きく異なる方向性を持つ。まず問題意識の点では、途上国で頻発する政治的混乱や暴力、腐敗といった政治問題を念頭に書かれている。また方法論に関しては、それまでの近代化論が、政治システム論や構造・機能主義理論から演繹的に導出された理論や分析枠組みを前提にしていたのに対し、本書は、多数の事例を素材として理論を組み上げる、いわば帰納的な方法で議論を展開している。

　本書でハンチントンが論じていることは比較的シンプルである。すなわち、この時期に途上国で頻発したクーデターや内戦などの政治的混乱は、これらの国々で社会的流動化と政治参加が急激に進んだにもかかわらず、政治制度がそれとともに発達しなかったことによって生じたギャップが原因であるというものである（ギャップ仮説）。1960 年代までに多くの途上国が植民地から独立を果たすと、「20 世紀中葉までにあらゆる伝統的社会は〔中略〕近代化途上社会」（p.40）になった。ハンチントンによれば、政治的近代化とは、権威の合理化、新しい政治機能の分化といった要素とともに、政治参加の増大といった重要な要素が含まれる。そうした政治参加の急速な増大と社会的流動化に制度が追いついていかなかったことに、途上国政治の問題の核心を見出したのである。

　よって、問題の処方箋として導き出されるのが、さまざまな政治制度の整備、すなわち政治の制度化ということになる。具体的には、国民の政治参加に

加えて、有効な官僚制、組織化された政党、軍に対する文民支配体制、経済分野に対する政府の関与、合理的な政府の継承と政治的紛争を制御する手続きが指摘される（p.3）。たとえば軍。途上国では武力を持つ軍によるクーデターや軍事政権の樹立がしばしば起きる。そこで指摘されるのは、軍のクーデターや軍事政権への移行が、単なる暴力や非民主政への逆行であるというだけではない。そうではなく、軍のエリート集団（将校団）が、高度な知識や技術などに裏付けられたプロフェッショナリズムを有しており、時に前近代的で腐敗した政治の近代化や変革を意図していることも少なくないということである。よって、途上国において軍は、近代化や政治変革の推進役にもなりうるというのが、軍－国家関係を研究してきたハンチントンの独自の主張の一つであった。もちろん、先進国でそうであるように、そうした軍エリートをどのように文民統制下に組み込んでいくかということが、次の重要な課題として論じられている。

　同様に、しばしば汚職と腐敗をもたらす官僚制も、問題の源泉ではなくむしろ制度化することによって発展に貢献するし、しばしば政治の混乱をもたらしてきた政党も、むしろ民主的な政治参加にとっては必要不可欠で、いかにそれを制度化するかが問題なのである（第7章）。こうした制度および制度化への着目は、上記のように、問題の根源を指摘するだけでなくその問題への処方箋をも描き出す。また、経済や社会の問題に対する制度的要因と制度的解決を示唆することで、のちの制度論にもつながってくる。ハンチントンが、途上国における政治的問題について制度的要因に着目したことの意義は大きい。

　このように、制度に着目した点は、それまでの近代化論から政治発展論を大きく前進させた。しかし他方で、ここでの議論が政治と制度に偏重していることは問題として指摘しうる。経済開発や社会開発を目的とすると、政治制度の整備も重要であるが、他方で、どのような公共政策を行うかも重要である。こうした経済政策や社会政策の視点が本書では欠けている。また、途上国政治の混乱と無秩序が問題意識としてあるため、本書の主張は秩序の形成と政治の安定に力点が置かれた。これは他方で、制度化と政治安定の目的の下に政治参加や政治的自由を制限することにもつながりかねない。参加・自由と秩序・安定とのバランスはどの政治体においても重要かつ困難な問題であるが、本書の主張が秩序と安定に偏重しているという批判は一考に値するものだろう。

6

リチャード・A・ヒゴット
『政治発展論 —— 第三世界の政治・経済』

[大木啓介他訳、芦書房 1987]
Richard A. Higgott, *Political Development Theory*, Croom Helm Ltd., 1983.

　政治発展論には、アメリカ政治学で主流をなした近代化論に始まる「近代化学派」と、マルクス主義的な流れから来る従属論に始まる「ラディカル学派」という二つの主要な潮流があり、これらは互いに有意義な交流が持たれることなく各々の中で展開してきた。オーストラリア人政治学者のヒゴットが、この二つの政治発展論の流れを丹念に描き出し、それらが共通して持つ問題点を析出させながら、なおかつ両学派の総合を図ろうとした本書での試みは、特筆に値する。まさに政治発展論の発展を理解するのに格好の一冊である。

　本書の内容は、第1章で途上国の政治発展研究における理論の意義およびその展開の概説と本書の学説史分析の方法論を叙述したあと、第2章で「近代化学派」、第3章で「ラディカル学派」という政治発展論の二大潮流の各々における議論の展開を詳述してその問題点を洗い出す。そして、相互に批判はあったものの、有意義な理論的交流や発展的統合がみられなかったこれら二大学派に共通して見出される特徴と問題点を抽出することで、これらを総合する契機を見出し、以後の政治発展論の展開を見通そうとしたものである（第4章）。

　両学派の議論の展開はここでは詳述しない。重要なのは、それらの学派の間にどのような共通する特徴および問題点が見出され、しかもそれらを総合する方途が見出せるのかである。まず、両者に共通して見出される特徴は、とくに両者の初期の理論（近代化論と従属論）では、過度の理論的一般化とそれを演繹的に経験的な事例に当てはめることが行われていたということである。近代化論における「伝統−近代」の二分法とその前者から後者への単線的発展という認識、そして従属論における「中心−周辺」の二分法とその前者から後者への一方的な搾取の構造といった認識は、時間軸と空間軸といった違いはあるものの、驚くほどの類似性を見せている。そしてそれは同時に、両者の大きな問題点で

もある。すなわち、こうした過度に一般化された理論は、それゆえにマクロ水準での論駁が不可能であり、他方ミクロ水準におけるあらゆる経験的事象がこれらの理論に当てはめて解釈されることになる。

　こうした初期の両学派の問題点はそれぞれの中で批判され発展を遂げていくが、その方向はマクロからミクロへ、理論から事象へというものであった。近代学派では公共政策に注目した個別具体的な研究へと展開し（第2章）、ラディカル学派ではウォーラーステインの半周辺国家から、中心あるいは周辺への移動可能性やカルドーゾの連携従属発展論へと展開する（第3章）。そして、これらいずれの学派においても注目されるようになった一つの焦点が、ミクロ分析への展開の結果としての公共政策の研究であり、その公共政策を生み出す国家への着目である。「どちらの学派も、歴史的にも地理的にも個別具体的な分析を行うようになったために〔中略〕第三世界では国家はどのような役割を果たしているかということに、はるかに注目するようになってきた」（p.136）。

　近代化学派は途上国の政治発展（近代化）を包括する理論構築に偏るあまりに、またラディカル学派は世界規模の構図の中での低開発や搾取構造を強調したため、マクロな一般理論や世界的構造の議論に偏り、開発を促進し、低開発から脱するミクロな公共政策の研究は行われなかった。また、近代化学派では自由主義的通念に基づく多元社会的観念のゆえに、ラディカル学派では世界規模での国際関係に着目したがゆえに、各途上国の国家の役割については等閑視されてきた。にもかかわらず、各国経済にも国際経済にも、そして途上国の経済発展にとっても、公共政策や国家の役割はきわめて重要である。これが1980年代、アメリカ政治学でもマルクス主義的政治学でも共通してみられた政治経済学（合理的選択論）や国家論の隆盛につながることになる。ヒゴットはここに政治発展論の二大潮流が合流する地点を見出し、「ことによると総合することさえできるかもしれない」（p.137）と提唱するのである。

　途上国の発展にとって、公共政策や国家の役割は無視できないどころか、きわめて重要である。そこで二大学派が総合できると安易に結論はできないが、少なくとも両学派のこれまでの発展、すなわち理論的研究から個別的研究への趨勢、言いかえると大理論から中範囲理論への展開は、現代の比較政治学と政治発展論の位置を確認する際に、念頭に置いておく必要がある。

第3章

開発援助と政治

keywords 冷戦政策と途上国ナショナリズム，グッド・ガバナンス，コンディショナリティとオーナーシップ，政治経済既得権ネットワーク，PEA（政治経済分析）

❶ 開発援助の政治性

開発援助は、第二次世界大戦後の東西冷戦の中で、政治として、アメリカの冷戦政策として始まった。中国、ベトナム、キューバへと共産主義が広まり、インド、インドネシア、エジプト、ザンビアなど多くの途上国が社会主義を掲げる中で、途上国の反民主的な反共軍事政権支援を中心とするアメリカ外交は評判が悪かった。そこでケネディ政権は、途上国への政策を見直してその経済発展に焦点を移し、1961年の国連総会で「開発の10年決議」を提唱した（南北問題のはじまり）。その論客であったロストウの『経済成長の諸段階──一つの非共産党宣言』（木村健康他訳、ダイヤモンド社 1960=1961）は、その副題が示すように、途上国が伝統的社会から離陸（産業革命）を経て資本主義的に発展する道を支援することで、共産主義に勝てると考えた。

ただしその支援は「対外援助（Foreign Aid）」であり、軍事援助、開発援助、灰色領域援助（軍事基地の見返りの道路・学校建設など）のセットから成っていた。アメリカ外交は安全保障から出発する。開発援助は、1964年のブラジル・クーデターとその後の経済成長を契機に、軍・官僚制権威主義体制（いわゆる開発独裁）への支援が中心になった。軍が治安体制を敷き、アメリカで経済学博士号などを取った経済官僚（テクノクラート）が経済開発に当たるというもので、韓国、タイ、インドネシア、エジプトなどがその代表であった。

一方、南の諸国は、もらえるもの（援助）はもらうがナショナリズムをベースに独自路線を追求した。その表れが非同盟諸国会議（1961年〜）であり、国連貿易開発会議（UNCTAD）での南北対話（1964年〜）であり、石油輸出国機

構（OPEC）による石油値上げと国有化攻勢であり、1974年国連資源特別総会における新国際経済秩序宣言であった。

1979年には親米の国王による開発独裁を倒したイラン革命とソモサ独裁を倒したニカラグア革命が起こり、80年代にブラジル、韓国、台湾、フィリピンなどで民主化が広まると、アメリカの途上国外交は、民主化支援に大きく転換していき、90年代になると開発援助の大きな部分がNGOの取り込み支援に回るようになった。ただし、軍事的対応や親米独裁政権支援も続いた。

1980年代は途上国のNGO運動が大きく前進した時代でもあった。世銀が経済成長から貧困削減を途上国戦略の中心に掲げるようになったのは『世界開発報告1990──貧困』からである。その背景には80年代の構造調整政策の失敗があった。1982年に石油価格の値崩れが始まると、産油国から途上国全体が財政危機に陥り、世銀は構造調整融資を実施したが、緊縮財政で福祉予算を削ったため、貧困層切り捨てだ、人間の顔をした成長をめざせという批判に対応を迫られたのである。同時に世銀は、開発政策がうまくいかない原因として、途上国政府の統治能力欠如とやる気を問題にした。それ以降、「良い統治（グッド・ガバナンス）」は、開発政策の焦点になった。政府がしっかりしないと開発は進まない。「開発の主要な障害は経済ではなく行政にある」「「東アジアの奇跡」に奇跡はない。政府が健全な開発政策を推進したということである」という理解が広がっていった。

❷ 良い統治（グッド・ガバナンス、あるいは単にガバナンス）の中身の模索

グッド・ガバナンスへの注目は、1970年代の経済成長から社会開発へのパラダイム移行に続く、第二のパラダイム移行であった。ただ、グッド・ガバナンスの中身は、世銀とUNDP（国連開発計画）で違っていた。世銀は、貧困を削減する王道は経済成長であり、成長を軌道に乗せるのは政府の質（法を整備し、汚職を減らし、公共政策を着実に実施する）であると考えていた。UNDPは、成長の成果が下層に及ぶことが重要であり、政府は国民の声を反映することが重要であると、民主主義重視を唱えた。グッド・ガバナンスの中身は、政府の質と民主化の2本柱となった。2000年までに両者は距離を縮め、両方が必要という方向になった。

2000年までに、「グッド・ガバナンスは、貧困を撲滅し、開発を進める上で、

おそらく最も重要な要因である」（アナン国連事務総長・当時）という認識は広く普及した。2000年の国連ミレニアム宣言第13項目は「MDGs の目標達成は各国および世界レベルのグッド・ガバナンスにかかっている」と謳った。ガバナンスは、経済成長の基盤整備を行い、社会開発を推進し、環境問題改善のイニシアティブをとる概念として、開発戦略の一部門として扱われるのではなく、あらゆる開発分野にガバナンス視点を持ち込むガバナンスの主流化が図られるようになった。

　たとえば農業近代化は、技術革新より制度革命がより重要であった。農民への政府補助金と低利の政府金融、灌漑・道路・電化などのインフラ建設、農業普及員制度による技術普及、農協への組織化推進、研究開発支援など、政府の役割を抜きに農業近代化を語ることはできない。工業化では、政府金融・補助金・政府許認可・産業保護政策の大きさ、統計整備、外資奨励・規制、R&D（研究開発）促進、国立大学工学部などの人材育成、採算がとれない部門を国営企業として展開するなど、政府の役割は大きかった。工業化は国策であり、ポリティカル・エコノミーの論理で推進された。地域開発、教育、保健・医療、環境政策、貧困緩和、ジェンダーなどの進展も、政府が予算をどれだけ重点配分し、汚職を減らして責任部局を機能させるかに、多分にかかっていた。

❸ ガバナンス実施の混迷

　しかし、国際機関や援助国には、「内政不干渉の原則」があったので、先進国側や国際機関は、民主的ガバナンスの原則である民主的選挙、人権、野党・NGO・メディアなどの言論結社の自由、公正（弾圧や政府予算を使った与党の支持拡大をしないこと）がないがしろにされても「問題だ」というだけで正面から対決してこなかった。カンボジアのフンセン首相もルワンダのカガメ大統領も、先進国が言う民主主義は口だけだと確信している。こうして今日、途上国の74%、108ヵ国で、自由がないか、自由が制限されて形だけの選挙をする非自由民主国が繁茂している。そうした国では政治的発言をするNGOは活動を厳しく制限されている。東西冷戦の終結後、90年代に引き続き大きくなったNGOは、途上国での多大な活動資金を政府からもらうようになり、しだいに反政府組織から半政府組織に変わっていった。

　「ガバナンスは本質的にセンシティブな政治問題である」というドナー側の

認識状況は続いた。途上国側はガバナンス支援に反発した。「援助するときのコンディショナリティ（条件付与）は内政干渉ではないか」「汚職について言いすぎる」「ドナーはうるさいNGOに入れ込みすぎる」と言うのであった。コンディショナリティは約束されても実行されないゆえ廃止するという、カナダのような国も現れた。途上国側は「同意する」と約束しても実際には動かない。一方、途上国の「自主性に任せよう」というオーナーシップ論も一般化されていった。ガバナンスの諸項目は当たり障りのないプロジェクトで多様化し、どの要素に優先順位を置くかで混乱したメッセージになった。理論的にも、先進国も東アジア（日本、中国、韓国、台湾）も、民主化やガバナンスが優れていたから成長できたわけではない。むしろ成長につれてあとから民主化やガバナンスが進んだという面もあるという議論も出てきた。

❹ 2000 年以降のガバナンス論議を席巻した政治経済分析（PEA）

　2000年以降のガバナンス論議を席巻したのはPEA（Political Economy Analysis）であった。その先導役はイギリス国際開発省（Department for International Development：DFID）のガバナンス責任者（chief advisor）、スー・アンズワース（Sue Unsworth）であった。このアプローチはイギリスからEU各国に広まった。なぜ、ガバナンスの改革が限定的な効果しか挙げられないのか。より効果的で説明責任ある政府機関をつくるには、国家と社会（政治経済既得権体制）がどのように関係し合っているのかを理解する必要がある。政治経済既得権体制は、どのようにして生まれ、国家予算や援助を利用して大きくなり、パトロン－クライアント（P-C／庇護－随従）関係、縁故（コネ）のネットワークを築き上げ、「政治献金なしにこの国でビジネスはできない」という状況をつくっているのか。多くの途上国は、一方で援助側が要求する改革や計画を受け入れるとともに、他方でその中身を形骸化し、既得権体系のコアの部分を維持し続ける。そうした中で、どのような援助プロジェクトが現実的で実現可能なのかを見極める手段としてPEAを利用するという位置づけであった。

　イギリス国際開発省の現場の職員からは、PEAは役に立つと評判が良かった。しかし、政治経済既得権体制が立ちふさがったとき、「だからどうするのだ」という処方箋をPEAは提起できなかった。PEAは地方レベル、プロジェクトレベルで有用な分析・プロジェクト運用手段になりうるという理解は広

まった（PEA第2段階）。しかし、途上国側の政権に対して厳しい見方をする
PEAは、内部資料にされ、公開されなかった。ウガンダでは、中身が漏洩し
て政権の怒りを買った。PEAは途上国側のオーナーシップと矛盾するという
議論が増えていった。PEAの第3段階では、途上国政府とパートナーシップ
を組んで、共同でPEA分析に当たるべきだという議論が増えていった（関連
文献ガイド参照）。

❺ 本章で紹介する本

　まず、世界銀行で23年勤務した西水美恵子と、国際NGOに20年勤務し、
NGOや市民社会論も多数書いているマイケル・エドワーズの援助論を取り
上げる。エドワーズは、ほかに市民社会論も書いている（紹介文献㊼）。西水
は、「良いガバナンスと優れた政治的リーダーシップ無くして健全な国造りは
できない」と喝破した。エドワーズも、「独立後にできた国家は社会的機能を
果たさなかった。ガバナンスの危機が問題の本質である」とし、「開発で肝要
なのは政治体制だ」と説いた。3冊目に取り上げるのは、アメリカ国際開発庁
のガバナンス論客、トーマス・カロザースである。ガバナンスが国際開発の
世界で主要議題になってから今日までの20年余りを総括し、「「政治に介入す
る」のではなく、開発の各レベルが政治であることを理解する」必要を説いた。
PEAについては、世銀が本にしているので、4冊目でそれを紹介しておく。
　その他、政治が開発に直接関係することに触れている本は多い。ザンビア出
身の経済学者ダンビサ・モヨ『援助じゃアフリカは発展しない』（小浜裕久監訳、
東洋経済新報社 2009=2010）は、「援助依存の文化は体系的な腐敗をはびこらせ
る」、すなわち汚職がはびこる環境の下で、投資環境が無力になると手厳しい。
ダニ・ロドリック『グローバリゼーション・パラドクス』（柴山桂太他訳、白水
社 2010=2014）は、市場を開放させられた途上国は国内企業を支援し、優先する
強い国家であると説いた。レオン・ヘッサー『ノーマン・ボーローグ——"緑
の革命"を起こした不屈の農学者』（岩永勝監訳、悠書館 2006=2009）も、緑の革
命を実施するためにインド首相とパキスタン大統領に直談判し、政治的リー
ダーシップを引き出したことを書いている。

関連文献ガイド

- PEA 関連について紹介しておく。以下はいずれもインターネットで参照可能。タイトルで検索すればダウンロードできる。

  DFID, *How to Note on Country Governance Analysis*, 2007.

  DFID, *Political Economy Analysis: How to Note*, 2009.

  Unsworth, S., *Framework for Strategic Governance and Corruption Analysis*, 2007.

  Whaites, A., *States in Development - Understanding State-Building* (DFID Working Paper), 2008.

- ノルウェーは 2 つの PEA 分析を公表している。

  ＊ NORAD, *Political Economy Analysis of Kenya*, 2009.

  ＊ NORAD, *Good Governance in Nigeria: A Study in Political Economy and Donor Support*, 2010.

- 世銀は 8PEA 分析を入れた本を出した（紹介文献 ❿）。

- PEA の今後については、

  Fisher, J. & Marquette, H., *Donors Doing Political Economy Analysis*, 2014.

  Kossoff, S., Busting 5 myths on Political-Economy Analysis, *World Economic Forum*, Mar. 27, 2015.

  Routley, L. & Hulme, D., *Donors, Development Agencies and the use of Political Economic Analysis*, 2013.

  Unsworth, S., *Is Political Economy Analysis too Challenging for Aid Donors?* 2014.

7 西水美恵子
『国をつくるという仕事』

［英治出版 2009］

　西水美恵子はプリンストン大学で経済学博士号を取得。同大学で教えたあと、世界銀行に 23 年勤務し、南アジア地域副総裁も務めた。第二の人生では、講演、執筆、アドバイザーをしている。

　「なぜ貧困解消が世界にとって重要か」（および「連載開始にあたって」）というネット記事（独立行政法人経済産業研究所 2005［online］）では、「世界銀行で得た最も重要な教訓。それは、良いガバナンス無くしては健全な国造りはできないということ。そして、良いガバナンスが行われることを可能にするために最も重要でありながらなかなか見つからないものは、優れた政治的リーダーシップなのだということ」「貧困をもたらす根本的な原因は、あらゆる種類の悪い統治（bad governance）とこれに伴う職権乱用である。貧しい人々もそう考えている」と書いていた。言い得て妙。実に的確である。ずばり論点を提示する人と見た。本書を読むと、開発は政治の良し悪しにかかっており、政治が開発に向けた国づくりをする、ということがよくわかる。

　本書は、西水が南アジア各国で格闘しつつ考えた開発についての記録である。西水は、草の根を見に行くのが好きだ。「草の根からさまざまな汚職形態を知り、政治改革なしには経済改革は不可能」と悟ったという。

　「世銀は完璧な組織ではない。間違いも失敗も多い。しかし正義の味方の精神が浸透している職場である」「世界銀行で学んだのは、リーダーのよしあしが決定的な差を生むという政治の現実だった。貧困解消は簡単にいえば、経済成長の果実を分配すること。それを可能にする政策は勝者と敗者を生む構造の改革だから、既得権益を守りたい人々には嫌われる」「世銀での現場体験を振り返ってみると、権力者の腐敗と悪政を敵にまわして戦うリーダーたちの補佐に徹した年月だった。喜んで喧嘩を買い続けた」という。やる気十分で優れた

指導者を見抜き、支援した。

　西水は、パキスタンの大統領ムシャラフ将軍を軍事政権ながら評価する。将軍は言った。「トップの視点は面白い。見えなかったものが見えてくる」「想像を絶する経済の破綻に驚いた。組織制度化され、マフィア化した汚職のひどさにも驚いた。その汚職が国家経済をここまで追いやった事実に仰天した」。では、どこから手をつけたらいいのか。大統領は知っていた、「汚職の根を断ち切るのは犯罪マフィアとの戦争だ」「敵は貧困。戦略はグッド・ガバナンス」「貧困解消はすなわち人間安全保障。イコール国家安全保障」だと。一方、民主政の指導者を代表する「ブット家の人民党も、ムスリム連盟も、民主主義の隠れ蓑を来た暴君の独裁を支える組織でしかない。お家元の家計を潤し、おこぼれを組織的にばらまいて、民主政治の名を汚すからくり」だと、西水は酷評する。

　インドの電力事情は深刻に停滞している。「インドでは、州の財政赤字が国全体の３分の２を占める。構造障害の筆頭が州営電力会社。票集めに公務職を約束した政治家の介入でふくれあがる電力会社の労働者数と費用」。公共医療制度の腐敗も深刻だ。「医療器具や薬品の横領。年金目当てに公立病院に名を連ね、民間で稼ぎまくる幽霊医師団。〔中略〕死にたきゃ公立病院に行くさとせせらわらう人々」。森林開発援助は全部中止した。「件数は非常に多いが実績は弱い。〔中略〕現場に行くと、自然林を切って植林している。自然林には「森の民」が生活している。その保全や利用の知恵を無視し、追い出す」。「融資プロジェクトがなんであれ、開発援助が汚職のからくりに大金を注ぐことになる。（途上国の政府は）「了解、同意、賛成」と口だけはきれいで、がんとして動かない」。こうした実例の山を伴った現状認識をもとに、「援助のよしあしは、政策やガバナンスの質の判断で決まる」と改革の方向を模索した。

　「国づくりは人づくり」というのが西水のもう一つのテーマである。とくに「女性。子のため、村のため、国のためを考えるDNAがある」と、インドのシン首相に言われた。「教祖モハメッドの奥さんはやり手の実業家。イスラムが女を卑下するわけがないでしょう」と、トルコで教えられた。インドの女性教育運動のスローガンは「良母は万の教師に勝る」。バングラデシュの（イマイチの）女性首相たちでさえ母親の人づくりを目標に女子教育に成果を挙げた。

　「開発援助と政治」の実態と方向性を痛快に描き出す、感動の本である。

8 マイケル・エドワーズ
『フューチャー・ポジティブ
—— 開発援助の大転換』

[CSO ネットワーク・杉原ひろみ企画・監修、日本評論社 2006]
Michael Edwards, *Future Positive: International Co-Operation in the 21st Century*, Earthscan, 1999, rev. 2004.

　マイケル・エドワーズは、オックスファム（Oxfam）やセーブ・ザ・チルドレン（Save the Children）などで 20 年以上の NGO 活動の後、世界銀行の市民社会上級専門員、のち、フォード財団のガバナンスと市民社会部門長になった。本書は、開発協力に関わる「（途上国）政府、ドナー、NGO の関係」を追求してきた彼の議論の集大成であり、これまでの開発援助の大きな流れと NGO の役割の総括とともに、各論がぎっしりと詰まっている。

　著者は「フューチャー・ポジティブ」と楽観的な結論を出しているが、中身はこれまでのドナーと NGO による開発援助の問題点に対する深刻な現状分析に立った上での、将来への希望的観測である。邦訳書は「開発援助の大転換」と題しているが、実際の援助の転換が構造的に起こっているわけではなく、著者の意図は、原著のサブタイトルにもあるように、「21 世紀に向けた（援助とは言わずに対等の立場での）国際協力」の方向を探ったものである。

　著者の認識では、グローバリゼーションの下で途上国のこれまでの生活は不可能になり、伝統的な社会ネットワークが崩れていく時代において、二つのことが必要になるという。一つは、貧しい人々の資産を系統立てて強化していくこと。単に家畜などの資産や土地や水の所有権・使用権だけでなく、これらの資産を効果的に用いることができるように、個人や組織の技術、教育、自尊心や自信などを強化すること。もう一つは、経済、社会、政治の構造を変え、貧しい人たちが市場活動やガバナンスに参加でき、平和で安定した環境をつくり出すことである。二つ目に関連して、近年、援助機関も、開発のために組織的枠組みに変化をもたらすことを認識し始め、開発プロジェクトからしだいに組織開発や政策改革に焦点を当てるようになってきた、と著者は言う。

　開発プロジェクトは開発業界の基本単位となっている。しかし、「開発プロ

ジェクトによって国家が発展できたためしはない」「成功した国は、小規模の
プロジェクトが集積して成功に至ったのではない。現場の努力と広範にわた
る社会構造の変化（とくに市場とガバナンス）の相互作用の結果、成功したの
である」。「現場の努力」、要するに成功要因を数字で表すとすれば、国内努力
が90％を占め、援助など海外からの働きかけは10％程度であると著者は言う。
そして「現場の努力」の目標である「貧困問題は常に政治問題」であり、「社
会を変えようとするとき、人々は政治的にならざるを得ない」「開発で肝要な
のは政治体制だ」と力説する。

　現代社会は市場、市民社会、政府の「ごった煮」と相互補完で成り立ってお
り、それを政府の公的な規制が整える。開発に必要なのは、利害調整の政治メ
カニズムをどうつくるかである。それは言いかえれば、「社会のいろいろな層
をまたぐ政治的支持をどう作るかであり、その支持は、共通の利益を見いだす
ものが連携して初めて生まれる」。

　著者はそのヒントを与えてくれる例として、東アジアの成功とアフリカの失
敗の対比に多くのページを割いている。東アジアで政府が果たした強力な役割、
賢明なマクロ経済政策、政府と産業界の密接な関係および製造業者協会などの
中間団体、公共サービスへの重点投資。援助は成長の初期段階で重要だが、貿
易や民間投資がはるかに重要である。成功の中心要因はない。一番の問題は、
こうした選択がどうして可能だったのかである。なぜ「開発国家」として機能
することができたのか。アフリカの場合、部族、氏族といった親族集団が唯一
機能しうる政治単位であり、独立後にできた国家は社会的機能を果たさなかっ
た。ガバナンスの危機が問題の本質である、とする。

　「IMFと世銀は、経済学の理論に基づいて実証的事実に依拠せず、政府の失
敗を強調する一方、市場の失敗には関心を払わず、その地にある組織や制度、
文化や社会的現実を無視してきた。結果、変化を起こす政治力学を完全に誤解
してしまった」と批判する。

　開発の世界は、短期の結果の追求、管理指向と規格化に毒されてきたと著者
は言う。現在の援助業界には、民間主導、現地の社会運動軽視、NGOの下請化
という危険な潮流がある。NGOは援助プロジェクトのサービス提供者であって
はならない。NGOの存在は大きくなっているが、同時にその存在意義が問われ
ている。

9

トーマス・カロザース他
『政治に直面する開発援助
―― 革命的変化への前進』

［邦訳なし］
Thomas Carothers & Diane De Gramont, *Development Aid Confronts Politics: The Almost Revolution*, Carnegie Endowment for International Peace, 2013.

　カロザースは、アメリカ国務省や国際開発庁（USAID）で民主化支援、ガバナンス支援に 20 年以上関わってきた、この分野の論客である。

　本書の趣旨はこうである。開発援助機関は長年、政治要因に目をつぶってきたが、1990 年代から注目するようになった。しかし実態は、形だけ「大事だよね」ということであった。それがいまや政治的視点を援助の目的から方法にまで適用するようになったのは、「ほとんど革命的変化」である。しかしまだ課題が山積している。

　カロザースの分析は次のようである。多くの開発実務家は政治に疑念を持ち続けている。政治はまだニッチであり、開発に政治は深く関わっているが、その点を立ち入っては考えないという状況があり、多様な援助はみな、「非政治」枠で動いている。社会学・経済学グループは政治の重要性になお懐疑的である。世銀はガバナンスと政治を分け、ガバナンスを非政治的に定義している。

　一方、ガバナンスの構成要素の多義性や諸要素の比重が混乱を呼んでいる。民主主義か、開発国家か、世銀の 100 を超える指標か。多くの民主化は、民主的ガバナンスの理念からするときわめて貧弱である。民主化支援は部分的で、援助戦略になっていない。また、民主化支援目的は（非民主政権とも友好を保たなければという）外交利益に従属してきた。さらに、民主化支援関係者は途上国の国家統治能力形成に着目してこなかった。

　ガバナンス援助は、2000 年までに年 100 億ドル規模、全体としては援助の 5 ～ 15％になった。内訳は、行政部門と司法関係に 30％ずつ。民主的参加と市民社会醸成には 13％、メディアには 2％、政党制には 1％であるが、全体として部分的にのみ実施され、途上国政府、NGO 双方から疑念が出されてきた。選挙や法制改革といった民主主義の諸要素も、他の政策との組み合わせがない

と経済成長にインパクトを与えない。単なる民主主義では国づくりの指針にならない。民主主義にもインフラが必要と言われるように、グッド・ガバナンスにもインフラが必要という議論がある。中央政府の指令が行き届くこと、複数政党制、活発な市民社会基盤、自由なメディアといったものがそれにあたる。一方、悪いガバナンスとは何かは追究されてこなかった。

　貧困削減戦略ペーパー（PRSP）は政府の計画プランナーによって書かれており、野党や議会が関与していない。プランナーは貧困層と直接話すことはない。市民参加は政府の選択範囲内のものであり、市民社会全体を反映しておらず、人々の声を反映して貧困削減の議論を促すというより、ドナーの要請に対応するという意味合いが強い。

　途上国側の主体性を重視するオーナーシップ議論では、一方で途上国国家の中心性を再認識させるとともに、他方で援助条件付け（コンディショナリティ）をやめることにつながった。それでは権力者が居直った場合、あるいは政治意志がない政権には、対応策が見出せないというジレンマにも直面することになった。

　参加型は、テクノクラート的に推進され、なぜ参加がエンパワーメントになるのかを理解しないで形式的なセッティングが進んだ。コミュニティが重視されたが、ドナーはコミュニティを和の世界と見てその中の権力関係を見てこなかった。NGO については、「エリート主導型で広い草の根基盤が欠如している」という理解が広がり、定義を拡大して、宗教組織、労働組合、専門家組織、民族組織、文化グループ、社会運動などを入れるようになった。NGO はプロジェクトの下請け的性格を帯び、穏健なことしかできない様相を強めた。ドナーは、市民社会団体の非政治化を推進しているかもしれないと著者は言う。

　政治はセクターではなくアプローチであり、開発の全セクターに適用すべきものである。ドナーが「政治に介入する」のではなく、開発の各レベルが政治的に決着されているゆえに、その政治実態を理解した上で援助する必要がある。本書は、こうした理解を推進する力作である。ただ、ある書評は言う。「本書のキーワードは yet である。革命的変化への前進は起こった。しかし障害はしつこく残っている。著者は、開発援助に政治的視点が徐々に入ってきていると認識しているが、目標や手段の変更はまだ系統的には受け入れられていない。せいぜい部分的に革命が実現しつつあるといったところだろう」と。

10

ヴェレーナ・フリッツ他 編
『課題対応型の政治経済分析
―― 世界銀行の経験』

［邦訳なし］
Verena Fritz, Brian Levy & Rachel Ort, eds, *Problem-Driven Political
Economy Analysis: The World Bank's Experience*, World Bank, 2014.

　世界銀行のガバナンス担当の3人によって編集された本書は、世銀が2005
年から課題対応型を焦点にして始めた政治経済分析（PEA）成果である。近年、
開発目標の成否は、技術的に適切なプロジェクトと法的枠組みがあっても、中
央・地方の政治家の意思と能力が制約になっていることが、ますます明らか
になってきている。本書は、各種プロジェクトにPEAを主流化する努力の中
で世銀が学んだことを体系化したものである。本書は、8ヵ国の課題対応型分
析とその総括から成っている。8ヵ国はモンゴル、モロッコ、ドミニカ共和国、
ザンビア、ガーナ、シエラレオネ、パプアニューギニア、フィリピンである。

　8ヵ国に共通しているものは、国内政治で政治的支持を確保するために使わ
れるクライアンテリズム（上からの政治利得分配による下からの随従の組織化。第
15章参照）の役割である。それぞれの国で、富と政治経済構造が歴史的にどう
形成されてきたかを分析し、開発の特定分野でその配置がどうなっているか
を分析することによって、開発とプロジェクトの方向性、処方箋を見定める
のがPEAの役割である。PEAの近年の重点は、政治と経済の相互関係である。
PEAをより使えるものにするため、特定の開発課題に焦点を当てることが模
索されてきた。紙数の関係で、2つだけ例を挙げよう。

　モンゴルは日本の4倍の面積に約300万人の人口を持ち、45％が首都ウラ
ンバートルに住む。ソ連崩壊後、92年から4年ごとに複数政党制による総選
挙が実施されるようになった。しかし小選挙区制であり、農村が51議席、都
市が25議席で、都市への人口移動に伴う見直しはない。そのため農村に基盤
を置く旧共産党に有利で、都市に基盤を置く野党と連合政権を組んでいる。強
力な指導体制はできず、双方がばらまき行政と利権対立で、開発プロジェクト
は分散化し、公共投資への一貫した政策が欠如してきた。政策はレント・シー

キング（政治利得模索）とクライアンテリズムで動いているという理解が一般化している。折しも銅のブームがあり、歳入が増えて、貧困率は大幅に下がってきたが（2002 年 61%、2012 年 27%）、政府がいかに資源の利益を確保し、管理できるか（道路の質や資材調達費用など）は公共の関心事になっている。アジア開発銀行（ADB）と世銀はモンゴル政府に社会開発（教育・保健医療など）の成功例を助言したが、政府は子ども給付金（18 歳以下の子どもに月 1000 円）を設けてばらまきに走った。

　ガーナでは、ンクルマ初代大統領と彼を追放した 1966 年クーデター後の政権がいずれも、カカオ生産農民からの強制買い上げ価格を低く設定し、国際価格で売って国庫を潤し、政治利得分配の資源として、また、官職任用や政府調達契約利権、輸入用外貨分配などを通じて政治基盤を築いてきた。1981 年クーデター以後の政権は、政治利得分配源を金や石油に変えてゆき、農民のカカオ価格を 3 倍化して農業の近代化（商業化）を図ろうとした。しかし、アフリカでは比較的法体系が整っていたガーナでも農村の土地所有権は曖昧で、外資導入による大規模農業投資は、土地争い、労働力確保、交通インフラに、族長の意向が絡んで頓挫していった。北部乾燥地の灌漑建設をともなう農地開発計画は、4 伝統王国の貴族とコミュニティ聖職者が絡む紛争となり、94 年の紛争では 4000 人の死者と 15 万人の難民を出した。

　世銀はいまでも経済学者と技術者が中心の組織だが、教育、保健、ガバナンス、環境など活動分野の多様化も進んでおり、その結果、分権化されている。世銀は「ガバナンスと反汚職戦略」を重視しているが、PEA 処方をどう実施するかは、各国支部、各部門の職員次第である。プロジェクトを企画する中で、PEA はしばしばセンシティブな問題として扱われる。その結果、PEA 分析は非公式に扱われる。一方、世銀の出版物の一部に挿入されることもある。正道は、公表し、関係者に知らしめることである。PEA の方向性は公表と、関係者によるメディアや地方での参加型の話し合いの場の設定であり、それによってより制度化された、適正な開発が進むという主張が展開されている。

第Ⅱ部
途上国開発における国家の役割

Contents

第4章

開発・国家・ガバナンスに関する
国際機関の議論

| keywords | 世界銀行，UNDP，グッド・ガバナンス，民主的ガバナンス，人間開発 |

❶ 戦後の国際機関による開発戦略

国家の発展において、国際機関の果たしてきた役割と貢献はきわめて重要であり、それらが国際社会に発するメッセージは途上国開発や援助政策に多大な影響を与えてきた。本章では、国際機関が途上国の開発に対する議論をどう展開してきたかについて、ガバナンス論が誕生した1990年以降に焦点を当てその歴史的背景と今日的意義を取り上げる。また世界銀行（世銀）と国連の開発調整役である国連開発計画（UNDP）が国際開発政策形成に中心的役割を果たしてきたとの認識から、この2機関を中心に概観する。

世銀とUNDPは、援助形態は異なっているものの、共に途上国の貧困削減と経済社会開発を最上位の目標として、長年異なったアプローチで着手してきた。UNDPは、人間を開発の中心に据え、草の根・ボトムアップ型の開発をめざす一方で、世銀は資源・労働力の生産的な活用と基礎的社会サービスの改善といった、経済社会開発を国家レベルで考え推進してきた。

国家建設における国際機関の議論の歴史は、開発援助の歴史でもある。戦後の冷戦構造下では、米国が主力ドナーとして多大な影響力を保持し、外交的・戦略的観点から非共産国への二国間援助を行う一方、世銀やOECD/DAC（開発援助委員会）など国際機関の影響力は限定的で、米国の影響力がこれら機関にも及んでいた（稲田2013, p.10）。初代UNDP総裁ホフマンは1960年代当時を振り返り、「国際社会は途上国の開発を可能にする制度的、構造的な環境を提供してこなかった」と述べている（マーフィー 2006=2014, p.189 紹介文献 **14**）。

1980年代には多くの途上国で成長率は低迷し、市場重視、政府介入の排除

とともに輸出志向を高める開発戦略が推進され、世銀と IMF 主導で構造調整融資が導入された。しかし融資の実施条件には実施困難なものも多く、またその設定は画一的、かつ政策順序などが不十分なため、途上国政府は条件の達成に忙殺され、政府のオーナーシップ（主体性）が失われた（JICA 2003, p.94）。

❷ 1990 ～ 2000 年の国際機関のガバナンスの議論

　1990 年代に入ると冷戦終結に伴う利害の変化や構造調整への反省などが相まって、市場経済化とともに、人権擁護、民主化の促進といった政治改革への支援が重視され、効果的援助は途上国の政治的意志、政府の透明性と説明責任、汚職の抑制といった途上国内部の政治・行政面の環境整備が必要との認識が広がった。1989 年の世銀の対アフリカ構造調整政策レビューで初めてガバナンス概念が取り上げられ、以降ガバナンス重視論が展開された。そこでは貧困の原因は政策自体ではなく、政策の実施能力とガバナンスの欠如にあるとした。

　一方、1970 ～ 80 年代の国連や UNDP は、多くの途上国で「トリクルダウン（開発が進んだ部門からその他部門に滴り落ちる効果)」が実現困難になると、セン（Sen）の考え方などを理論的背景としつつ、参加を通じた、貧困層や市民社会などのエンパワーメントや人間開発に力を注いだ（JICA 2003, p.11）。1990 年にUNDP は人間開発を新たな開発理念として前面に打ち出し、国際社会にその重要性を訴えた。世銀の『世界開発報告』に対抗する形で UNDP も『人間開発報告書』を毎年刊行した。そこでは経済成長自体は重要であるものの、それだけでは開発は不十分であるとし、報告書を通じてジェンダー、人間の安全保障、持続可能な人間開発など、新たな開発アジェンダとその重要性を次々と世界に発信した。1999 年にブラウン元世銀副総裁が UNDP の総裁に就任すると、組織内に政策変化が表れ、グッド・ガバナンスが開発優先課題に加えられた。

　UNDP が経済成長の必要性を受け入れグッド・ガバナンスを推進し始める一方、世銀も人間開発の重要性を認め、援助の重点項目に加えた。しかし、当時の『人間開発報告書』担当部長フクダ＝パー（Fukuda-Parr）は、「世銀が人間開発の概念を実行するにあたり行ったのは、教育と保健に携わる部門間の名称変更程度」と回顧している（マーフィー 2006=2014, p.483）。とはいえ、90 年代からはガバナンスと人間開発が異なった開発概念として競い合いつつも共存した時代であったと言えよう。当初のガバナンスの議論は、世銀・IMF が

ノースやスティグリッツなどの新制度派論者（社会の制度のあり方に注目し経済
活動を見る考え）の後方支援を受けつつ主導権を握った。世銀研究所（WBI）の
カウフマン（Kaufmann）は、99 年に二つの報告書を発表し、ガバナンスがいか
に開発にとって有用かを論じると同時に、その測定指標を開発した。政府の
役割や行政・制度の効率性を論証している当時の世銀刊行物として、『世界開
発報告 1997』（紹介文献⓫）、『東アジアの奇跡』（白鳥正喜監訳、東洋経済新報社
1993=1994）、『有効な援助 —— ファンジビリティと援助政策』（紹介文献❺❹）な
どが挙げられよう。他方、UNDP も 90 年代半ばよりガバナンス関連研究書を
次々と出版した（UNDP 1995, 1996, 1997；Elahi 2009）。いずれも人間開発推進の
前提としてグッド・ガバナンスが不可欠との議論展開が特徴的である。

❸ 2000 年以降の国際機関のガバナンスの議論

2000 年には、国連ミレニアム宣言採択と同時に、「ガバナンス」から一歩進
んで「民主的ガバナンス」という新概念が誕生した。UNDP は「民主的ガバ
ナンスは、ミレニアム開発目標（MDGs）達成を可能にする環境を整え、ひい
ては貧困を削減するものであり、MDGs 達成の中心に位置する」とした。そ
こでは人権や法の支配など包括的なアプローチにより UNDP の推進する人間
開発と世銀の推進するガバナンスの相互のシナジー効果を得る考えがあった。

以降、民主的ガバナンスという共通した国際規範の下、国際ドナーと途上
国は MDGs の達成努力を行った。2000 年以降は、HIPCs（重責債務貧困国）の
債務帳消しが唱えられ、途上国各国に PRSP（貧困削減戦略ペーパー）が義務づ
けられた。国連や世銀は、MDGs と PRSP を軸として調整し合うようになり、
民主化支援とグッド・ガバナンスに向けてパートナーシップ体制も強化された。
その基本的共通志向は、「経済成長を含めた開発推進の鍵は途上国政府の能力
にある。政府は良好な経済・社会・制度的インフラを整備し、同時に個々人の
人間開発の促進が求められる。それを遂行するためには民主主義の基本原則に
基づいた国家運営が不可欠である」であろう。

今日、ほとんどの途上国政府や援助機関で、グッド・ガバナンスまたは民主
的ガバナンスは開発の優先課題となっている。UNDP は民主的ガバナンスを
三つある優先分野の一つと位置づけている（2008 ～ 15 年における援助額の 33％を
民主的ガバナンスに配分〔UNDP 年次報告書 2015/2016 年版〕）。一方、世銀はすべて

の融資案件計画時にグッド・ガバナンスへの配慮を行い、公共セクターガバナンス・法規に対する援助額の 17%（2016 年度年次報告書）を配分している。

　UNDP や国連経済社会局（UNEDSA）などでガバナンス関連の書籍を数多く執筆してきたチーマは、『民主的ローカル・ガバナンス』（Cheema 2013）を国連大学より出版、地方分権は民主的ローカル・ガバナンスの基盤となり、アジアにおけるその改革を訴えた。元 UNDP 総裁補のジェンクス（Jenks）は、国連の目から見て、BRICS、フィランソロピー（企業などの社会貢献活動）、国際NGO が途上国と国連開発システムに新たに与える影響を『岐路に立つ国連開発』で分析した（ジェンクス／ジョーンズ 2013=2014）。世銀経済顧問のユスフは、過去 30 年の『世界開発報告』をレビューし、世銀の今後の行く末について論じた（Yusuf et al. 2009）。サンダラム元国連事務総長補らは、国連の開発シリーズ本『グッド・ガバナンスは開発にとって良いものか？』（Sundaram & Chowdhury 2012）を通じ、グッド・ガバナンスは経済成長や開発にとって必ずしも前提条件ではないことを主張した。『世界開発報告 2017 —— ガバナンスと法』（紹介文献⓬）では、法制度とガバナンスに対するアプローチを再考し、ガバナンスを機能させるのは政治であることを力説した。『人間開発報告書 2016 —— 人間開発をすべての人のために』（UNDP 2017）は再度、人間開発と政治参加の重要性を訴えている。国際機関は国家・開発・ガバナンスを再考する時期に入っているのであろうか。

　世銀は援助を行う際、政経分離と非政治性の原則を持ち、そのため経済的領域に限定してグッド・ガバナンスを推進してきた。他方、UNDP はそれに関する議論が緩く、政党や市民社会支援に長いあいだ積極的に関与してきた。大平は、UNDP が 2000 年以降はガバナンス概念に「民主的」という言葉をかぶせることで、経済限定を逸脱し、政治的な価値基準を導入する「開発の政治化」現象を指摘している（大平 2008, pp.109-124）。世銀・IMF 主導の構造調整支援の副産物として進んだ援助の政治化は、ますます政治的な価値基準を強める傾向にある（西川他 2006, p.261）。

　本章では次の 4 冊を紹介したい。1 冊目は、途上国の開発における国家の役割とガバナンスの重要性を再確認した世銀の『世界開発報告 1997 —— 開発における国家の役割』。2 冊目は、右報告書から 20 年を節目に開発とガバナンス問題を振り返り、政治の重要性からガバナンスを改めて強調した『世界開発報

告 2017 ── ガバナンスと法』。3 冊目は、ガバナンスに民主的要素を組み入れて人間開発と結びつけた UNDP の『人間開発報告書 2002 ── ガバナンスと人間開発』。最後に UNDP の歴史とそれを取り巻く国際社会の政治社会的背景を叙述した、『国連開発計画（UNDP）の歴史』を取り上げる。

関連文献ガイド

稲田十一『国際協力のレジーム分析』有信堂 2013.

大坪滋・木村宏恒・伊藤早苗編『国際開発学入門』勁草書房 2009.

大平剛『国連開発援助の変容と国際政治』有信堂 2008.

木村宏恒・近藤久洋・金丸裕志編『開発政治学の展開』勁草書房 2013.

ジェンクス，ブルース／ジョーンズ，ブルース編『岐路に立つ国連開発』丹羽敏彦監訳、人間と歴史社 2013=2014.

JICA 国際協力研修所『援助の潮流がわかる本』国際協力出版会 2003.

西川潤・高橋基樹・山下彰一編『国際開発とグローバリゼーション』日本評論社 2006.

Cheema, G. S. ed., *Democratic Local Governance: Reforms and Innovations in Asia*, United Nations Press, Tokyo, 2013.

Elahi, K. Q., UNDP On Good Governance, *International Journal of Social Economics*, Emeraldinsight, 2009〔online〕.

Kaufmann, D., Kraay, A., & Zoido-Lobatón, P., Governance Matters, *Policy Research Working Paper 2196*；Aggregating Governance Indicators, *Policy Research Working Paper 2195*, WB and WBI, 1999〔online〕.

Sundaram, J. K. & Chowdhury, A., *Is Good Governance Good for Development?* UN Series on Development, Bloomsbury Academic, 2012.

UNDP, *Public Sector Management, Governance and Sustainable Human Development: Discussion Paper on Participatory Local Governance*, 1995；*Gender and Governance*, 1996；*Reconceptualising Governance for Sustainable Human Development: Discussion Paper 2*, 1997；Evaluation of UNDP Contribution to Anticorruption and Addressing Drivers of Corruption, 2017.

Yusuf, S., et al., *Development Economics Through the Decades: A Critical Look at 30 Years of the World Bank*, World Bank, 2009.

World Bank, *Sub-Sahara Africa: From Crisis to Sustainable Growth*, World Bank, 1989.

世界銀行
『世界開発報告 1997
―― 開発における国家の役割』

［海外経済協力基金開発問題研究会訳、東洋経済新報社 1997］
World Bank, *World Development Report 1997: The State in a Changing World*,
Oxford University Press, 1997.

　本書は開発における国家の役割と制度能力、そして開発政策の関係について、世界銀行が新たな方向性を示したものである。過去 50 年間の歴史を通じて、とくに開発の側面において、国家活動のもたらす便益とその限界が明らかになってきた。政府の活動は教育や保健の飛躍的改善や社会的不平等の軽減に貢献したものの、中には悪い成果も産出した（p.1）。また税制、投資規制、経済政策は、グローバル化する世界経済における外生的変化にこれまで以上に即応する必要も生じてきた。多くの途上国では財産権、インフラ、基礎保健や教育といった基本的な公共財でさえ十分提供されておらず、有効な国家なしに良好な経済・社会開発の推進は困難との議論が深まってきた。

　本書は、開発における国家の役割を主題とし、政府には何ができて、何ができないか、そして政府がそれを行う最善の方法は何かなど、政府の役割の根本を再考し、国家開発を導くための二つの戦略を提供している。第一に、国家の活動をその能力に適合させるよう焦点を絞ることである。資源が少なく能力も低いにもかかわらず、あまりに多くを実施しようとしている国が多い中で、本書は開発に不可欠な中心的公共活動に焦点を絞り、国家の有効性を向上させる必要性を訴えている。官僚と政府の政策立案能力が高い国家では、政府の介入は積極的でもよいが、それが低い場合は基本的な業務に専念すべきであるというメッセージである。第二に、公共部門の再活性化により、国家の能力を向上させる方法を長期的な政策目標として、弱い政府は「制度能力」を向上させていくべきということである。本書は、よりよい仕事をし、インセンティブを公務員に与え、恣意的行動や汚職をチェックする制約のメカニズム構築の必要性を強調している（p.ii）。

　本書では、国家の役割を大きく「市場の失敗への対応」と「公平性の改善」

の二つに分け、それぞれについて基礎的機能、中間的機能、介入的機能をどう果たすべきかを次のように整理している。①国家能力の低い国は、まず基礎的な機能に焦点を絞る必要がある（財産権やマクロ経済安定、伝染病の管理、安全な水、道路、極貧層保護など）。②中間的な機能として、外部性の管理（たとえば公害）、独占規制、社会保障の供給（年金、失業手当）の実施が挙げられる。ここでは政府のみで提供するのではなく、市場や市民社会と協調することで、これら公共財の供給を確保する。③能力の高い国家は、調整を通じて市場等に対処する、より積極的な機能を持つことが可能となる（JICA 国際協力研修所 2003, pp.96-97）。また、本書では「能力ある国家と有効な国家の違い」「汚職と政策の歪み、公務員の能力主義採用との関連性」「経済政策、制度能力、経済成長との相関関係性」「信任、投資、成長との関連」など、100 を超す事例を通じて新たな論証を蓄積している。

　本書は、ノース、エバンズ（Evans）や青木昌彦などをはじめとした数多くの新制度学派の外部専門家をアドバイザーに迎え、スティグリッツらによる総指揮のもとも作成された。本の構成は全 4 部 10 章となっており、第 1 部は「世界に広がる "国家再考" の動き」、第 2 部は「国家の役割を能力に適合させる」、第 3 部は「制度能力の再活性化」、第 4 部では「変革への障害の除去」をテーマに議論展開を行っている。

　80 年代の新古典派的システムに基づく構造調整の時代の焦点が「政策を正す」ことであれば、90 年代は「小さな政府」の否定と市場偏重からの脱却を意味する。本書のメッセージは、国家は経済・社会開発の中心にあるが決して成長の直接の担い手ではなく、成長のパートナー・触媒としての成長促進役であり、グッド・ガバナンスを通じて「国家を正す」必要性を訴えたものである[1]。と同時に、報告書では「国家支配型の開発は失敗した。しかし、国家のない開発も失敗した」と説明し（p. i, 23）、新自由主義的な処方箋の誤りを認めたのであった。発表当初は政府能力の測定方法や政府の介入分野への反論も一部あったが、本書は政治経済学視点から市場メカニズムを決定する制度構築に焦点を当て、新たな開発パラダイム・シフトの展開を証明したものであり、後に途上国政府や国際ドナーの開発政策に多大な影響を与えた。

1　本間雅美「世界銀行と良いガバナンス」札幌大学経済・経営学会編『経済と経営』43(1)、2012、pp.29-30.

12 世界銀行
『世界開発報告 2017
—— ガバナンスと法』

[田村勝省訳、一灯社 2018]
World Bank, *World Development Report 2017: Governance and the Law*,
World Bank, 2017.

　1990 年代以降、「開発の鍵はガバナンスにある（Governance matters）」という
理解が世界の開発業界の中で一般化したが、2000 年以降は、「結局そのガバナ
ンスを機能させるのは政治である（Politics matters）」という理解に変わっていっ
た。その「政治が問題だ」の議論を集大成したのが本報告である。

　イギリス国際開発省ガバナンス部門長ステファン・コゾフは本報告を評して
言う。「本報告は、ガバナンスだけでなく開発議論全般に遠大な影響を及ぼす
であろう画期的な報告である。「政治が問題だ」は新しいメッセージではないか
もしれないが、政治に関わらないことを旨としてきた世界銀行がそれを言うこ
とが大変重要なのだ[2]」と。世銀に 23 年勤務し、ガバナンス部門長も務めたブラ
イアン・レヴィは言う。「世銀は、「成功例」や「グッド・ガバナンス」のお題
目から新たなガバナンス段階に入った。チーフ・エコノミストのポール・ロー
マー（2016 年〜）が言うように、今後、世銀は、政策実行が結果に結びつくよ
うな、開発の政治の適用可能な方策開発により投資するようになるだろう[3]」と。

　本報告の議論の要旨は次のようなものである。世界中の国が、暴力の危機を
下げ（安全保障）、繁栄を促進し（成長）、その繁栄を共有する（公平性）ことを
開発の目標とし、次の世代に開発が持続することを望んでいる。しかし、前向
きな開発政策を生み出すのに有効な政策はしばしば採用されない。採用されな
い理由は、国家レベルにおける政治意志の欠如である。

　政治諸勢力や企業、市民社会の間に力の非対称性（power asymmetries）があり、
それが安全保障、成長、公平性の実際を決めている。政策が効果的に機能する

2　Stefan Kossoff, The WDR 2017 on Governance and Law: Can It Drive a Transformation in
　Development Practice? *Global Policy Journal*, January 31, 2017［online］.
3　Brian Levy, *Two Cheers for the 2017 World Development Report*, World Bank, 2017［online］.

（policy effectiveness）鍵になるものが、コミットメント、調整（coordination）、協調である。諸政治勢力が、特定の政策にコミットし、調整と協力を行えば、政策は進展する。政策機能を妨げるものが排除、占有（capture）、クライアンテリズムである。強力なアクターが政治領域から排除されると、紛争が起こる。影響力のあるグループが政策を占有し、自分たちの利益に供していると、政策実行の非効率が起こる。また、選挙での支持の見返りに利益供与を特徴とする政治（クライアンテリズム）をしていると、長期的政策に支障をきたす。ある程度経済成長をして利益を得た階層が、次の段階の経済モデルへの移行に抵抗することも、さらなる成長に支障をきたす。それゆえ、現存の権力構造維持勢力の権力配置を分析した上で、改革を進めることが重要である。

変革へのテコは、競争可能性（contestability）、動機（incentives）、および選好と信念（preferences and beliefs）である。諸政治勢力がどのような動機と選好・信念を持ち、どのように競合しているか（複数政党制に象徴される）。権力分有、資源（あるいは予算）再分配、紛争調停、および制裁が、「ゲームのルール」の基本メカニズムである。競争レベルが上がると正当性と協力レベルが上がり、政府はより公正と認められるようになる。法律や社会規範が強力な政策形成手段となる。それによって力の非対称性が緩和されていく。

変革の動因（drivers of change）は、エリート間の駆け引き、市民の参加、および国際的支援である。権力者（エリート）が同意しないと変化の公算は低い。その契機は連合、とくに内発的な連合である。連合を組む方が、抑圧するより安くつくし、説明責任も上がる。選挙は増えているが、選挙の自由・公正度は1990年以来急減している。過去10年、市民空間は向上したが、近年は後退している。市民の集団的行動（投票、政党、社会運動など）は不完全になってきている。諸アクターの選好・信念や動機は、どのような合意が可能かを理解する手段になる。貿易や自然災害のような外部要因、あるいは都市化や中産階級の成長のようなゆっくりとした変化も、諸アクターの志向に影響を与える。そうした変化の中で、新しい諸アクターや諸要求を調整できないガバナンスは崩壊する。開発が成功していても、包摂性がないと体制は正統性を失う。公共サービスや紛争や低成長など、今日の途上国が直面する諸問題は、政策の設計と実施のために国家と非国家アクターが相交わる過程、すなわちガバナンスを再考察する必要がある、と言うのである。

13 国連開発計画
『人間開発報告書 2002
—— ガバナンスと人間開発』

[国際協力出版会 2002]
UNDP, *Human Development Report 2002: Deepening Democracy in a Fragmented World*, Oxford University Press, 2002.

　本書は、途上国のガバナンス議論ではそれまで触れられてこなかった「政治と人間開発」の関係を取り上げ、分断された世界における民主主義の深化と民主的なガバナンス制度を確立するためには何が必要なのかについて議論を展開したものである。

　本書が発表された当時（2002年）、途上国開発にはすでにグッド・ガバナンスの推進が不可欠という国際的なコンセンサスがあった。しかし、ガバナンス議論の多くは、政府の透明性と説明責任や法の支配など、制度を効果的にするための経済プロセスと行政面からのガバナンス強化が主であり、途上国内の民主主義、人権や選挙などを政治制度と関連づけた議論は行われてこなかった。途上国は MDGs 達成に向けさまざまな開発努力に着手したが、最貧困国の多くは困難に直面していた。彼らは民主主義や平和、経済的機会などの大きな脅威にさらされていた。またグローバル化への対応や、政治と政治制度が人間開発にとってより中心的な役割を果たすべき議論が必要とされていた。「過去10年間に得た確固たる教訓は、国内の政治制度が、相互依存度の高まった世界が必要とする統治への取り組みに追いついてないことである」（p.12）。

　本書は「国が国民に対して十分責任を果たせるガバナンスの制度を持っている時に限り、そしてすべての人々が自らの生活を決定する議論や意思決定に参加できるときに限り、人間開発を推進できる」（p.5）とガバナンス・民主主義・人間開発の関係を示した。そして「開発を成功に導く上で、政治は経済と同様に重要であり、貧しい人々が政治的な力を持つことも必要である。人間開発のさまざまな目標に沿った方向で貧困緩和を実現していく最良の方法は、社会のあらゆるレベルで強固に深く根を下ろした民主的ガバナンスを築くことである」（p.iii）と民主的ガバナンスの位置づけを示した。

民主主義の深化に最も必要なものは、民主的ガバナンスの中核となる制度や組織構築であるとし、例として次の項目を挙げている。十分に機能する政党と利益団体をもつ代表制度。普通選挙権と自由で公正な選挙を保障する選挙制度。三権分立に基づいた抑制と均衡制度の存在。政府や民間企業を監視でき、政治参加を実践できる、活動的な市民社会と自由で独立したメディアの存在。軍隊、その他の治安部隊に対する有効な文民統制。

　本書の全体構成としては、1～3章が人間開発における政治的自由と参加と民主主義深化のための議論、4章は平和構築、安全保障分野における民主的ガバナンスの重要性、5章はグローバルな制度や交渉における民主的原則のための勧告となっている。また、民主主義および政治的・市民的権利の側面よりガバナンスを測定するための指標についても取り上げている。コフィ・アナン（元国連事務総長）、アウン・サン・スー・チー（1991年ノーベル平和賞受賞者）、ボノ（音楽家）らによる特別コラムも掲載しているほか、恒例の人間開発指数による国別ランクも行っている（日本は9位。2016年では17位）。

　本書は、アマルティア・センをはじめ、各分野の著名な専門家により構成される外部諮問委員会の助言により作成されている。原著の副題は、*Deepening Democracy in a Fragmented World*（モザイク模様の世界に民主主義を深める）であるが、邦題では「ガバナンスと人間開発」となっている。内容的には民主的なガバナンスに対するメッセージ性が強いことから、このタイトルになったのではと想定できる。

　民主的ガバナンスは、MDGs達成のための共通した開発概念として2000年に注目されたが、当時、各国においてはその概念よりもむしろ開発目標達成のみの議論が先走りしていた。そのような中、UNDPが本書を通じて改めて民主的ガバナンスに焦点を当てたことにより、同概念の普遍性と重要性を再認識させることになった。途上国のガバナンス問題に人間開発と民主主義の要素を融合し、新たな開発の価値規範を世界に発信した本書の位置づけは重要であり、また国連でMDGsが採択された背景をいっそう深く理解するためにも必読の一冊であると言えよう。

14 クレイグ・N・マーフィー
『国連開発計画（UNDP）の歴史
——国連は世界の不平等にどう立ち向
かってきたか』

[峯陽一・小山田英治監訳、明石書店 2014]
Craig N. Murphy, *The United Nations Development Programme: A Better Way?*
Cambridge University Press, 2006.

国連開発計画（UNDP）は、今日に至るまで、国連の専門機関、下部組織、各種プログラム・基金などの 3 分の 1 以上の設立に携わってきた、国連の中において開発を担う中心的な組織である。本書は、UNDP の過去 40 年の活動の軌跡を振り返り、彼らがどのように貧困や不平等との闘いに立ち向かい、途上国開発を推進するために組織を変遷させていったかを、膨大な量のインタビューと資料をもとに綴った UNDP に関する年代記である。著者は米国ウェルズリー大学教授で、UNDP より公式史家として任命され本書を執筆した。

650 頁を超える本書は、全 12 章から構成され、開発をめぐるさまざまな事象を時系列的に取り上げ、主に元 UNDP 職員などの証言をもとに開発議論を深めている。紙面の都合上、各章の説明は省くが、大別して第 1 ～ 7 章は冷戦時に UNDP がどのように南の独立国や革命政権を支援し、彼らから認知されたのかを回顧している。第 8 章以降は、環境保護、人間開発や人間の安全保障といった概念の誕生、そして民主的ガバナンスへと新たな路線を歩みだした UNDP の時代的背景と貢献者たちをめぐるストーリーが展開されている。

本書の中心的な主張は、時代のニーズ、そして国際社会の変化とともに UNDP が「学習する組織」となり、そのつど最良の選択を行ってきたことである。学習の大部分は現場の活動経験から生まれ、それらは、1950 ～ 60 年代の途上国において世界水準となるトルコの工業大学の設置支援から始まり（第 4 章）、70 ～ 80 年代の女性と市民社会のエンパワーメントに貢献する事業への着手（第 8 章）、さらには冷戦終焉後に環境の持続可能性と民主的ガバナンスに焦点を当てた諸活動（第 10 章）へとつながった。

1966 年に国連特別基金と国連拡大技術計画の統合で発足した UNDP は、当初は技術援助機関として専門家派遣を通じた投資前調査から経済社会分野にお

ける小規模事業への資金援助の役割が主であった。本書の前半部分は、初代総裁 R・ホフマン（在任 1965 〜 72 年：元マーシャルプラン総裁）から R・ピーターソン（1972 〜 75 年：米国銀行家）、B・モース（1976 〜 86 年：元米国下院議員）といった歴代総裁と彼らの部下によるリーダーシップの下、開発支援とは本来国家のイデオロギーとは関係なく行うものであるというメッセージを随所に描き出している。

　旧ソ連崩壊前に総裁に就任した W・ドレーパー（1986 〜 93 年）は、『人間開発報告書』の発刊を機に、技術支援機関から距離を置き始め、アドボカシー発信役として「第二の路線」を歩みだし、「人間開発」と「民主化」という開発目標を取り入れた。ガス・スペス総裁（1993 〜 99 年）は、「人間開発のための民主的な人々の参加」を中心としたアドボカシーを強化し、環境保護、グッド・ガバナンス、女性の地位向上などを開発戦略のコアにするため加盟国から構成する執行理事会を説得した。しかし当時はグッド・ガバナンスだけは説得が難しく、「ずいぶんと多くの時間と労力を費やした」（p.434）と同氏は回顧している。この時期からとくに女性の開発（WID）への積極的関与を通じ、UNDP の関心は「国家」から「個人」へとシフトしていった（p.333）。

　UNDP の発するアドボカシーは、国連全体にも影響を与え、民主的なガバナンスの推進は、すでに 1995 年にガーリ国連事務総長（1992 〜 96 年）の『民主化への課題』（*An Agenda for Democralization*, United Nations, 1996）を通じて、国連の他の目標と同等の目標にする試みがなされた。そこでは、「自由な政治と基礎教育は、開発を促すだけではなく、それらがなければ開発は起こらない」とし、民主主義を「責務」と呼んだ（p.406）。

　米国以外から初めて総裁に選ばれた、英国出身のマーク・M・ブラウン（1999 〜 2005 年）は、開発重点分野をグッド・ガバナンスから民主的ガバナンスに変え、それに対する支援を公然化した（p.514）。2000 年に MDGs が採択されると同時に、UNDP は MDGs スコアカード（進展実績記録）係の役割も担った。後任のトルコ国籍の K・デルビシュ（2005 〜 09 年）は、UNDP の課題を、効果的でますます民主的になっていくようなグローバル・ガバナンスの構築であると設定し、それを推進した（p.529）。このように UNDP は、1980年代後半から徐々にグローバルな民主化にもコミットし、持続可能な人間開発に向けた触媒的努力を「主流化」（p.52）したのであった。

1990 年の年報『人間開発報告書』の発刊は、UNDP の援助政策に大きな変革をもたらした。毎回 1 万人以上が作成に関与するこの年次報告書は、他の国連報告書とは異なり、実務家以外に学生も研究者も読む。それにより思想は政治システム全体に浸透し、人間開発を改善することは「すべての関係者に当然のこととして受け入れられる」ことになる（p.415）。本書では、アマルティア・センやマブーブル・ハクといった一連の知識人による共同作業が UNDP の援助政策にどう影響を与え、人間開発がその後の UNDP の「背骨」となったかを叙述している。

　開発の考え方として、近代的技術の発想を工業化されていない世界に適用させる、「工学的な効率としての開発」がある。しかし、UNDP は開発を、究極的には、すべての人間のケイパビリティ（潜在能力）を自律的かつ持続可能な方法で育成すること、すなわち「自由としての開発」と見なすようになったのである（p.4）。その理論的背景であるセンの「ケイパビリティ・アプローチ」を経て、ハクの「人間開発」へ、そして世銀が 90 年代に提唱した「グッド・ガバナンス」を取り入れ、さらに「民主的ガバナンス」への関心へと継続していき（p.49）、人権、ジェンダー平等、環境保護、マイノリティの尊重、紛争予防、汚職の撲滅など、普遍的な理想を掲げたのであった。

　国連開発ネットワークが誕生してから 40 年の間に、UNDP は途上国の開発計画と、途上世界の政府の声に最もよく応答することで、最も信頼される国際機関になり（p.41）、各種組織内改革を通じて援助の透明性と効率性についても国際機関の中で最高の評価を得るようになった（p.496）。

　本書を通じて UNDP は単に国連の一開発援助機関ではなく、開発に関する新たな情報や思想の源泉でもあり続け、また途上国を「命令し、管理する」のではなく、「調整し、育成する」組織（p.41）であることが理解できる。本書は、他では読めないオリジナルな情報を満載した、国際開発学の生きた教科書であり、20 世紀現代史の史料として高い価値を有すると言えよう。

第5章

開発と制度・制度改革

keywords　制度，国家建設，体制移行，グッド・ガバナンス

❶ 開発と制度

　20世紀は世界中が「開発」という難問に挑んだ世紀だった。途上国の指導者は自国の「開発」を望み、それを支援する「開発」援助機関が創設されて「開発」援助が行われ、それに理論的裏付けを与える「開発」学が盛んになった。

　「開発」の定義は難しいが、イメージすることは容易である。それは、人々が飢えや疫病に苦しまず、子どもたちは毎日学校へ行き、経済活動が自由に行われて人々が豊かになること（経済社会の発展）、人々が社会のあり方に関する意思決定に意見を反映させたり、社会に不可避的に存在する利害対立を平和裏に解決する仕組みがあること（政治の発展）、といったところだろうか。残念ながら世界にはこうした状況からほど遠い国が多くあるから、「開発」とは、理想状態をめざして政治や社会、経済のあり方を改善していく変化の過程だと言える。

　それでは、どうすれば「開発」は可能になるのだろうか。これが、人類がいまだに解決できていない難問である。最初は、開発が進んだ国（先進国）が開発の遅れた国（途上国）に対して十分な資金や技術を提供し、インフラ建設や人材育成を支援すれば開発は促進できると考えられていた。しかしそれがうまく行かないとわかるや、さまざまな見解が提示されるようになった。その膨大な議論の詳細は別書に譲るが、現在有力な見解は、「開発は、良き制度（institutions）を構築することによってこそ促進できる」というものである。

　では、「制度」とは何だろうか。この語はきわめて多義的であり、それ自体が論争の対象であるが、ここでは、制度を「人間社会におけるゲームのルー

ル」と理解しておこう。人間社会では、モノの売買や政権獲得をめざす政党間の争いに代表されるように、多様なアクターが自分の利益を最大化しようとしてさまざまな相互作用（ゲーム）を繰り広げており、そのルールとしてゲームのあり方を決めたりアクターの行動を制約したりしているのが制度だというわけである。

❷ なぜ制度が注目されるようになったのか

途上国開発や開発援助との関係で「制度」という言葉が注目されるようになったのは、開発のあり方をめぐる長い議論の歴史の中では比較的最近（1990年代）のことである。その端緒になったのは、ソ連・東欧の社会主義体制の崩壊（1989〜91年）による冷戦の終焉と、それに伴う多数の民族紛争の勃発であった。旧社会主義諸国は自由民主主義や市場経済制度などの西側の諸制度を導入する「体制移行」を経験することになったし[1]、ソ連の崩壊や民族紛争から生まれた多くの新独立諸国はあらゆる国家制度を構築するという課題（「国家建設」）に直面することとなった。国家としての最低限の機能すら果たせない「脆弱国」と呼ばれる国々も出現し、それがテロリズムの温床になる懸念が浮上するようになった。こうして、国家や政府、市場に関する効果的な制度をどう構築するかが国際社会にとっての喫緊の重要課題となったのである。

❸ 「良き制度」とは何か

上記のような事態を受けて、開発を促進する「良き制度」とは何かが1990年代から活発に議論されるようになった。

制度の重要性を強調する議論に先鞭をつけたのはノースをはじめとする新制度派経済学者だった[2]。ノースは、当時支配的であった新古典派経済学が制度を度外視したことを批判し、「貧しい国と豊かな国があるのはなぜか」という問いを立てた上で、その答えを「良き制度」の有無に求めた（紹介文献⓯）。彼

---

1 アメリカの政治学者フクヤマ（Fukuyama）は、自由民主主義・経済的自由主義が最終的な勝利を収めたことによって、より良い社会制度をめぐる対立軸が消滅し、それを追求してきた人類の長い歴史がついに終わったという「歴史の終わり」論を提示した（フクヤマ 1992=2005）。
2 制度論は他の学問分野（政治学、社会学、組織論など）でもほぼ同時期に発展した。しかし、各学問分野の制度論が相互交流を欠いたまま独自に発展したため、制度の定義をはじめとする大きな差異が生じることとなった（Hall & Taylor 1996）。

は、経済取引を活発化させて経済発展を促進するには、経済取引に参加するアクターが契約不履行などの不確実性に対処するために負担する費用（取引費用）[3] を引き下げることが重要であると考えた。そして、そのためには、財産権を保護し契約履行を強制するための低コストで信頼できる制度（とくに国家によるフォーマルな法制度）が重要であると考えたのである。

　デソトは、「良き制度」が経済発展を促すというノースの主張を発展させ、個人の私有財産権を確実に保障するフォーマルな法制度が、経済発展のみならず貧困削減にとっても重要であると主張した。彼によれば、貧困者は何も持っていないがゆえに貧しいのではなく、むしろ彼らは小規模であれ土地や家屋、商店などの資産を持っていることが多い。問題は、これらの資産に対する権利がフォーマルな法制度によって承認され、登記などによって保護されるに至っていないことにある。その結果、彼らは「不法占拠者」として長年住み慣れた土地から強制退去させられたり、登記した土地を担保として金融機関から融資を受け、経済活動を拡大して豊かになるチャンスを逸したりしている。つまり、貧困層は、その資産がフォーマルな法制度の保護の外に置かれることによって市場資本主義の恩恵に浴せない「死んだ資本」となっているがゆえに貧しいのである。そこで、フォーマルな法制度を通じて承認し保護することで貧困層の資産は有効活用可能な「資本」となり、彼らは貧困から脱却して資本主義の恩恵を享受することができるようになるという（De Soto 2000）。

　一方、政治制度については、ソ連・東欧における一党独裁体制の崩壊やアフリカ諸国などにおける民主化の動きを背景に、欧米流の民主主義制度の途上国への拡大が当然視されるようになった。たとえばアメリカの国際法学者フランクは、英米流の民主主義の「ほとんど完璧な勝利」によって「民主主義のみが統治を正当化しうる時代」が到来し、第三世界にとって民主主義は時期尚早だとは誰も言わなくなった、と主張した（Franck 1992）。

　こうした経済・政治面双方における「良き制度」の議論を総括したのがアセモグルとロビンソンである。彼らは、長期にわたる歴史的観察に基づき、「包摂的な政治的・経済的制度」こそが持続的経済成長にとって不可欠であると論じて注目を浴びた（紹介文献 **16**）。彼らによれば、包摂的な制度とは、政治的に

3　具体的には、取引の相手方の信用度調査費用などの事前費用と、契約違反に対処するための裁判費用などの事後費用がある。

は政治権力が広く社会で分有されるような多元主義的制度であり[4]、経済的には財産権を保障し競争を促進して技術イノベーションへの投資を奨励するような制度である。持続的成長に不可欠な創造的破壊とイノベーションはこうした包摂的な政治的・経済的制度の双方を備えた国でのみ可能であり、中国のような収奪的政治制度（限られたエリートの手に無制限の権力を集中させる政治制度）の下での成長は持続可能性を欠く。というのは、権威主義的支配者は既存の権力関係を不安定化させる創造的破壊を警戒し抑圧するからである。

　「良き制度」をめぐるこうした議論は、開発援助のあり方にも大きな影響を及ぼすに至った。政治・経済・社会が「良き制度」を通じて効果的・効率的に統治・制御されている状況を意味する「良き統治（グッド・ガバナンス）」という言葉が生まれた。そして、良き制度の構築、すなわち制度改善を通じたガバナンス改善の必要性が国際的合意を得るに至り、1990年代以降、多くの援助機関が「良き制度」の構築をめざす支援（ガバナンス支援）を実施するようになった。市場制度や私有財産制度に加えて、民主主義や立憲主義、人権保障、法の支配、地方自治制度、会計制度や企業統治制度などのさまざまな制度が「良き制度」として支援対象となった。

❹ 制度構築支援の帰結

　しかしながら、欧米の援助機関が主導したガバナンス支援は、制度構築の困難さという壁に直面することとなった。それが最も鮮明に表れたのは旧ソ連・東欧諸国に対する体制移行支援（1990年代）であったが、その後も、紛争後の国々への支援（1990～2000年代）、そして旧社会主義圏や中東・アフリカ諸国に対する民主化支援（1990～2010年代）も大きな困難に直面することとなった。

　こうした援助においては、援助機関が先進国の制度に範をとった「良き制度」をそのまま途上国に持ち込もうとする例が多くみられた。それが最も端的に表れたのが法整備支援の分野である。そこでは、世銀等が先進国（とくに英米）の法制度をモデルとした「模範法制」を途上国に持ち込み、当該国の伝統的・慣習的法制度との齟齬をきたしたり、法律こそ整備されたものの施行されなかったり、実質的に定着しないなどの失敗例が続発した（第9章参照）。

4　彼らはあえて「民主主義」という語は使っていない。欧米型民主主義の単純な礼賛と受け取られることを回避しようとしたためと考えられる。

❺ 制度構築支援への批判の台頭

こうした事態を背景として、体制移行国や紛争後の国々への支援の検証が行われるようになり、そこから、「良き制度」構築をめざす援助機関の方針やその裏付けとなった理論への批判が現れるようになった。たとえば、欧米援助機関によるロシア向けの法整備支援を検証した政治学者ホームズは、ロシアの法制度や歴史を何も知らない西側の法律家が、法制度がアメリカやドイツでプラグを抜いてロシアで差し込めば問題なく作動する家電製品であるかのような、誤った仮定に基づいて欧米の法律をロシアへ持ち込んだと批判した（Holmes 1999）。

こうした批判は、「良き制度」をいかに持ち込むべきか、具体的には制度改革実行のスピードや複数の「良き制度」を持ち込む順番を問う議論に発展していった。たとえば体制移行支援をめぐっては、あらゆる制度改革を短期間かつ同時に実施するショック療法と漸進的な制度改革のいずれが適切だったかが激しく議論された（大野 1996；Sachs 2000）。また、紛争後の国々における国家建設をめぐっては、民主主義の諸制度の導入と法の支配の確立のどちらを優先すべきか（Carothers 2010）や、民族対立が存在する状況下において民主化と市場経済化・経済的自由化をどう両立させるべきか（Chua 1998）が議論された。

紛争後の諸国における国家建設支援を批判したのがイギリスの政治学者パリスである。彼は1990年代の八つの事例を検証し、自由民主主義や市場経済制度といった欧米流の政治経済制度を同時に持ち込もうとする援助機関の戦略が、対象国の政治経済状況を不安定化させるという深刻な副作用をもたらしたと警告した。そして、自由民主主義や市場経済制度の構築という目標自体は維持したまま、より現実的な戦略を検討すべきだと主張した（Paris 1997）。

同様の批判を行ったのがアメリカの政治学者グリンドルである。彼女は、援助機関が途上国に要求する「良き制度」（グッド・ガバナンス・アジェンダ）があまりに多く、それらを同時かつ完全に実現せよと要求することは非現実的だと批判した。そして、途上国それぞれの固有事情を考慮しながら優先順位づけを行って「それなりのガバナンス（good-enough governance）」をめざすという、より現実的な制度改革戦略を提唱した（Grindle 2004）。

---

5 たとえば、世銀が掲げるグッド・ガバナンス・アジェンダは1997年には45項目だったが、2003年には116項目に増加した（Grindle 2004, p.528）。

さらに、援助機関が途上国に持ち込もうとした「良き制度」それ自体の有効性・正当性を疑問視する見解が出現した。たとえば、イギリスで活躍する韓国出身の経済学者チャンは、先進国における経済発展と「良き制度」の出現の時間的な前後関係を検討した。そして、英米をはじめとする先進国において、開発の前提条件であると信じられている「良き制度」は、実は開発（経済成長や貧困削減）が達成されたあとに形成されたものだったと指摘し、「良き制度」の整備を性急に途上国に要求する援助機関の姿勢を強く批判した（チャン2002=2009）[6]。

❻ 政治と向き合うガバナンス支援

　しかし、チャンによる根源的な批判はこれまでのところ、援助機関の援助戦略に大きな影響を与えてはいない。援助機関の間で有力となっているのは、グリンドルやパリスの議論を踏まえ、各途上国の固有事情を考慮しながらいかに効果的に「良き制度」を構築するかという議論である。そして、配慮すべき固有事情として注目されるようになっているのが、被援助国の「政治」である。つまり、制度構築支援をめざす援助機関は不可避的に被援助国の国内政治に向き合わざるを得ないという主張が有力となっているのである。

　たとえばカロザースは、『政治に直面する開発援助』と題する著書（Carothers & De Gramont 2013 紹介文献 ❾）で、これまで被援助国の「政治問題」に正面から向き合うことを回避したり開発援助が被援助国の国内政治に影響を及ぼしうることを否定してきた開発援助実務者が、近年はそれに向き合わざるを得なくなっていると指摘した。

　また、イギリスの国際開発省は、これまで制度構築の政治性（経済制度であれ政治制度であれ、制度の構築は政治的プロセスであり、そこに多様なアクターの利害関係が絡むこと）が無視されていたとの反省に立ち、被援助国の政治を分析する「政治経済分析」の理論と手法を確立しようとしている。それは「開発とは本質的に政治的過程である」（DFID 2009）ことの承認を出発点としている[7]。そ

6　たとえば、アメリカで人種差別なき普通選挙制度が成立したのは1965年のことだった。こうした歴史を持つ先進国が途上国に民主化を迫っていることについて、チャンは「なぜ先進国は自国の歴史にこれほど無知なのか？」と皮肉っている。

7　政治への注目は、グッド・ガバナンス・アジェンダのための援助にとどまらず、広く開発援助全般にとって重要であると指摘されている点は注意を要する。

して、被援助国内において権力と資源がどのように配分され、どのように争われているかの分析を行うこと、望ましい制度変化を促進したり阻害したりする要因がどこにあるかを把握することで、より現実的で政治的にフィージブルな援助戦略の策定が可能になるとしている（DFID 2009）。

いま援助機関が向き合うことを求められているのは、開発を促進する「良き制度」をどうやって構築するか、という問いである。ノースは、「豊かな国と貧しい国が存在するのはなぜか」を問うたが、いまや「良き制度を構築できる国とできない国が存在するのはなぜか」という問いにどう答えるかが問われているのである。この問いに答えることは、開発政治学の重大な任務である。

関連文献ガイド

大野健一『市場移行戦略 —— 新経済体制の創造と日本の知的支援』有斐閣 1996.

チャン，ハジュン『はしごを外せ —— 蹴落とされる発展途上国』横川信治他訳、日本評論社 2002=2009.

フクヤマ，フランシス『歴史の終わり』渡辺昇一訳、三笠書房 1992=2005.

Carothers, T. & De Gramont, D., *Development Aid Confronts Politics: The Almost Revolution*, Carnegie Endowment for International Peace, 2013.

Carothers, T., Rule of Law Temptations, in Heckman, J. J. et al. eds, *Global Perspectives on the Rule of Law*, Glasshouse Book, 2010.

Chua, A. L., Markets, Democracy, and Ethnicity: Toward A New Paradigm for Law and Development, *Yale Law Journal*, 1998, pp.1-107.

Department for International Development [DFID], *Political Economy Analysis: How to Note*, A DFID Practice Paper, 2009.

De Soto, H., *The Mystery of Capital: Why Capitalism Triumphs in the West and Fails Everywhere Else*, Basic books, 2000.

Franck, T. M., The Emerging Right to Democratic Governance, *American Journal of International Law*, 86(1), 1992, pp.46-91.

Grindle, M. S., Good Enough Governance: Poverty Reduction and Reform in Developing Countries, *Governance*, 17(4), 2004, pp.525-548.

Hall, P. A. & Taylor, R., Political Science and the Three New Institutionalisms, *Political Studies*, 1996, pp.936-957.

Holmes, S., Can Foreign Aid Promote the Rule of Law? *East European Constitutional Review*, 8(4), 1999, pp.68-74.

Paris, R., Peacebuilding and the Limits of Liberal Internationalism, *International Security*, 22(2), 1997, pp.54-89.

Sachs, J. D., Woo, W. T., & Yang, X., Economic Reforms and Constitutional Transition, 2000. Available at SSRN 254110 ［online］.

15 ダグラス・C・ノース 『制度・制度変化・経済成果』

[竹下公視訳、晃洋書房 1994]

Douglass C. North, *Institutions, Institutional Change and Economic Performance*, Cambridge University Press, 1990.

　ダグラス・ノース（1920-2015）はアメリカの経済史学者である。1993 年には制度理論の発展への貢献を理由としてノーベル経済学賞を受賞している。

　彼は、「世界にはなぜ豊かな国と貧しい国があるのか、なぜある国は長期間にわたって豊かであり続けているのにある国は貧しいままなのか」という人類の難問に正面から挑んだ。彼が本書で提示した答えは「経済の長期的パフォーマンスの基本的な決定要因は、制度である」という明快なものである。すなわち、先進国は経済成長を促進する良き制度を持っている一方、途上国は経済成長を阻害する悪しき制度しか持てていないというのである。この主張を、本書の議論の展開に沿って詳しく見ていこう。

　まずノースは、制度を「人間によって考案された（人間行動に対する）制約であり、人間の相互作用を形成する」ものであると定義する。抽象的でわかりにくい定義であるが、彼は制度を「社会におけるゲームのルール」にたとえる。社会では、モノの売買に代表されるように、多様なアクターが利己心に基づいてさまざまな相互作用（ゲーム）を繰り広げており、そのルールとしてアクターの行動を制約しているのが制度だというわけである。

　経済が発展して分業が進展したり取引が広域化してくると、人々は個人的な信頼関係がない未知の相手と取引せざるを得なくなる。そうした不確実性を伴う取引を行う際に、相手方の信用に関する情報の入手を容易にしたり、契約違反を制裁したりするような有効な制度があれば、人々は安心して取引を行って富を蓄積できるようになり、技術や教育への投資が促進され、経済は発展する。重要なのは、経済が発展するにつれて、国家が整備するフォーマルな制度、すなわち全国共通の取引ルールを設定する成文法制度（民商法など）や第三者的な立場から強制的に紛争裁定を行う司法制度が不可欠になってくることである。

ノースは、経済取引に伴う費用（取引費用）を引き下げる有効で効率的な制度こそが経済成長を生み、逆に途上国が貧しいままなのは誰もが安価に利用できる信頼に足る所有権制度や契約執行制度を欠いているからだと考えた。

　では、なぜ貧しい国は「良き制度」を持つことができないのか。ここに本書が「開発政治学」にとって重要性を持つ理由がある。ノースは、経済的に良き制度を構築することは政治的にきわめて困難であると力説しているのである。

　まずノースは、経済成長を促進する「良き制度」は、そうした制度を創造し執行するインセンティブを持つ政治組織がなければ創設されないと主張する。つまり、アクターは利己的であり、ゲームのルールである制度もアクターの利己心から生まれるものなので、自分の得にならない限り、誰も社会全体の役に立つような制度を構築しようとはしないというのである。ここに、政治経済学の最大の難問が存在する。つまり、国家というアクターは、効果的に取引費用を引き下げる制度を創設し維持できる強力な存在でなくてはならないが、国家がその持てる力を社会全体の利益のために行使する保障はどこにもなく、いかにしてその強力な力を統制するか、という問題が生じるのである。ノースの答えは、国家の恣意的な行動を抑止する政治制度を工夫することが必要だというものである。彼が例として挙げるのは、恣意的な王権行使の抑止に成功したイギリスの名誉革命後の政治制度や、三権分立を規定するアメリカの憲法制度であるが、彼はそうした良き政治制度の創設はきわめて困難であり、人類の数千年の歴史は、生産活動を阻害する悪しき経済制度とそれを温存する悪しき政治制度の歴史だったと主張する。さらに悪いことに、制度は漸進的にしか変化しない。というのは、フォーマルな制度を創設しようとしても長年の慣習などのインフォーマルな制度が障害になるほか、いったん創設された制度はどんなに非効率なものであっても、そこからの脱出が困難になるという特質（彼はこれを「経路依存性」「制度的閉塞」という概念で説明する）を有するからである。

　彼の結論は、国家を運営する人々が社会の利益を犠牲にして私益を追求する事態を回避して経済発展を促進するような国家制度を、どのように創設するかはまだ「誰も知らない」という悲観的なものである。経済発展にとっての「良き制度」の重要性と、その構築の政治的困難性についてのノースの主張は説得的であり、制度改善を通じたグッド・ガバナンス構築の必要性を説く議論の理論的支柱となって開発援助潮流に大きな影響を与えた。

ダロン・アセモグル＆ジェイムズ・A・ロビンソン

『国家はなぜ衰退するのか
── 権力・繁栄・貧困の起源』

[（上下巻）鬼澤忍訳、早川書房 2013]
Daron Acemoglu & James A. Robinson, *Why Nations Fail: The Origins of Power, Prosperity, and Poverty*, Crown Publishers, 2012.

　ダロン・アセモグル（1967-）はトルコ生まれでアメリカで活躍する政治経済学者、ジェイムズ・ロビンソン（1960-）はアメリカの政治学者である。アセモグルは経済発展論や政治経済学を幅広く研究しており、2005 年には 40 歳以下の若手経済学者に贈られるジョン・ベイツ・クラーク賞を受賞している。

　本書が挑むのは、ノースと同様に、世界にはなぜ豊かな国と貧しい国があるのかという問いである。著者は、地理・気候・文化的な特徴や政府の政策の成否が国々の貧富の差異を決めるという従来の定説を次々に論破していく。そして、豊かな国と貧しい国を分かつのは政治経済的制度のあり方だと主張する。

　本書の強みは、こうした主張が豊富な実例で説得的に裏付けられていることであろう。たとえば、アメリカのアリゾナ州にはノガレスという街があり、住民は高い所得や効率的な行政サービス、良好な治安を享受している。しかし、フェンスを挟んだメキシコ側にある同じ名前の街では、平均所得は 3 分の 1 になり、劣悪な公共サービス、汚職と腐敗がはびこる。著者は、気候風土や文化が共通する「同じ都市を半分にした二つの街が、これほどまでに違うのはなぜだろうか」と問い、その答えを政治経済制度の違いに求めるのである。同様に、北朝鮮と韓国、東西ドイツなどが例として挙げられる。

　著者によれば、持続的な経済成長は、財産権や対等な競争への参入の自由を保障された人々が自由に経済活動を行える「包括的経済制度」と、多様な人々が政治的意思決定に自由に参画できる「包括的政治制度」の双方が存在する国においてのみ可能になる。逆に、少数者が政治へのアクセスを独占し、財産権や自由で公平な経済競争が保障されない「収奪的な政治経済制度」の下では持続的経済成長は望めない。中国のように、経済制度こそ包摂的だが政治制度が収奪的な国では、一定期間は高度経済成長が見込める（著者はこれを「権威

主義的成長」と呼ぶ）ものの、それは既存技術と巨額の投資によるものであってシュンペーター（Schumpeter）の言う「創造的破壊」によるものではないから持続的たりえない。政治権力を独占するエリート層が既得権益を脅かす恐れがあるイノベーションを抑圧する結果、持続的経済成長の原動力が失われてしまうからである。

　では、持続的成長を生む包摂的な政治経済制度はどのようにして生まれるのか。彼らは、偶然の出来事が制度変化に果たす役割を強調し、意図的な努力によって良き制度を構築できるという考えには否定的である。[8]著者によれば、ある二つの社会における制度は、当初はほぼ同一であっても、遺伝子の突然変異に似た偶然の出来事によって少しずつ分化していく。そして、この小さな差異が、「決定的岐路（critical juncture）」と呼ばれる偶然の大事件を契機に、その後の制度変化の大きな差異となる。こうして生まれた制度の違いは次の決定的岐路においてさらに大きな制度の相違となり、経済的繁栄の大きな差異を生んでいく。

　たとえば、中世の西欧と東欧には似たような封建制度が存在していたが、支配階級と農民の力関係には差異があった。中世の欧州を襲った黒死病（ペスト）は労働力不足をもたらし、西欧・東欧双方において農民の政治的・経済的発言力を増進させたが、支配階級の力が東欧よりも弱かった西欧ではこれが包括的政治制度の導入の契機となったのに対して、東欧では支配階級が農民への束縛を強化して収奪的な経済制度（農奴制）を導入するに至り、これが東欧の経済発展を阻害することになった。つまり、黒死病という偶然の出来事が、西欧と東欧のその後の制度変化の道を左右する決定的岐路となったのである。これは、西欧の包摂的政治経済制度が、それを構築しようとする意図的で賢明な努力によって形成されたわけではないことを意味している。

　著者が言う「包摂的な政治経済制度」が欧米の民主主義制度や自由市場経済制度とほぼ重なることは論をまたず、結局は持続的経済成長を謳歌した欧米の政治経済制度を後知恵で「良き制度」と評価しているのにすぎないのではないかと批判することは可能であろう。しかし、それでもなお、豊富な歴史的事例をもとに、持続的な経済繁栄を達成する上での政治的・経済的制度の役割を説得的に論じる本書の意義は大きいと言えよう。

8　この観察は、良き制度の構築に励む途上国にとっては重大な示唆を持つが、ここでは紙幅がないため触れないこととする。

第6章

国家論と開発国家

keywords 新家産制国家，有効に機能する国家，自律的官僚制，統治能力，政治経済分析（PEA）

❶ 国家をめぐる諸議論

　開発途上国の国家構造理解については、従属国家論、ミグダル（Migdal）の弱い国家と強い社会論、新家産制（neo-patrionialism）国家、軍・官僚制権威主義国家などが想起されるが、中心的に議論すべきは、開発との関連における国家論である。世界銀行は、『世界開発報告 1997 ── 開発における国家の役割』（紹介文献⓫）において、1980 年代から新自由主義のもとに提起された「小さな政府」を否定し、「有効に機能する国家（effective state）」を提起した。イギリス国際開発省は、開発における政治経済分析（Political Economy Analysis：PEA）の決定的重要性を定式化し、2008 年の一報告で、開発は国家の営みであり、国家の能力と構造に依存していると規定した（Whaites 2008）。UNDP（国連開発計画）はその年報『人間開発報告書 2013 ── 南の台頭』で、今日の途上国が向かうべき方向の第一に「開発国家（developmental state）」を掲げた。日本では東アジアの「開発主義国家」は他の途上国に移転不可能という議論が大勢を占めたが、『通産省と日本の奇跡』（矢野俊比古訳、TBS ブリタニカ 1982=1982）において資本主義国家でも共産国家でもない開発国家論を提起したチャーマーズ・ジョンソンは、開発国家論の定本であるウー・カミングス編『開発国家論』（紹介文献⓳）に寄稿して、「私は日本モデルが、英米型モデルより旧ソ連圏や途上国に適合的であると信じて疑わない」と書いた（Johnson 1999, p.40）。開発国家論の他の途上国への適用可能性は 1990 年代から世界的に論じられ、今日アフリカで大流行している（後述）。以下、従属国家論から説明していこう。

❷ 従属国家論

マルクス主義の影響を受けた従属国家論は途上国国家論の一大潮流であった。その理論的中心であったグンダー・フランクは、途上国の低開発がコインの表裏のように先進国の搾取による発展とワンセットであると論じた。しかし、先進国は第一に自国での投資によって、第二に他の先進国への投資によって成長しており、途上国投資とその利潤は、途上国にとっては大きかったが先進国にとってはわずかであった（Oneal 1988）。何よりも、1970年代における東アジアや中南米の経済発展の現実によって従属論は覆された（第2章も参照）。その後、カルドーゾ（Cardoso）らによって「発展はするが経済構造的には従属し続ける」という連携従属的発展論が展開された。ウォッシュブルックは言う。途上国は、世界資本主義システムに組み込まれて単に従属と停滞の「周辺」に追いやられるのではない。組み込まれた中で自国中心主義的に独自の展開をし、従属しながら発展する、と（Washbrook 1990, pp.488-490, 504）。

❸「弱い国家、強い社会」論

ミグダルの「弱い国家、強い社会」の議論に関しては、批判が出尽くしている感がある。国家の能力一般の議論は無意味である。アメリカは外交では強いが国内では弱い。国家は全政策分野で一概に有能であるわけではない。産業構造調整能力など、特定の目標を追求する国家の能力が問題なのである（Weiss 1998, pp.4, 7）。社会との関係を強化し、経済を進展させる能力という意味で「弱い国家」も、弾圧では「強い国家」である（Evans 1995, pp.43-45）。そもそも「弱い国家、強い社会」といったゼロサム的な発想はアメリカ的発想であり、ウィン・ウィンを生む国家・社会の協調関係が無視されている。求めるべきはウィン・ウィンの関係、すなわち、「強い政府」「強い（市民）社会」「強い市場」である（神野直彦『「人間国家」への改革』日本放送出版協会 2015, p.61）。

❹ 新家産制国家

独立後の途上国国家を特徴づけるキーワードは新家産制国家である。ウェーバー概念における家産制は、家父長制的支配が国家レベルに拡大された概念であり、王が国父として絶対的権限を持つ。インドネシアを例に具体的に説明しよう。独立以前からインドネシア社会最大の勢力であった官僚階級（貴族

階級所属の者だけが官僚になることができた）は、植民地時代以前の王朝時代から独立後まで、著しい継続性を持ってきた。王の臣下から植民地官僚へ、さらに独立後の公務員へと、そのスタイルこそ変化したものの、ランプの光源のように、王から全権が発するというジャワの伝統的権力概念を継承してきたのである。独立後も官僚は、近代国家の官僚というより大統領という支配者に「一元的忠誠」を尽くす臣下であった（"All the president men" という言葉に象徴される）。行政構造はパトロン－クライアント（庇護－随従）関係の集合体であった。新家産制の「新」の意味では、独立後の政府組織の近代化も無視できない。公務員の採用は、独立後は圧倒的に官僚階級の子弟が多かったが、しだいに大卒の統一採用試験の合格者に代わっていった。幹部候補生は援助を含む奨学金を得て大量に先進国の大学院に進学し、国際標準に触れて帰国し、働くようになった（Donald Emmerson, Benedict Anderson & Dwight King in 木村 1989, p.271）。

　独立後、公共サービスに携わるという近代的概念を持つ公務員制度が家産制に接ぎ木されると、新家産官僚制となる。新家産官僚制は、1960 〜 70 年代においては、韓国、タイ、インドネシア、ミャンマーなど東アジアで注目されたが（小林 1996）、今日ではサハラ以南のアフリカで注目され、家産制でも「開発志向の家産制（developmental patrimonialism）」になりうるのではないかという議論がなされている（Kelsall & Booth 2010）。企業は競争力を強化することによってではなく政治的コネによって大きくなる政治的資本主義ではあるが、国内企業を着実に形成し、経済発展を図るシステムを、現実論として評価しようという議論である。富が汚職で各方面に分配・消滅する（しばしばそうなるが）よりずっとましだろう。西欧諸国も近代化途上で、「資本の原始的蓄積」ということで植民地から収奪することによって不正に富を蓄積し、民主主義なしで成長したではないかというわけである。

❺ 有効に機能する国家

　国際機関の議論はもっと正攻法である。世界銀行の「有効に機能する国家（effective state）」は今日、国際的コンセンサスになっている。開発の主要な障害が経済ではなく政治にあるとすれば、それを克服するためには、有効な国家をいかにつくるか、政治的障害を取り除き開発体制の基盤をいかにつくるかということが問題になる。目標は、公共政策の体系的立案と着実な実行体制であり、

それには法の支配と有能な人材を集めた官僚制の制度化が鍵となる。法の支配と官僚制の制度化を促進するためには透明性（情報公開）と説明責任体制が基本になる。それが定着するためには民主化によるメディアや市民社会、および援助機関による監視体制が必要となると理解されている（木村他 2011, p.32）。

　「有効に機能する国家」を統治、すなわちガバナンスと結びつける理論的貢献において注目されるのが『ガバナンス・政治・国家』（紹介文献 **17**）である。公共サービスは 100 年以上、ウェーバー・モデル（階統制・専門性・文書主義）の官僚制の下で、「法治」によって進められてきた。しかしながら、社会の水平化が進み、政府は諸利益の連合、すなわち、選挙され、説明責任をもつ政府が、いかに社会における調整役を采配できるかに変わってきた。政府は決定的中心にいるが、国家の能力（調整と経営手腕）が問われる時代になっている、とする。一方、『国家はなぜ衰退するのか』（紹介文献 **16**）は、世界史の近代化過程において、前近代社会で一般的な収奪的制度が、近代合理的経済制度に変わっていくことに失敗した国が衰退するとして注目された。「包括的な政治・経済制度は、経済成長と政治的変化に抵抗する既存のエリートと、彼らの政治・経済権力を制限したいと望む人々の間の、大規模な争いの結果であることが多い」として、英仏における市民革命を位置づけ、前近代社会の収奪的制度が近代的に変わってきているかと、今日の途上国の現状を問うた。

❻ 開発国家

　「有効に機能する国家」はイギリス国際開発省や国連アフリカ開発委員会、UNDP によって、開発国家建設とも結びつけられた。開発国家概念はチャーマーズ・ジョンソンが『通産省と日本の奇跡』で言い出したものだが、途上国に展開したのはピーター・エバンズである。エバンズは、「経済変容がますます国家の中心的任務になってきて」おり、その「国家の経済変容能力に政権維持と国内平和がかかってきている」とし、それぞれの途上国の経済変容能力がいかに制度化され、あるいはされないかを探求した。そして、経済変容能力が制度化されて開発に成功した国を開発国家（developmental state）、経済変容能力よりも支配エリートの蓄財を制度化した国を略奪国家（predatory state）と規定する。開発国家は、能力主義による公務員採用と長期のキャリア報酬で結集力をつくり、政治と社会諸勢力から自律した官僚制が鍵になる。略奪国家にはそ

うした官僚制の欠如があるとした。政権交代ごとに5万人からの上級公務員が政治任用されるブラジルや、政党政治（とりわけ地方政治）が官僚制を凌駕するインドは、開発を志向しながら官僚制の自律が不十分な「失敗した開発国家」と位置づけられた（Evans 1995, pp.4-12）。

　開発国家論に関する膨大な研究を整理したロートレイは、「開発ビジョン」と「有効に機能する国家能力」を開発国家の条件とし、東アジアの開発国家においては、①自律的でかつ社会（とくに経済）に根ざした官僚制、②開発志向の政治的リーダーシップ、③国家機関（とくに主導的省庁）と中核的産業資本家との共生関係、④開発に向けた効果的政府介入の四つの要因がその特徴であるとした（Routley 2012, 2014）。エバンズは言う。昨今は国際市場も大きな成長段階にはなく、20世紀末から製造業も縮小し、サービス産業中心へと世界経済は変わってきている。サービス産業への経済の比重移行は知識社会ということであり、そこでは教育投資が重視され、国家−ビジネス関係では対応できない面もある。21世紀は民主的に、統治が国民参加に由来せざるを得ない時代環境もある。目標はその新局面に対応する国家能力構築であり、社会開発志向の国家（social developmental state）であるとする（Evans 2008）。その議論も重要である。

　東アジアの経験を、真似は無理でも学びたいという思いが、他の地域、とくにアフリカにはある。東アジアも西欧から学び、真似をするのではなく工夫を入れたように、アフリカも東アジアから学び、工夫できるのではないか。日韓台の成功より、それを学んで独自の開発を行った東南アジアからはもっと学べるのではないか。チャーマーズ・ジョンソンも「自分の国の諸要素から出発せよ」と言っている。モデルを適用するのではなく創造するのが東アジアの教訓である（Routley 2012, pp.26-27）。ロビンソンとホワイトらは権威主義体制下での東アジアの開発国家を見据えて民主政と結びついた開発国家を志向した（Robinson & White 1998, p.6）。南アフリカのエディゲイは民主政に開発国家を接木することを志向した（Edigheji 2005）。

関連文献ガイド

木村宏恒『インドネシア現代政治の構造』三一書房 1989.

＊木村宏恒・近藤久洋・金丸裕志編『開発政治学入門』勁草書房 2011.

小林正弥「新家産制論と ASEAN 諸国 ── ウェーバー・モデルの意義と限界」岩崎育夫他編『ASEAN 諸国の官僚制』アジア経済研究所 1996.

フランク，グンダー『世界資本主義と低開発 ── 収奪の《中枢−衛星》構造』大崎正治他訳、大村書店 1969=1976.

Edigheji, O., A Democratic Developmental State in Africa? A concept paper, 2005 ［online］.

Evans, P., *Embedded Autonomy: States & Industrial Transformation*, Princeton University Press, 1995.

＊ Evans, P., Constructing the 21st Century Developmental State, 2008 ［online］.

＊ Johnson, C., The Developmental State: Odyssey of a Concept, in Woo-Cumings, Meredith, ed., *The Developmental State*, Cornell University Press, 1999.

Kelsall, T. & Booth, D., Developmental Patrimonialism? Questioning the Orthodoxy on Political Governance and Economic Progress in Africa, 2010 ［online］.

Oneal, J. & Oneal, F., Hegemony, Imperialism, and the Profitability of Foreign Investment, *International Organization*, 42(2), 1988, pp.347-373.

Robinson, M. & White, G. ed., *The Democratic Developmental State*, Oxford University Press, 1998.

＊ Routley, L., Developmental States: A Review of the Literature, 2012 ［online］.

Routley, L., Developmental States in Africa? A Review of Ongoing Debates and Buzzwords, 2014 ［online］.

＊ Washbrook, D., South Asia, the World System, and World Capitalism, *The Journal of Asian Studies*, 49(3), 1990, pp.479-508.

Weiss, L., *The Myth of the Powerless State*, Cornell University Press, 1998.

＊ Whaites, A., States in Development: Understanding State-Building, Department for International Development [DFID], Gov. UK, 2008 ［online］.

ヨン・ピエール & ガイ・ピーターズ
『ガバナンス・政治・国家』

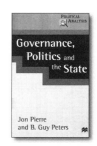

［邦訳なし］
Jon Pierre & B. Guy Peters, *Governance, Politics and the State*, St. Martin's Press, 2000.

　ヨン・ピエールはスウェーデンの政治学者、ガイ・ピーターズは現代世界を代表するアメリカの行政学研究者で、比較官僚制研究の創始者である。本書は、1990 年代から流行の言葉となったガバナンスの政治文脈についての包括的なまとめであり、この分野での水準的な研究である。

　世界的な流行のゆえに、ガバナンスは多様に使われるが、政治学的には、「国家がいかに経済と社会の舵を取り（steer）、共通の目標に到達するか」という意味である。「ガバナンスは混乱した用語だが、公共経営、経済部門の調整、官民関係、グッド・ガバナンス（非能率や汚職を減らし、市民の声を反映し、経済・社会開発政策を遂行する）を包含する概念である」（p.14）と本書は規定する。

　しかしより今日的な問題設定は、ガバメント（政府）とガバナンス（統治）の関係であり、国家の能力と、国家と社会の協調関係である。1980 年代以降、新自由主義の台頭により「小さな政府」論が流行し、政府の非能率、過大な福祉、財政危機のために、政府は問題を解決するのではなく問題そのものだという否定的な議論が巻き起こった。それとともに、グローバリゼーションの下で、政府の経済政策はより上（国際レジーム）に吸い上げられ、地方分権の流行で政府の権限はより下に分散し、民営化や事業委託などの委任（delegation）により政府の仕事はより外へと移管され、政府の権限が縮小するという流れができた。

　しかしながら 1990 年代になると、世界銀行が「有効に機能する国家（effective state：世銀は国家を政府と同一視する）なくして、持続可能な経済・社会開発は不可能である」と政府の役割を最重視するようになった。官民協調で「ガバナンスとは共治のことである」といった議論も出ていたが、共治（co-governance）は地方政府の「統治の一形態」であり、統治の下位概念であるという議論に

なっていった（山本啓「市民社会・国家とガバナンス」『公共政策研究』第 5 号 2005、pp.68-84；木村宏恒「ガバナンスの開発政治学的分析 ──「統治」と「共治」の関係を見据えて」『国際開発研究』23(1)、2014、pp.7-22）。ピエールらも、官民調整（共治）が議論の焦点になってきているが、それはかつての官主導のガバナンスにとって代わるものではなく、補完するものであるとし、国家はガバナンス・ネットワークにおける「自明の中心」である、と規定した（p.79）。

　ピエールらは、国家モデルを 4 タイプに区別して世界における政府の多様性には留意している。①強い国家が強いままでいる（中央集権型先進国の独仏日）、②強い国家が弱くなる（包括的福祉国家から市場原理導入を進めた北欧・イギリス）、③弱い国家が強くなる（アジア新興国 NIES が国際市場での競争力支援で強化。地方分権が強いアメリカが冷戦と 1960 年代からの福祉国家改革＝「偉大な社会」で連邦政府を強化）、④弱い国家が弱いままでいる（社会亀裂が深く、政権をとる者が略奪国家を采配するアフリカ。政治任用の公務員があまりにも多く、コネ経済＝政治的資本主義がはびこる中南米）、がそれである。

　著者らは、今日のガバナンス議論の中心問題は、国家の役割と、ガバナンスにおける市民社会の役割であるとする。関連する問題は、国家の統治能力（governing capacity）に対する社会の統治能力（governability）がどの程度有効かという問題である。国家と社会の間の依存関係は非対称である。多くの利益団体にとって、政府公認であることは重要なことである（体制内化の基礎）。国家は監督手段も制裁手段も持つ。市場は法体系を基礎とし（商法、刑法、労働法、環境法など）、権力が法体系を執行する社会・政治建造物である。国家の強さ（ガバナンス能力）は、①外部変動に適応する能力と、②実行する能力による。国家の強さは、法的諸制度の能力のセットである。その実行能力は、法的権力以上に、国家が優先事項を決定し、目標に向かって社会のキーアクターの行動を調整する能力に依存する、といった議論が、著者らのキー概念である。

　また、こうした議論は先進国の政治を想定したものであり、多くの途上国は表現、結社、集会の自由を持たない。それは中国、旧ソ連諸国、多くの中東やアフリカ諸国のような「非自由」な国（49 ヵ国）だけでなく、「部分的に自由」な国（59 ヵ国）にも広がっている。共治に関するガバナンスは、市民社会が欠如しているか著しく弱い国では機能しない。現状の多くの途上国では、市民社会に依拠した統治は不可能であると、著者らは言う。

エイドリアン・レフトウィッチ
『国家と開発
―― 政治の中心性をめぐって』

［邦訳なし］
Adrian Leftwich, *States of Development: On the Primacy of Politics*, Polity Press, 2000.

　レフトウィッチ（1940-2013）は途上国の開発を政治学視点から分析する第一人者であった。本書はその代表作である。序章の「国家が開発を采配する」主旨を汲んで、タイトルは『国家と開発』と意訳した。

　本書の目標は、「開発に成功した国としない国の差はどこから来るのかを説明すること」である。「開発」は「技術的」問題ではなく、「政治」の問題である。一国の資源（resources：一国の政府予算だけでなく、天然資源、富、人的資源を含む）をどう使い、どう生産に向け、また分配するかを決め、実施するのは政治である。「政治が国家をつくり、国家が開発をつくる。違った政治は違った国家をつくり、違った開発をつくる」（p.191）という議論が本書のキー概念である。政府は市場経済と共存しており、市場を采配（manage）する能力を持つ国家が今日「開発国家（developmental state）」と呼ばれる。汚職、無能、縁故主義、（政治家による）略奪の混合物であるハイチ、ザイール（現・コンゴ民主共和国）、マルコスのフィリピンなどは「非開発国家」である。途上国の目標は開発国家をつくることである。

　1961年の国連開発の10年決議は、工業化に依拠した経済成長によって近代化を目標とした。しかしゼロからの工業化は簡単には進まず、工業化の波及効果はさらに低かった。1971年の国連「第二次開発の10年」決議は、開発を経済だけではなく、国民の直接的受益を考慮し、雇用、栄養、教育、保健を強調し（Basic Human Needs と呼ばれた）、開発の議題に社会開発を明確化した。しかし60～70年代の開発は概して失敗した。途上国の政治分析をしなかったからである。独立後の途上国の国家は植民地国家を継承しており、多額の援助も得て、社会に対して過剰に発展した官僚・軍事形態を維持していた。ウェーバーの家産制国家論は幅広い影響を与えたが、家産制の下では、国家装置と官僚は

新興国の支配者の個人スタッフであり、官僚は支配者への個人的忠誠義務を負い、公的資源は私用目的での組織的使用が横行した。「国家ブルジョアジー」「官僚ブルジョアジー」という言葉も現れたが、国家予算の流用から民間企業の発展まで、富は政治権力の掌握から生み出された。家産制に表面的な立憲主義と近代官僚制を接ぎ木した新家産官僚制も同じことであった。

　途上国の国家が開発課題を采配する能力を持たないという事態が明白になってから、開発の政治がクローズアップされるようになった。それまで、冷戦時代には、「西側・主要国際機関は規則的に悪い統治・権威主義体制を支援してきた。現実には、良い統治支援は国際政治に翻弄されてきた」と著者は言う。

　1990年代におけるガバナンス議論には、ガバナンスを非政治的な行政と運営の問題とする世銀やアメリカと、民主と参加を「良い統治」の主要な要素と強調するOECDや「民主的ガバナンス」を唱導するUNDPの二つの流れがあり、どちらも政治要因を中心から外していた。新家産官僚制の政治経済既得権体系、縁故主義（nepotism）、パトロン－クライアント関係の中央から地方を貫くネットワークを前に、行政は政治に組み込まれて中立性はなく、高度に政治に従属していた。「90年代の民主化は絶望的に未熟」であり、「ほとんどの社会は民主主義の最も基礎的な選挙・代表機能の条件が欠如」していた。「参加」は地方の政治経済エリートとの権力関係を無視したナイーブな議論であったと著者は言う。この政治経済既得権体系を分析し、その体系を維持する政治を無視して、良い統治の処方箋はありえない。

　ガバナンス支援は途上国の政治意志がないと効果がない。そのような理解は2000年以降、PEA（政治経済分析）という形で取り上げられるようになり、レフトウィッチも多くの論考を出すが、本にする前に亡くなった。彼の主要業績一覧は、国際・開発学会の機関誌 *Journal of International Development*, No.26, 2014 の追悼特集に掲載されている。代表的な論文を挙げるとすれば、国連社会開発研究所に2008年に寄稿した Developmental States, Effective States and Poverty Reduction: The Primacy of Politics［online］であろうか。

　レフトウィッチの論点は、開発に成功した国家には開発国家を推進したという枠組みがあり、開発国家の最大の特徴は、エリート官僚の権力と、社会諸勢力からの自律性と、急速な経済成長に向けた国家目標と政策の一貫性にあり、またそれを推進できる国家の政治・行政・技術能力があったということである。

19 メレディス・ウー・カミングス 編
『開発国家論』

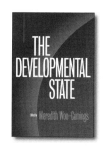

［邦訳なし］
Meredith Woo-Cumings ed., *The Developmental State*, Cornell University Press, 1999.

　編著者のウー・カミングス（本名 Meredith Jung-En Woo）は 1958 年ソウル生まれ。コロンビア大学で博士号を取り、韓国現代史研究のシカゴ大学ブルース・カミングスと結婚し、韓国や東アジア工業化の政治学者としてアメリカ各地の大学で教え、2017 年からバージニア州の Sweet Briar 女子大学学長を務める。

　本書は、10 人の学者を結集し、開発国家論を日本、韓国、台湾の現実の経済から理論化するとともに、開発国家の典型例をフランスとし、大陸ヨーロッパのオーストリアやフィンランドの開発国家と韓国、台湾を比較し、インドとブラジル、メキシコを例に「失敗した開発国家」の原因を探るなど、包括的な開発国家論を展開し、この分野での水準的な研究となっている。

　序論に続く第 2 章「開発国家 —— 概念の放浪の旅」を書いたチャーマーズ・ジョンソンは、1982 年に『通産省と日本の奇跡』を書いて開発国家という用語を提起した研究者であるが、「アングロ・サクソン型（米英型）資本主義より日本が、途上国や旧共産圏に適合的なモデルであると信じて疑わない」「歴史的現実からモデルを引き出すのは困難だが、いかなる社会科学も特殊性と一般性（他への適用可能性）をあきらかにしなければならない」と書いている（pp.40, 43）。ジョンソンは開発国家を、エリート国家官僚が成長すべき産業を選び、健全で効率的な競争を監視し、政府融資、優遇税制、政府の計画と行政指導、投資型予算、研究開発などによる市場適応的国家介入を行ってイニシアティブを発揮する体制と規定し、「戦後日本の経済成果はどの程度開発国家の政策の所産で、どの程度市場の力の所産だったのか」といった問題設定を、イデオロギー的として退けた。また、開発国家と権威主義の結合を否定した。

　本書の特徴は、開発国家を東アジアから世界規模に拡大し、フランスをその典型としたことである。第二次世界大戦中のドイツへの敗北の雪辱と戦後のア

メリカ覇権に対抗するため、フランスは、東アジアより強力に人材のトップを集めた国家官僚制（Grands Corps）のイニシアティブで、経済界との調整体制をつくり、世界貿易の自由化の中で経済成長と開発ナショナリズムを推進した。鉱山・石油、保険、銀行などの（民間企業的運営をする）公営企業、社会保障制度、能力主義教育改革を基礎に、国際競争力をもつナショナル・チャンピオン企業を補助金と融資で養成し、ハイテク産業養成による自立的安全保障を確保し、高級官僚は政界・経済界進出後、いつでも官に帰れる体制もつくった（1970年代半ば、100大企業社長の43％は高級官僚出身）。

　一方、中南米やインドの「失敗した開発国家」の要因も検討する。ブラジル、メキシコでは、戦後総投資の40％は国家が担い（インフラや国営企業）、行政官僚が政治と経済を支配する。その一方、両国の上位の官僚は、政権が交代するたびに5万人規模で政治任用が行われ、恣意的解雇権も伴う（他の中南米も同じ）。その結果は官僚制の低い機能と自立性の欠如であった。関税・非関税輸入制限、優遇税制、利子管理、輸出補助金、農業価格支持政策、多国籍企業規制、賃金・価格統制といった政府規制は「特別措置」と抱き合わせのため、企業の利益と投資は国家の決定に依存した。企業家は「生産指向」より、コネを求めて「政治指向」となる。経済への国家干渉を特徴とするこの体制を政治的資本主義（political capitalism）という。中南米では多国籍企業の巨大存在が東アジアと違うが、多国籍企業も「政治的資本主義」の本質を変えるものではなかった。

　インドもエリート官僚が国家を運営する特徴を持つが、独立後の連邦制と州・地方官僚の出現でその力は弱まった。官僚はさらに、無能、無知、腐敗、人気取りに象徴される政治家の干渉にさらされてきた。その結果、規制ずくめの国家（iron-frame state）と特別処置（embedded particularism）が汚職を生むインドの政治経済を特徴づけた。経済界は多様な地方と家族主義で分散し、大英帝国の枠が海外への企業家流出を招いてきた。国営企業（総投資の3分の1）や協同組合が、非競争経済の枠をつくった。インドはそれほど民主的ではない。既得権保全で一致する各種エリート層の徒党的群生が政府を腐敗させている。

　紹介文献**2**『市場対国家』は、20世紀は管制高地（経済・社会の主導権）をめぐる国家と市場の攻防の歴史だったことを示したが、途上国全体で伝統的エリートの既得権をめぐる攻防があり、今も続いているということである。

リチャード・サンドブルック
『アフリカ経済危機の政治分析』

［小谷暢訳、三嶺書房 1991］
Richard Sandbrook, *The Politics of Africa's Economic Stagnation*, Cambridge
University Press, 1985.

　サンドブルックは、カナダ、トロント大学のアフリカ政治研究者であった。本書は少し古いが、独立後のサハラ以南アフリカ（Sub-Sahara Africa：SSA）の苦境の原因を、非常に包括的な政治経済分析で提示した良書である。その構造は今日まで少しも変わっていない。

　2005 年のアフリカ委員会報告（Commission for Africa, *Our Common Interest*）は次のように書いた。「過去 40 年のアフリカの歴史に生起したあらゆる困難には、通底する一つの事柄がある。それはガバナンスの弱さと有効に機能する国家（effective state）の欠如である」（p.24）。サンドブルックも同じことを書いている。「アフリカでも、経済成長のためには、国家の役割が重要である。しかしアフリカの政府の大半は、この大掛かりな任務には力不足であると考えられている」（p.i）。「独立は大半のアフリカ諸国に民主主義も繁栄ももたらさなかった」（p.185）。「もっと根本的なことは、経済成長を促す条件の大半を、公共部門が維持できないということである」（p.47）。

　欧米植民地主義が残した官僚制は、独立とともにアフリカ人化され、縁故採用が組織的腐敗を生んだ。そこでは、行政が公的責任をもつという考えが例外となり、「不正行為が標準となる」。財務管理が貧弱なため、国の財政、資産、権限は私的に流用された。実力者（大統領）が「政治的・軍事的・文化的な中心人物であり、与党の党首であり、彼個人を「国家」と同一視させる」（pp.113-114）。血縁者と朋友からなる側近があり、周りに何千もの中堅レベルの官僚、軍人、大学関係者がおり、大統領に個人的な絶対的忠誠を尽くすとともに、権力と蓄財の機会を提供される。ビジネス階級は、政治家・官僚自身および政府とのコネで形成される。「もう一つの主要な道具は、彼個人に忠誠を誓う軍隊である。信頼を置けるように、ボディガードや親衛隊は自分と同じ部

族の出身者から、あるいは外国から募る」。公安担当者は至るところに存在し、「近所には必ず、大学には各クラスに密告者がいる」(pp.122, 125)。新家産制（neo-patrimonialism, 邦訳書では新世襲制と訳している）を象徴する個人支配（personal rule）は SSA の基本政治形態となった。

　部族主義は伝統回帰ではない。現代的な現象である。部族を定義するアイデンティティと利害の共有という感覚は、植民地化以前にはそれほど存在していなかった。農耕民または遊牧民からなる小規模で自律的な共同体が、アフリカ全土に散在していた（pp.57, 64, 98）。そこに部族性が中心の位置を占めるようになったのは、大統領の自部族優遇に直面して、他の部族が政治上の競争、不平等な扱いに義憤を感じ、文化的独自性や部族の利益を守ろうとしたためである。部族主義はナショナリズムや民族（ethnicity）意識と同じように噴出する。「アフリカ・ナショナリズムの高揚」は誤解である。現実にはそれは、雑多な複数の部族ナショナリズムの連合体に近いものであった（pp.74-75）。

　SSA を象徴する政治的不安定は、権力者の自部族中心の個人支配、政治的暴力、組織的腐敗、行政の停滞と一体である。それは近代的経済部門を疲弊させ、闇経済をはびこらせる。ガーナでは、カカオの政府買い上げ価格が低く、支払いも遅延しがちであったため、多くが収穫されずに放置されるか、より高く売れる国外に密輸された。多くの人が国を出て移民労働者となった。

　独立とともにアフリカ化政策は、アフリカ人を上級官僚職に押し上げた。官僚組織規範は、政治的圧力の前に早々と届いた。政府機関は余剰採用の職員であふれ、際限のない汚職が充満する。外資系企業に対し、効果的な規制は行われない。要するに、私的支配と国家機構の衰弱という条件の下では、資本主義は興隆できないのだ（pp.150, 166, 174）。

　「理想的には、草の根レベルの発展が、援助の焦点となるべきである。NGO のほうがこの種のプロジェクトに向いている。しかしながらそれらは生き残り戦略であって、健全な国民経済創出に取って代わる長期戦略にはならない」と著者は言う（pp.192-193）。コリアーはその著『民主主義がアフリカ経済を殺す』（紹介文献㉑）で、援助国が選挙を要求するので「非自由民主政」が繁栄する。カネで決まる「民主的」選挙は政治家を堕落させる処方箋でしかないと批判した。サンドブルックも、「同意を復活させる手段として民主主義を提唱したい。しかし現実には、民主主義に将来性があるとは言えない」と書いた（p.200）。

第7章

脆弱国家論

keywords
脆弱国家，紛争と開発，国家建設，破綻国家，指標化

❶ 国家論としての「脆弱国家」

1990 年代前半、冷戦状況が終焉したあとの国際秩序の再編過程で、民族・部族対立や宗教的な相違により、国家の分裂と再編が多くの地域で生じ、国家が破綻した状況の中で国際社会はどのように対応すべきかが大きな議論となった。旧ユーゴスラビアの崩壊やソマリアの混乱などの国際状況を踏まえ、「破綻国家（failed states）」あるいは「崩壊国家（collapsed states）」という言葉が登場し、国連を中心とする国際社会の介入の必要性が議論されるようになった。また、「脆弱国家（fragile states）」という言葉が、とくに 2001 年の 9.11 同時多発テロ以降、アフガニスタンや東ティモール支援をはじめ、国際開発援助コミュニティの間で頻繁に使われるようになった。

もっとも、国家としての強さ・弱さや国家の脆弱性を議論すること自体は、17 世紀に近代国家システムが登場して以来、国際関係論や政治学の主要なトピックの一つでもある。国家はなぜ成立し、どのような機能を果たすものか、「強い国家」とはどういうものを指し、「弱い国家」とはどういう意味なのかといったテーマは、多くの研究者が取り上げてきた。

近代国家が成立して以来、国家論の古典としてアリストテレスの『国家論』が見直され、カントやヘーゲルは「国家と市民社会」を論じ、ロックやルソーは「市民社会」に着目し、国家存立の根拠として「社会契約説」を唱えた。国家としての普遍的機能を論じる『一般国家学』は、ケルゼンに代表されるように、19 世紀から 20 世紀前半にかけてヨーロッパ大陸（とくにドイツ）で政治学の主要テーマであった。また、近代の国民国家システムのあり方は、20 世紀

の国際関係論や国際法の中核的な議論を形成してきた。国家は、こうして成立した今日の世界を覆っている近代国民国家システムの中で、その領域下にある国民の生存と生活を保障する役割を期待されている。近代の「政治学」は、こうした課題に取り組む学問であったともいえよう。

❷ 開発論としての「脆弱国家」

　こうしたきわめて政治学的な課題は、伝統的には先進国の政治体制を中心に分析研究がなされてきたが、第二次大戦後に旧植民地から多数の新興国が独立した後は、こうした新興国の国家のあり方にも分析の目が向けられるようになった。とりわけ、アジア・アフリカの新興独立国では国家が未成熟である場合が多く、ジャクソンはこうした国々を「半人前の国家（quasi state）」と呼んだ（Jackson 1993）。また、こうした国々で紛争が多発するメカニズムは紛争論の議論の焦点の一つであり、エスニックな要因、伝統的な社会構造と近代国家としての組織との並列や乖離、これらの国の多くでみられるパトロン－クライアント関係が果たす役割と紛争との関わりなどについての研究がさまざまな事例研究とともに行われてきた（武内 2009）。

　ただし、ウェストファリア的国民国家システムは、多くの新興独立国が登場した第二次世界大戦後になって、ようやくグローバルに拡大したのであって、いわゆる「第三世界」で成立した上記の意味での国家の歴史は、たかだか50〜60年程度にすぎないのが現実である。実際、こうした地域で多くの国家は、国防治安秩序の維持、国民経済の保護と育成、社会福祉の提供、民主的社会の実現といった、近代国家が対応すべき主要課題に十分に対応してこなかった。

　国際開発援助コミュニティの実務家にとって、「脆弱国家」の課題は、開発が低迷している国のガバナンスや制度面でのキャパシティの脆弱さであり、その中でいかに生計を向上させ、人々への（保健医療や教育などの）社会サービスを効果的に提供できるかが主たる問題である。制度やガバナンスが弱く、経済社会的サービスを効果的に提供することが困難な国々に関連する用語や言葉の定義は、援助国や国際機関により少しずつ異なっていたが、主要ドナー間の共通用語として、今日では「脆弱国家」が一般的であり、世銀や UNDP をはじめ主要ドナーは互いに問題意識を共有している。

❸「脆弱国家」への関与の理念と方法

国家として健全な機能を果たしていない国・地域に対しての国際社会の関心と関与の度合いは、1990年代以降急速に高まってきたと言えるが、その関与の理念とアプローチはさまざまである。

世銀やUNDPをはじめとする開発援助コミュニティは、途上国の貧困削減を目標に掲げ、効果的な開発・貧困削減のための不可欠の要素としてのガバナンスの重要性を指摘している。他方、民主的社会の実現を普遍的価値として支援を行っている援助国もあり、たとえばUSAID（米国国際開発庁）は、公式の援助理念として、途上国における民主的ガバナンスの実現と市民社会の育成を掲げている。また、近年、「平和構築」と称して、紛争関連国で紛争後の国の再建過程に国際社会が深く関与するようになっている（第20章参照）。1992年のUNTAC（国連カンボジア暫定統治機構）以降、国連PKOは、治安の回復・維持の機能だけでなく、選挙支援を通じた新たな政治制度づくり支援、人員・専門家の派遣や財政支援を通じた政府行政能力の強化などの、総合的な「国の再建」事業にまで拡大されてきた。

こうした国際的議論の中で、「脆弱国家」とは一般的には「ガバナンスや制度が（一定水準を超えて極度に）弱い国」を指すとされる。実際、政府機能・国家の能力・政策や制度の状況には、多くの途上国に程度の差はあれ問題があり、どの国が脆弱国家に該当するかに関しては、各援助機関・国際機関によって認識に差異もある。しかし、具体的な対象国に対するとらえ方の差はあるものの、脆弱国家に対する具体的な支援アプローチや教訓の整理作業は、OECD/DACや世銀などの国際的な場で進められており、脆弱国家支援に関するドナー間の政策調整とパートナーシップは、近年ますます進展している。

❹「脆弱国家」に関する研究の状況

「脆弱国家」や紛争後国における紛争・平和と開発に関する研究は、過去20年間にきわめて数多くの研究や分析・調査がなされてきており、数多くの業績がある（紹介文献㉓）。実際、紛争と開発、あるいは開発援助と紛争予防は密接に関連していると言われる。たしかに、紛争は開発の成果を掘り崩す大きな要因の一つであるが、貧困あるところに必ず紛争が生じるわけでもない。その一方で、貧困を削減すること、あるいは貧富の格差を低下させることが、紛争の

可能性を低下させるかについては、その因果関係を示そうとする研究もいくつかある（世界銀行 2003=2004）。

　紛争と開発の関係について、数多くの分析を行った代表的な研究者が、コリアーであり、『最底辺の10億人』（2007=2008）や『民主主義がアフリカ経済を殺す』（紹介文献㉑）などの著書がある。関連議論を包括的かつ概説的に整理した文献としては、たとえばマクギンティーとウィリアムスによる『紛争と開発』（2009=2012）がある。また、チルギやルンドらによる『安全保障と開発』（Tschirgi et al. 2010）は、具体的な分野・要因や特定の国・地域に焦点を当てた事例研究を集めた論文集である。JICA からもカンボジアやアフガニスタンを事例として「脆弱国家」に焦点を当てた研究報告書が刊行されている（国際協力機構 2008）。近年の最も包括的に整理された文献として、世銀による『世界開発報告 2011 ── 紛争、安全保障と開発』（紹介文献㉒）があり、脆弱国家の国づくりに向けた支援は、今や国際社会の主要な課題の一つになっている。

　こうした一連の議論の中でのキーワードは「国家建設（state building）」である。「国家建設」とは、一般に「正統性を有する国家組織の構築・強化」のことを指し、「国家の能力、制度、正統性を構築するための活動」、すなわち、国家としての政府能力の向上、選挙制度・議会制度、司法制度などの民主的制度の構築、経済開発を通じた国民生活の向上など、国家としての機能を整備・拡大していくプロセス全体を指すものである（Paris & Sisk 2009）。「国家建設」は実務でも学会でもきわめて多用される概念であり、国家建設に焦点を当てた関連文献も数多い。たとえば、開発途上地域における「国家建設」が国際社会の秩序形成において持つ意義や課題について包括的に議論したものに、フクヤマやチャンドラーなどの文献がある（Fukuyama 2004；Chandler 2010）。「国家建設」の課題は民主制度や行政制度、治安制度改革など多岐にわたっているため、個別の分野を取り上げたり、具体的な脆弱国の事例を取り上げた良書は少なくないが、ここでは割愛する。

❺ 国家の「脆弱性」の指標化

　「脆弱国家」は一般的に「国のガバナンスや制度が弱い国」を指すと考えられているが、政府機能や国家の能力・政策や制度の状況など、多くの途上国が（先進国ですら）問題を多かれ少なかれ抱えている。その「脆弱性」の度合いを

どのように把握し、またどの水準以下を「悪い」とみるかは、国家の機能・状況のどのような側面に着目するかに左右される。

「国の能力」や「脆弱性」を分析する枠組みとしては、英国・米国や国際機関によるさまざまなものがあり、また調査研究機関・シンクタンクが特定の国々について具体的に指標化したものもある。これらはいずれもある種の価値観を反映した独特の焦点があり、それぞれの長所と限界を持っている。国の「脆弱性」を測定しようとするこれらのさまざまな考え方やその測定項目については、大別して、次の二つのカテゴリーに分けて考えることができる。

一つは、質的なガバナンス指標を重視するものである。世銀では世銀研究所や調査局を中心に、世界各国を横断的に比較するガバナンス指標の作成作業が進められてきた。1999 年に最初の「ガバナンス指標」が作成され、その後も頻繁に改定作業が行われ、回を追うごとに指標は精緻化され、また手法的にも洗練されてきている[1]。このガバナンス指標では、六つのカテゴリー、すなわち、国民の声と説明責任、政治的安定と暴力の不在、政府の効率、規制の質、法の支配、腐敗の防止について指標をとっている。また、こうした作業と並行して、「国別政策制度評価（CPIA）」という、実際の世銀の融資政策とリンクする支援対象途上国の政策・制度・ガバナンスに関するレーティング（数値等による評価づけ）作業が 1990 年代後半から進められてきた[2]。CPIA の「脆弱度」の高い国の例は、南スーダン、エリトリア、ギニアビサウ、イエメン、アフガニスタン、ジンバブエなどである（2014 年）。

もう一つは、国の安定度に焦点を当て政治や治安状況を取り込んだもので、外交・国際問題のシンクタンクによるいくつかの指標化の例がある（Rice & Patrick 2008）。一つの典型的な例として、2006 年から公表されている「破綻国家指標（Failed States Index）」が挙げられる（2014 年から「脆弱国家指標〔Fragile States Index〕」と呼称）[3]。これは人口動態圧力、難民・国内避難民、集団の不満、人的逃避、不均等発展、経済、国家の非正統化、公的サービス、人権、治安機構、党派的エリート、外的介入の 12 項目について各々 10 段階評価をして、その「破綻国家度」をレーティングしたものである。FSI の「破綻度」（あるいは

---

1 World Bank, Worldwide Governance Indicators［online］.
2 World Bank, Country Policy and Institutional Assessment［online］.
3 Fund for Peace, The Fragile States Index［online］.

「脆弱度」）の高い国の例は、ソマリア、南スーダン、中央アフリカ、イエメン、スーダン、シリアなどである（2016 年）。その数値化に恣意性があるという批判はあるものの、この問題を考える際の参考になる。

関連文献ガイド

稲田十一『紛争後の復興開発を考える —— アンゴラと内戦・資源・国家統合・中国・地雷』創成社 2014.

遠藤貢『崩壊国家と国際安全保障 —— ソマリアにみる新たな国家像の誕生』有斐閣 2015.

国際協力機構（JICA 研究所）『脆弱国家における中長期的な国づくり —— 国のリスク対応能力の向上にむけて』国際協力機構 2008.

＊コリアー，ポール『最底辺の 10 億人 —— 最も貧しい国々のために本当になすべきことは何か?』中谷和男訳、日経 BP 社 2007=2008.

世界銀行『戦乱下の開発政策』田村勝省訳、シュプリンガー・フェアラーク東京 2003=2004.

＊武内進一『現代アフリカの紛争と国家 —— ポストコロニアル家産制国家とルワンダ・ジェノサイド』明石書店 2009.

土佐弘之『アナーキカル・ガヴァナンス』御茶の水書房 2006.

マクギンティー，ロジャー／アンドリュー・ウィリアムス『紛争と開発』阿曽村邦昭訳、たちばな出版 2009=2012.

Chandler, D., *International Statebuilding: The Rise of Post-liberal Governance*, Routledge, 2010.

Fukuyama, F., *State-Building: Governance and World Order in the 21st Century*, Cornell University Press, 2004.

Jackson, R. H., *Quasi-States: Sovereignty, International Relations and the Third World*, Cambridge University Press, 1993.

Paris, R. & Sisk, T. D. eds, *The Dilemmas of Statebuilding: Confronting the contradictions of postwar peace operations*, Routledge, 2009.

Rice, S. E. & Patrick, S., *Index of State Weakness in the Developing Countries*, Brookings Institution, 2008.

Tschirgi, N., Lund, M. S. & Mancini, F. eds, *Security & Development: Searching for Critical Connections*, Lynne Rienner, 2010.

21 ポール・コリアー
『民主主義がアフリカ経済を殺す
—— 最底辺の10億人の国で起きている真実』

[甘糟智子訳、日経 BP 社 2010]
Paul Collier, *Wars, Guns, and Votes: Democracy in Dangerous Places*, Harper Collins Publishers, 2009.

　ポール・コリアーは、アフリカ政治経済論を専攻するイギリスの学者で、オックスフォード大学教授、同大学アフリカ経済研究センター所長などを歴任している。コリアーは 1998 年から 2003 年まで、世界銀行の開発研究グループ・ディレクターとなり、世界銀行が 2003 年に刊行した政策研究報告書『戦乱下の開発政策』の編者にもなった。

　その後、コリアーは、統計的な手法を駆使し、とくにアフリカの多くの国・地域の事例を取り上げて、紛争の経済社会的要因との関連についての研究を進めていった。たとえば、別の世銀調査レポートでは、多変量解析の手法を使い、①平均収入が低いこと、②低成長、③一次産品（石油やダイヤモンドなど）の輸出への依存度の高さが内戦の発生との相関が高いとしている。

　2007 年には『最底辺の 10 億人』を刊行した。この書は一般向けにそれまでの研究成果をまとめたもので、最貧の国々をとらえる四つの罠として、①紛争の罠、②天然資源の罠、③内陸国であることの罠、④劣悪なガバナンス（統治）の罠を挙げ、内戦が単に民族間の憎悪や政治的抑圧などによって起こるのではなく、天然資源の存在や地理的制約、経済の停滞やガバナンスの欠如などの経済社会的要因が働いていることを示し、統計データに基づいて、既存の観念を打破するような興味深い議論を展開した。

　本書でキーワードとして提示された「ボトム・ビリオン」（最底辺に生きる 10億人）は、貧困と紛争の中で生きる人々・国・地域を指す言葉として広く使われるようになった。また、「所得が低ければ紛争逆行リスクが高まり、経済復興の速度が遅ければ紛争逆行リスクが高まる」として、紛争の罠から抜け出すことの難しさの指摘も、広く共有される認識となった。

　そして、2009 年に『民主主義がアフリカ経済を殺す』を刊行した。本書は

前著の続編というべきもので、主に内戦と民主主義との関係について論じている。アフリカの貧困国では、選挙という民主主義の導入によってむしろ政治的危機は増幅されており、先進国が信じる選挙による民主政治はアフリカ社会を破壊し疲弊させている、と論じる。そのため、原題（*Wars, Guns, and Votes*）とは異なり、邦題は意訳がなされている。

　しかし本書は、統計データ分析、ランダム化比較実験、費用便益計算などの手法も使いながら、内戦を説明する要因としてさまざまな経済社会的要因や民主主義を含む制度要因を取り上げて検証し、そうした研究の成果や暫定的な結論をまとめて紹介した学問的な要素を含む本でもある。ただ、若手研究者によるさまざまな実証研究を紹介しつつも、詳細な分析や具体的なデータなどは掲載されていないため、さらなる研究に関心のある読者にとっては、元になった論文に個別にあたる必要があり、学問的な面ではやや中途半端である。

　しかしながら、本書は次のようないくつかの重要なメッセージを提示している。すなわち、国際社会の民主主義の限界に関する無理解が、アフリカの多くの国で中途半端な混乱を引き起こしていること。選挙は機能不全を起こしており、まず経済再建に取り組むことが先決であること。まともな国家の形成のためには、治安維持と援助を梃子にした大国による介入によって、まずはしっかりした国家の枠組みづくりが必要な場合があることなどを主張している。

　さらに、アフリカの多くの国は、「民族国家（nation）としては求心力に欠けており、国家（state）としては小さすぎて公共財を効率的に生産するために必要な規模に満たない」（pp.302-303）として、アフリカを7ヵ国程度に統合させるという案を提示する。その一方、国家の主権をかなり制限するような国際的な（国連などの国際機関とも旧宗主国などの大国とも読み取れる）介入の必要性についても提案している。

　このように本書には、「一般的に持たれている常識（conventional wisdom）」を打破しようという興味深い主張や提案が少なからず含まれる。こうした大胆な議論は、先進国ないし旧宗主国の人間の高慢な議論であるとの反発を免れえないにしても、国際平和維持活動と脆弱国家に対する支援の具体的方策の提案として、傾聴すべき議論であると言えよう。

22

世界銀行
『世界開発報告 2011
—— 紛争、安全保障と開発』

［田村勝省訳、一灯社 2012］
World Bank, *World Development Report 2011: Conflict, Security and Development*, World Bank, 2011.

　紛争と開発の関係について、世銀が本格的な調査研究報告書を出したのは、2003 年の『戦乱下の開発政策』という報告書が最初である。この報告書では内戦のリスクと開発の関係を論じ、「一人当たり所得が二倍になれば、内戦のリスクは半減する」「成長率が 1％上がるごとに、内戦の可能性は 1％下がる」と指摘した。こうした指摘をすることによって、開発機関としての世銀が紛争影響国に関与することを正当化したとも言えよう。

　しかし、この指摘は、経済水準・成長と内戦の（逆）相関に言及しただけであり、紛争と開発の関連性については、紛争国を横断的に分析する計量経済学的手法を用いた研究や、統治体制の脆弱性の観点から紛争の発生要因を説明する研究などが、同時並行で進められた。やがて、「これまで軍事と開発は別々に研究されてきたきらいがあるが、10 億人以上が影響を受けている脆弱性と暴力の連鎖を断ち切るためには、安全保障と開発を結びつけた研究が必要だ」（2008 年にゼーリック世銀総裁が国際戦略研究所〔IISS〕で行ったスピーチ）として、世銀は、2011 年度版の『世界開発報告』のテーマとして、「紛争、安全保障と開発」を取り上げた。

　同報告書では、「低所得、貧困、失業、食料価格の乱高下がもたらす所得ショック、急速な都市化、グループ間の不平等など、すべてが暴力のリスクを高める」として、麻薬対策なども含め、きわめて広範なアジェンダを取り上げている。また、紛争の開発への影響を示す具体的な数値として、次のような表現をしているところに、ある種の「世銀らしさ」が表れている。「脆弱国で暮らす子供たちが、栄養不良に陥る確率は 2 倍、就学できない確率は 3 倍である」「内戦のコストは平均的な途上国にとって約 30 年間分の GDP 成長に相当する」「暴力が根づいた国では開発は大幅に遅れ、紛争が長期化した国の貧困

率は、そうでない国より平均 20% ポイント以上高い」。

　その一方、「有能で正統な統治機構は、それ自体が暴力や不安定の原因となる緊張を軽減でき、極めて重要である」として、統治機構の重要性を主張しているところに、この報告書のエッセンスがあり、世銀の開発論としての新しさがあろう。その具体的アプローチとして次のように主張する。

　「脆弱国の開発を阻害し、暴力の悪循環に陥れている経済、政治、治安上の問題を解決するには、市民の安全保障、司法制度、雇用が優先されるよう国家統治機構を強化し、ガバナンスの改善を図る必要がある」「暴力の連鎖を断ち切るには、統治機構の能力と正統性の向上、ならびにガバナンスの強化が求められる。暴力と脆弱性という状況から脱するためには、改革に対して幅広い支持を取り付けられる国民各層の参加する政治的連合を構築する努力が特に必要である」「制度的な正当性が安定性にとっての鍵となる」。そして、同報告書は、安定と開発への移行に成功した国々で有用であった一連の政策を紹介している。たとえば、透明性強化、弱者対策の予算配分、人材の登用、差別的な法律の廃止、長期的改革のための現実的かつ信頼できるタイムテーブルの提示などである。

　最後に、同報告書は国際社会の関わり方について、次のように指摘している。「統治機構が脆弱な状態から真に移行するには時間がかかる。脆弱あるいは正統性を欠く統治機構が、暴力や不安定に対して堅固な抵抗力を示すまでには通常 15 〜 30 年を要する」。したがって、「多層的なアプローチを採用する必要がある。各国レベルで対処できる問題もあるが、地域レベルで取り組む必要のある問題もある」「国際機関や海外のパートナーは手続きを適合させて、機敏さとスピード、長期的な視野、耐久力をもって対応できなければならない」というものである。

　この『世界開発報告 2011』は、世銀が途上国、とりわけ紛争の影響を受けた国でのガバナンスや統治機構の重要性とその具体的な支援のあり方に関して、当時の世銀が持つリソースを総動員して真正面から本格的に取り組んだ（まれな）成果物である。このテーマに関連するさまざまな関連研究・文献が取り上げられており、途上国開発に関わる実務家・研究者が一度は手にとるべき基本的な文献であると言えよう。

23

稲田十一 編
『**開発と平和** ── 脆弱国家支援論』

[有斐閣 2009]

　本書は、国際社会が「脆弱国家」にどのように取り組んできたかに焦点を当てて包括的に取りまとめた、数少ない和文の一般社会人・学生向けの文献である。特定の国や分野の事例を個別に取り上げるのではなく、「脆弱国家」の多面的な課題について横断的な切り口で整理・分析している点、また、この分野の実務家や学会の専門家を集め、関連議論のエッセンスを整理している点で有益な文献である。以下で、その中でとくに興味深い内容を紹介しておこう。

　第1部では、「脆弱国家」の課題について、いくつかの異なった学問的視点から論じた論文が掲載されている。

　「脆弱国家」と紛争国あるいは紛争後国とは必ずしも一致するわけではないが、脆弱国家の多くが「紛争の影響を受けた国」であり、「紛争と国家」の関係について分析することはきわめて重要なテーマである。第1章では、現代の武力紛争（とくに内戦）の特質を抽出するとともに、なぜそうした紛争が勃発するのか、またなぜそれらの国の支援にあたって政治制度やガバナンスが重要なのかといった論点について、ジャクソンの「半人前の国家」論や「パトロン－クライアント関係」などの概念を提示しながら、脆弱国家支援が「国家建設」に対する支援にほかならないことを主張している（武内 2009 参照）。第2章は、「崩壊国家」を扱った章である。「崩壊国家」とは、「政府が完全な機能不全に陥り、公共財は政府以外の主体によってアドホック（暫定的）に提供されるだけで、権威の空白が生じている状態を指すもの」と定義される。この「崩壊国家」の典型例であるソマリアを取り上げながら、「国家（政府）」が果たす国内的機能（「国内的主権」）と、国家が国際社会の中で存在を正当化される根拠としての「国際法的主権」（あるいは「ヴァッテル的主権」）との間に大きな乖離があることを具体的に指摘している（遠藤 2015 参照）。

第2部では、開発援助コミュニティや主要開発援助機関が脆弱国家の問題をどのようにとらえてきたかについて概説し、次いで、国の「脆弱性」をとらえるための具体的なレーティング（指標化）や評価・分析のさまざまな方法を、いくつかの国々を例に紹介し議論している。

　第5章では、1990年代から今日までの開発援助の動向を、平和構築支援と援助の効率化論議の二つの潮流の収斂として位置づけ、とくに2005年以降の世界の主要開発援助機関の脆弱国家に関する議論を具体的に紹介している。たとえば、世界銀行における「CPIA（国別政策制度評価)」に基づく脆弱国の分類や、英国・米国の「脆弱国家戦略」、OECD/DACでの脆弱国家支援のガイドラインなどである。第6章では、「国の能力」や「脆弱性」を分析するいくつかの指標や枠組みを紹介し、とくに英国内閣府の「国のリスク分析」をもとに、その具体的な適用例としてカンボジアと東ティモールを取り上げている。第7章では、ルワンダとコンゴ民主共和国を例に、JICAが開発した「平和構築アセスメント（PNA）」の活用の仕方とその意義について述べている。

　第3部では、脆弱国家に対して、国際社会（国、援助機関、NGOなど）がどのように関わることが効果的なのか、それぞれどのような努力をしてきているのか、グッド・プラクティスとされるような効果的支援アプローチがあるのか、といった論点について、近年の具体的支援の進展を踏まえて取り上げている。脆弱国家支援の具体的な分野はきわめて多岐にわたり、そのアプローチも援助国・機関側の比較優位や政策的な重点の置き方の相違によりさまざまである。第9章、第10章は、脆弱国家支援でとりわけ重要性を持つガバナンス分野や治安分野を取り上げ、地方分権制度と治安部門改革にそれぞれ焦点を当てて、その意義と具体的な効果的政策のあり方を論じている。

　最後に第4部では、上記の議論や支援の現実を踏まえ、国際社会全体として脆弱国家の問題にどのように取り組むべきか、そこにどのような課題があるかを議論している。第12章は日本の支援のあり方について、終章では国際社会全体の脆弱国家支援に関する課題についてまとめている。

　本書の各章を執筆した専門家・研究者の多くは、各テーマに関連した専門書を数多く執筆・刊行している。本書をきっかけとして、脆弱国家とその支援のあり方や意義について理解を深め、さらに詳細な個別の論点についての研究を進める上で、本書は有益な導入書となりえよう。

第8章

ナショナリズムと近代国家

keywords ナショナリズム，国民国家，エスニシティ，多民族国家，リベラル・ナショナリズム

はじめに

　ナショナリズムおよび国民国家（nation-state）は、西欧に起源を発し、近代において政治単位の中心となってきた。西欧先進国で政治単位の基本となっていた国民国家は、開発途上国が植民地から独立する際にも引き継がれたが、旧植民地諸国は、西欧と違って、国内に複数の民族集団を含む多民族国家として独立したものがほとんどであった。このように、欧米先進諸国とは異なる経緯をたどって独立した開発途上国において、ナショナルなものおよび国民国家とは何なのか。この章ではナショナリズムの文献を紹介しながら、ナショナルなものと開発、そして開発途上国におけるナショナリズムについて考えてみたい。

❶「原初主義」から「近代主義」へ

　日本を含めて欧米先進諸国は、歴史的経緯を経て、言語や文化などを共有する民族集団を単位として国家を形成してきたと長い間言われてきた。国民国家では、同一民族集団によるネイションが一つの政治的単位となり、それを中央政府が統治する。よって、ナショナリズムとは、「政治的な単位と民族的な単位とが一致しなければならないと主張する一つの政治的原理である」（ゲルナー 1983=2000, p.1 紹介文献**24**）と定義される。

　ナショナリズムは、国民国家を形成し国民経済と民主的統治の単位になる一方で、他の国家との対立と戦争の原因とも見なされた。こうした二面性を持つナショナリズムは戦後、政治学をはじめとする社会科学の議論の対象となり、文字どおり無数のナショナリズムに関する研究および論考が発表されてきた。

ネイション形成およびナショナリズムをめぐっては従来、ヨーロッパ起源の国民国家を念頭に、文化や言語を共有する同一の民族集団が起源になっているとする「原初主義」という考えが主流であった。しかし、ネイションとは近代になって形成されたものであり、原初主義が主張するように長い歴史を持つものではないと主張する「近代主義」のナショナリズム論が、80年代になって急速に台頭してきた。その代表的なものが、本章で後に紹介するゲルナーとアンダーソン（紹介文献**24** **25**）の議論で、彼らはそれぞれ、近代における工業化が画一化された教育や技術訓練を必要としたこと、また印刷出版物の普及や官僚の全国への「巡礼」が行われたことによってネイションが形成されたと論じた。またイギリスの歴史学者ホブズボームも、その著書『ナショナリズムの歴史と現在』（1990=2001）に代表されるように、ネイションが近代になって政治的に「創られた」（ホブズボウム／レンジャー 1983=1992）ものであることを実証している。

　また、ハースは、ナショナリズムが「近代化（modernization）」と「合理化（rationalization）」の産物であると主張した。ここでもやはり、ナショナリズムが近代の産物であることが確認されるのと同時に、ネイションの構成員（つまり国民）同士が互いに協調することを合理化・正当化することによって生み出されてきたものだと論じている。彼は、先進国と途上国の両方にわたって数ヵ国ずつの事例を歴史的に検証し、ナショナリズムとは、一定の領域内に存在する血縁や職業、宗教、経済的利害関係、人種さらには言語までも異なる人々が、公共政策などを通じて、その違いを超えて互いに集合的利益を得るために政治的に収斂してきた、近代的合理化の産物ととらえている（Haas 1997/2000）。

　こうした近代主義のナショナリズム論に対し、ネイションの起源が「エトニ」と呼ばれる歴史・文化を有する集団にあり、ナショナルなものは前近代にも存在したと反論したのがアントニー・スミスである。「エトニ」はのちに「エスニシティ」として頻繁に用いられる概念となったが、歴史や文化を共有するエスニシティに着目したのがスミスであった。もっとも彼は、ナショナリズムの台頭に近代社会が与えた影響を排除しているわけではなく、ただナショナリズムがしばしば近代以前の歴史や文化に強く依拠するものであることを強調した。近代主義以降のナショナリズム論は、スミスの議論に至って、いわば弁証法的に近代主義と原初主義とが接合されたといえよう。本章では、このゲ

ルナー、アンダーソン、スミスの主著を紹介する。

❷ ナショナリズム（国民国家形成）と途上国開発

　互いに強調点は異なるものの、ゲルナーやアンダーソンそしてホブズボーム
やハースも、ナショナリズムは近代の産物であると論じている。またスミスも、
近代化の影響を否定しておらず、今日のナショナリズムは近代化によって形成
されたというのはほぼ定説になっている。近代のとらえ方にも諸説あるだろう
が、経済開発（発展）が先進国の近代を特徴づける一つの要素であることはお
よそ同意されるだろう。この点で、ゲルナーの議論は、ナショナリズムと経済
開発とを結びつけるものである。すなわち、産業革命以後の工業化によって、
それまでとは異なる飛躍的な生産性を人類は手に入れ、その結果、近代におけ
る経済開発を実現したからである。つまり近代において、工業化はネイショ
ン形成をもたらし、そして経済開発を実現した。実際、国際化・グローバル
化が本格的に始まる 20 世紀末に至るまで、先進国の経済は国民経済（national
economy）を基本としていたし、西欧先進国でも、近代の経済開発に先立って
ネイション形成が行われたと言われる。

　またアンダーソンの議論でも、出版資本主義のほか、行政官の「巡礼の旅」
がネイション形成のもう一つの主要要素として挙げられているように、官僚の
役割が強調されている。ハースの言う集合的利益も、国民全体の利益を増進す
る公共政策の実現によってもたらされる。すなわち、ナショナリズムは工業化
のみならず、国家（state）形成つまり官僚の機能や公共政策を通じても開発を
もたらすのである。

　途上国においても開発の実現のためにネイションの形成は不可欠である。そ
れは、持続可能な経済開発のための工業化、国民の福祉増進のための公共政策
を可能とする官僚制の機能、そして民主的政治体制の確立のためにも必要であ
る。ところが、途上国にとって問題なのは、とくに旧植民地諸国の場合、植民
地時代に恣意的に引かれた国境線を踏襲したまま独立し、国境の区分が民族の
地域的区分と一致していない場合が多いことである。そのため、一つの国の中
に複数の民族集団が併存するようなケースはむしろ普通であり、また隣国との
間で国境をまたいで同一の民族集団が分断されている場合もある。

　もっとも、先進国にも同様の問題は存在する。先進国にもかつてネイション

形成にともなって複数民族の統合が行われたケースは少なくない。イギリスは諸王国の連合によって成立したが、北アイルランドをめぐっては近年まで紛争が続いていたし、スコットランド独立が住民投票に付されたことは記憶に新しい。アメリカはそもそも移民によって形成されたため、その出自で異なるアイデンティティがあり、アフリカ系に対しては制度的な人種差別が60年代まで行われていた。またカナダでは、フランス系移民が多いケベック州で独立運動が続いているし、スペインでは長くカタルーニャやバスク地方の独立運動がある。いずれも主要民族との言語的・文化的特徴の異なる民族集団による独立運動である。

　このように、複数民族による国家形成は先進国でも見られ、現在でも問題があるものの、途上国では、複数の民族集団によって形成される多民族国家（multi-ethnic nation）がむしろ常態であり、その中でどのように複数民族集団が平和裏に共存し、新たなネイションを形成していくかというのが大きな課題となる。それは、国家の存立をかけた課題であるのと同時に、開発を実現するための課題でもある。

　先に触れたハースの議論は、こうした多民族国家のネイション概念に示唆を与える。彼は、一定の領域内に存在する人々が、血縁や宗教、人種、言語などの違いを超えて、公共政策などを通じて互いに集合的利益を得るために政治的に収斂することによりネイションが形成されると論じた。つまりネイションとは、一定の領域内に住む人々がエスニシティ（民族）の違いを超えて協力し合うことで、単独や少数では得られない公共利益の実現を可能にするものなのである。後に北米で、「シビック・ナショナリズム」という概念が登場するが、これも「人種、肌の色、信条、性別、言語、民族性にかかわらず、その国の政治理念に同意するものはすべてネイションの成員である」と定義され、ハースのいうネイション概念と類似している（イグナティエフ 1993=1996, p.13）。

　しかし、アメリカの自由民主主義やフランスの共和主義の理念のような、政治理念への同意によるネイション意識の醸成というのは通常、容易なことではない。やはりそこには、言語・文化・歴史を共有することから生まれる連帯感が必要で、そうした連帯感があるからこそ税負担や再配分を通じた福祉政策も正当性を持ちうると、「リベラル・ナショナリズム」論は主張する（ミラー 1995=2007；タミール 1993=2006）。

他方、ある民族性（言語や文化など）を尊重しながら複数の民族集団が同一の
ナショナリティの下で共存する可能性が「多文化主義」によって論じられてき
た。しかし、とくに少数派民族集団に対しては、特別な権利保護を行った上で
同一のネイションとしての統合を論じる「リベラル多文化主義」といった議論
へと展開してきている（キムリッカ2001=2012）。これらの議論は基本的に欧米諸
国を念頭に置いているように思えるが、キムリッカによるアジアを射程に入れ
た研究（Kymlicka & He 2005）への展開などにみられるように、途上国における
多民族国家のナショナリズムにも大いに示唆するところがある。
　また近年、イギリスのEU離脱やスペインのカタルーニャ独立問題、欧州へ
の難民や移民の流入、相次ぐテロとイスラム過激派といった欧州での問題のみ
ならず、日本でもヘイトスピーチや排外主義が問題となっている。先進国でも、
ナショナリズムや民族問題、宗教問題が急速に先鋭化している。開発を見据え
た途上国でのナショナリズムやネイション形成の問題は、翻って、欧米や日本
といった先進国が直面する問題と、いまや共通する課題となっている。

関連文献ガイド

　イグナティエフ，マイケル『民族はなぜ殺し合うのか ―― 新ナショナリズム6つの
　　　旅』幸田敦子訳、河出書房新社 1993=1996.

＊キムリッカ，ウィル『土着語の政治 ―― ナショナリズム・多文化主義・シティズン
　　　シップ』岡﨑晴輝他訳、法政大学出版局 2001=2012.

　キムリッカ，ウィル『多文化時代の市民権 ―― マイノリティの権利と自由主義』角田
　　　猛之他訳、晃洋書房 1995=1998.

　タミール，ヤエル『リベラルなナショナリズムとは』押村高他訳、夏目書房 1993=2006.

　ホブズボウム，エリック／レンジャー，テレンス編『創られた伝統』前川啓治・梶原
　　　景昭訳、紀伊國屋書店 1983=1992.

＊ホブズボーム，E. J.『ナショナリズムの歴史と現在』浜林正夫他訳、大月書店 1990=2001.

＊ミラー，デイヴィッド『ナショナリティについて』富沢克他訳、風行社 1995=2007.

＊ Haas, E. B., *Nationalism, Liberalism and Progress* (*Vol.1: The Rise and Decline of Nationalism; Vol.2:*
　　　The Dismal Fate of New Nations), Cornell University Press, 1997/ 2000.

　Kymlicka, W. & He, B. eds, *Multiculturalism in Asia*, Oxford: Oxford University Press, 2005.

24 アーネスト・ゲルナー
『民族とナショナリズム』

[加藤節監訳、岩波書店 2000]
Ernest Gellner, *Nations and Nationalism*, Blackwell, 1983.

　アーネスト・ゲルナーは 1925 年、パリのユダヤ人家庭に生まれ、チェコの
プラハで育った。第二次世界大戦の勃発により、イギリスに亡命してオックス
フォード大学で学位を得て、エディンバラ大学そしてロンドン大学で哲学を教
えた。また彼は、哲学の他に政治学や社会人類学も修めており、その博識を背
景に、1995 年に急逝するまで数多くの著書をものしている。

　本書は R・I・ムーアを総編集者とする「歴史への新視点」シリーズの一冊
として「近代世界におけるナショナリズム」をテーマとして執筆を依頼された
ものであるが、のちにナショナリズム研究の「近代主義」学派を確立した記念
碑的な作品である。近代主義ナショナリズム論は、ナショナリズムを近代化の
産物であると考える。本書は、近代化の中でも「工業化」すなわち農耕社会か
ら工業社会への変化に近代特有のナショナリズムが不可避的に登場する原因を
見出そうとする。つまり、農耕社会から近代工業社会への移行にともない、そ
れまで身分制で分断されていた人々は、高度な技術を必要とする新たな雇用機
会を得るために、読み書き能力や計算・技術といった「高文化」を身につける
必要がでてきた。そしてそれは、中央集権的な国家によって、教育制度を通じ
て提供（ときに強制）された。ここに、工業社会において高文化を普及させる
国家の政治的領域と、その高文化を受け入れ（させられ）る国民の民族文化的
な領域とが一致させられることになる。「ナショナリズムとは、第一義的には、
政治的な単位と民族的な単位とが一致しなければならないと主張する一つの政
治的原理である」（p.1）という、ナショナリズムについて言及する際に最もよ
く引用されてきた本書冒頭の一文はこういった意味で書かれている。かくして、
「本書で主張されていることは、ナショナリズムがきわめて特殊な種類の愛国
主義であり、実際のところ近代世界でしか優勢とならない特定の社会条件のも

とでのみ普及し支配的となる愛国主義だということ」(p.230) になる。

　ゲルナーが主唱した近代主義の考え方は、ナショナリズムが近代の現象であるという見地に立つ。言いかえると、国民意識は、古代や近代以前のような古い時代にルーツを持つものではないということが強調される。たとえばゲルナーは次のようにいう。「一般に報じられ、学問的根拠があるとさえ考えられている見解とは反対に、ナショナリズムは人間の心の中に根深い起源を持っているわけではない」(p.58)。こうした考え方は、しばしばその国の古い歴史と伝統を重視するナショナリズムの従来の考え方、すなわち「原初主義」的な見解と鋭く対立する。こうしてゲルナーは、ナショナリズムの考え方において、それが「創られた伝統」でしかないことを喝破し、それがせいぜい近代の産物でしかないと主張したことで、それまでのナショナリズム論に革命をもたらしたのである。しかし他方で、こうした斬新な考えは強い批判も招いた。ナショナリズムないしはナショナルな意識は、近代以前にまったく根拠を持たないものと言いきれるのか。こうした観点からゲルナーの議論に挑んだのが、ロンドン大学でゲルナーに師事したアントニー・スミスであるが、彼の主張はあとで紹介する。

　ゲルナーに代表されるこうした近代主義の考え方は、近代化・工業化し終えた西欧諸国が念頭に置かれているように思える。もちろんゲルナーも、本書でアフリカやアジアの事例を取り上げている。しかし彼の議論からいうと、多くの場合、多民族で構成される途上国は、国民統合と工業化（経済開発）という課題を同時に解決しうるのか、あるいは順序を経て解決されるのか。こうした問題は途上国の開発政治学においてきわめて重要である。さらに、情報通信技術が革命的に発達した21世紀の現代において、グローバリズムはどの程度ナショナリズムの条件を変化させてきているのか。言いかえれば、ポスト工業化とグローバル化の時代において、彼のナショナリズム論は今日、どの程度説得力を持ちうるのか。1995年に急逝したゲルナー自身から答えを得ることはもはや叶わない。それは、先進国と途上国とを問わず、21世紀を生きる私たちに問いかけられた問題であると言える。

ベネディクト・アンダーソン
『(定本) 想像の共同体
── ナショナリズムの起源と流行』

［白石隆・白石さや訳、書籍工房早山 2007 ］
Benedict Anderson, *Imagined Communities: Reflections on the Origin and Spread of Nationalism*, Verso, 1983.

　『想像の共同体（*Imagined Communities*）』という印象的な表題は、そのまま著者アンダーソンによるネイションの定義となっている。いわく、「国民（ネイション）とはイメージとして心に描かれた想像の政治共同体（imagined political community）である」（p.24）。それでは、国民のイメージはどのようにして人々の心の中に形成されるのであろうか。アンダーソンがまず注目するのが言語とりわけ出版や教育を通して普及した国民語（national language）である。言語をネイションの基底に置く議論自体はそれほど珍しいわけではない。重要なのは、言語とくに出版語を通じて、人々の間に同じ国民であるというイメージと連帯感が醸成されるというメカニズムにある。言語は文字となり活字となることで時空を超える。こうして、広く国家全域に共通の国民語を通じて連帯感とイメージが共有されるのみならず、時間を超えて過去の出来事や物語が共有され、そして未来へと引き継がれていく。

　しかし、別の国で同じ言語が使われているということはある。ヨーロッパの植民地となった南北アメリカ大陸は、移民によってネイションが形成されたのみならず、先住民および先住民と入植者との混血という文化的にも歴史的にもまた人種的にも異なる人々によってネイションが形成された。それは、文化や歴史だけでは説明されないものである。それと同時に、ラテンアメリカのほとんどの国ではスペイン語が使用されたが、それぞれの国で国民意識が形成された。それを可能にしたのが、出版資本主義と官僚制、公教育であった。つまり、各々のネイションの領域内で流通する出版物を通じ、出来事や物語が共有され、現地採用の行政官はその領域内で移動／異動する中で（アンダーソンはこれを「巡礼の旅」と呼んだ）連帯感を培った。こうして、文化や歴史そして人種まで異なる人々の間で、同じ「国民」としての意識が醸成される。このことは

さらに、地図上に国家の境界が線引きされ、その境界線内で人口調査（センサス）が行われることによって強化される（人口調査および地図作成については1991年の増補で追加されている）。このように、彼のナショナリズムの発想は、彼が「クレオール・ナショナリズム」と呼ぶ南北アメリカ大陸でのネイション形成に着想を得ている。いやむしろ、アメリカ大陸にこそ、ナショナリズムの起源があるとアンダーソンは言明する（pp.12-13）。

　従来、ナショナリズム論はヨーロッパで盛んに論じられてきた。ゲルナーはパリで生まれてプラハで育ったユダヤ人、スミスはイギリス人、ハースはドイツ生まれ、古典的著作のルナンやダントレーヴ、マイネッケなどいずれも西欧である。そしてアンダーソンはケンブリッジ大学を卒業後、アメリカの大学院でその研究経歴を始めている。「ヨーロッパの学者は、近代世界において重要なものはすべてヨーロッパに生まれたと思い上がっており、そのため、〔中略〕民族言語的（エスノリングイスティック）ナショナリズムをナショナリズム・モデル化の出発点とする」（p.13）ことを強く批判した彼は、アメリカ（大陸）を視野に収めるのみならず、アメリカ大陸こそがナショナリズムの起源であるとし、それまでのナショナリズム論に対して、その意味でも大きな衝撃を与えた。

　開発政治学が対象とする途上国には、アメリカ大陸のみならず、かつて植民地であった地域が多い。そしてそれらの国々は、ネイションの範囲が民族の範囲とは一致せず、多民族国家である場合が通常であり、しかも東南アジアの華人やインド人のように、宗主国からだけではなく他の地域からの移民も存在する場合がある。もともとインドネシアをはじめ東南アジアの地域研究者として著名であったアンダーソンは、アメリカだけでなく他の旧植民地諸国でも同様のネイション形成のメカニズムを見出している。南米だけではなくインドネシアのように、比較的国民統合が進んでいる事例もあるが、途上国ではしばしば民族紛争や移民との対立が生じており、それは深刻な問題である。こうした途上国のネイション形成を念頭に置いた場合、アンダーソンのナショナリズム論が示唆するところは大きい。国民語によるネイションの創出というメカニズムだけではなく、歴史上、ヨーロッパとは異なる植民地の歴史を持つ多人種・多民族国家で、いかにしてネイション形成が可能であるかが示唆されるからである。

26 アントニー・D・スミス
『ネイションとエスニシティ
—— 歴史社会学的考察』

[巣山靖司・高城和義他訳、名古屋大学出版会 1999]
Anthony D. Smith, *The Ethnic Origins of Nations*, Blackwell, 1986.

　アントニー・D・スミスは、イギリス・オックスフォード大学で古典と哲学を学び、1966 年にロンドン大学で博士号を取得、ロンドン大学で教授を務めた。また民族ナショナリズム学会を設立して長くその会長職にあり、世界的なナショナリズム研究の権威である。スミスは本書以前に、『ナショナリズムの理論』（*Theories of Nationalism*, Harper and Row, 1971 邦訳なし）や『20 世紀のナショナリズム』（巣山靖司監訳、法律文化社 1979=1995）を刊行しているが、本書はそれらを踏まえたナショナリズム論の集大成であり、彼自身これが「ライフ・ワークである」と述べている（p.323）。

　スミスの博士論文の指導教授は前出のゲルナーであったが、本書の冒頭でも、「ネイションを全面的に近代の産物であると〔中略〕明確に言ってのけた」ゲルナーら近代主義に対し、「歴史の古い時代から、エスニックな紐帯や感情が、非常に重要な役割を担ってきた」（p.2）ことを重要視し、「ネイションの起源と系譜、とくにそのエスニックな起源を分析すること」（p.v）を目的としたという。このように、スミスのナショナリズム論は、ゲルナーの近代主義ナショナリズム論を強く批判し、それを乗り越えようとしたものである。

　現在では一般的にも頻繁に用いられる「エスニック」や「エスニシティ」という言葉は、スミスによって広められたといってもよい。それまで日本語でも「ネイション」がしばしば「民族」と訳されてきたが、ここでスミスは、「ネイション」と区別して、「共通の祖先・歴史・文化をもち、ある特定の領域との結びつきを持ち、内部での連帯感をもつ、名前を持った人間集団」（p.39）としてフランス語の「エトニ（ethnie）」という言葉を用い、それがネイションの起源にあるとした。そして、民族の神話・象徴・記憶を分析する「エスノ・シンボリック・アプローチ」に基づき、近代に端を発するとされるネイション（国

民）の形成にエトニがいかに強く影響し、また近代以前にも「ネイション的なもの」が見られたかを、古代から近代まで、またヨーロッパはもちろんアジアやアフリカに至るまで、文字どおり古今東西の事例を縦横無尽に駆使しながら、詳細にあぶり出している。

　たしかにスミスは、近代主義のナショナリズム論を強く批判した。しかし、彼が論じたのは、ナショナリズムがまったく近代以前に基礎を持たないものではないということであり、ナショナリズムが近代の産物であるということを全否定するものではない。スミスが膨大な歴史的事例を引き合いに出しながら主張したのは、ナショナリズムは近代になって発現した現象ではあるものの、それがまったく何もないところから現れたわけではなく、その起源であるエトニに目を向けなければ、戦争や紛争をも引き起こすナショナリズムの強靱さや、今日にまで至るその持続性を理解することはできないということであった。その意味でスミスは、近代主義と原初主義との接合を試み、ネイションとエスニシティの問題を、エトニという理論的フレームワークで考えることを喚起したと言えよう（『20世紀のナショナリズム』「訳者あとがき」p.316）。

　たしかに、現代のナショナリズムには近代以前のエトニが色濃く反映されており、それはナショナリズムの運動がしばしば前近代に遡る歴史や伝統に言及することからも明らかである。しかし、現代のネイション形成がより複雑で多様性に富むことは、アンダーソンの議論からも明らかである。スミスの議論にはアメリカ大陸への言及が少ないし、実際、アメリカ大陸のネイション形成を民族の歴史・神話・象徴によって説明するには限界がある。その点で、アメリカ大陸こそナショナリズムの起源であるとするアンダーソンの議論に十分に答えられていない。

　しかし他方で、アメリカ合衆国でも近年、移民のエスニックな出自によって、「アフリカ系」「イタリア系」「中国系」などと言われているところをみると、アメリカのナショナリズムですらエスニシティから自由ではないことがわかる。また、途上国の多民族（multi-ethnic）国家ではもちろん、先進国でも近年、ナショナリズムが再燃しつつある。ネイション形成のみならず、ナショナリズムという「政治運動」に注目するとき、スミスのいうエトニの持続性と強靱性はきわめて重要な意味を持つと言えよう。

第Ⅲ部
開発のための国家運営

Contents

第9章

開発と法の支配

keywords

法の支配，制度，グッド・ガバナンス

はじめに

　法の支配（rule of law）は欧米諸国で歴史的に発展してきた理念であり、民主主義や市場経済体制と並んで欧米の政治経済制度の根幹を成してきた価値規範であるが、冷戦終結後の世界では、人類共通の普遍的価値と見なされるようになった。そして、体制移行国（旧社会主義諸国）や途上国における法の支配の構築は、1990年代以降の開発援助における重要トピックとなった。

　途上国開発の文脈で法の支配が注目されるようになった背景には、法の支配という制度が経済発展にとって不可欠であると主張する新制度派経済学理論の影響力の高まりがあった（第5章参照）。さらに、世界銀行が提案した「包括的開発枠組」（1999年）に代表されるように、「開発」概念は経済成長のみならず、貧困削減、人権や民主主義、環境保護等を広く含むものとなり、経済・政治・社会・法の発展が相互依存的なものとして理解されるようになった。こうした新しい開発観を背景として、法の支配は、経済発展、貧困削減、民主化、人権保障、汚職腐敗撲滅、紛争防止などのあらゆる難問の解決にとっての不可欠の前提であると考えられるようになったのである。

　かくして、多くの途上国が法の支配の構築に取り組むようになった。しかし、その成果は芳しいとは言いがたい。本章では、「法の支配とは何か」「法の支配は何のために必要なのか」「法の支配の構築はなぜ困難なのか」という問いの検討を通じて、法の支配とその構築をめぐる議論の展開を明らかにしたい。

❶ 法の支配とは何か

法の支配は「誰もがそれに賛成するにもかかわらず、それが正確には何なのかについて、合意の存在しない概念」（愛敬 2005）である。歴史的には、法の支配の概念は、政治的・宗教的・経済的自由に干渉する国王の専断的な権力行使の抑止を目的として発展してきた。それは「王は何人の下にもあるべきではないが、神と法の下にあるべきである」というブラクトン（Bracton, 13世紀イギリスの法学者）の言葉に端的に表現されている。今日でも、強大な国家権力が公共の利益のためにではなく一部の者の利益のために恣意的に行使されるのを抑止することは、法の支配の重要な機能である（松尾 2009 紹介文献㉗）。法の支配のもう一つの重要な機能は、経済取引に関する明確なルールの制定と、契約違反等に起因する紛争の中立的かつ迅速な裁定を通じて、経済取引のコストと不確実性を引き下げ、経済活動を活性化させることである（紹介文献㉗）。

このように、法の支配は、法というルールを通じてアクターのインセンティブ構造に影響を与え、恣意的な行動を抑止し協調行動を促進することによって、経済活動が自由闊達に行われたり、人々が自由に行動してその才能を開花させることのできる社会を創出しようとする試みであるといえる。

❷ 法の支配は何に貢献するのか

しかし、法の支配が経済成長・貧困削減・民主主義・人権保障等の諸価値にどのように貢献するのかは、決して自明ではない。

たとえば、法の支配が経済発展の不可欠の前提だとする定説に疑義を呈する見解が有力になりつつある。ヒューコは、法の支配の不備を指摘されながら世界最大の外国直接投資受入国となっている中国は、経済成長に不可欠な外国直接投資の誘致には法の支配の確立が必要だとする新制度派経済学理論への有力な反証だと主張し、むしろ逆に外国直接投資の流入が改革圧力となって法の支配を促進していると指摘する（Hewko 2002）。またウー・カミングスは、日中韓やマレーシアなどのアジア諸国の高度経済成長は法の支配が不備のまま達成されたと指摘する（Woo-Cumings 2006）。こうした事実は、経済成長と法の支配の関係は後者が前者の前提になるという単純なものではなく、互いにその進展を刺激し合う相互的な関係であること、そして、欧米型の法の支配とは異なるものの、それと類似の機能を果たす何らかの制度がアジア諸国の政治・経済アク

ター間に存在していたことを示唆している。

　法の支配は民主主義の不可欠の前提であるから民主化に先立って法の支配を確立すべきだ、という近年有力なカロザースのような考え（Carothers 2010）も疑わしい。法の支配と民主主義の間には、前者が後者をもたらすという一方的関係ではなく、複雑な相互関係が存在していると考えるべきである。すなわち、法の支配が構築されれば権力の恣意的行使が抑制されて民主主義の健全な発展が促進される一方、国民が主権者として法を制定し、その執行状況を監視することを可能にする民主主義の定着が法の正当性を向上させ、順法精神を涵養して法の支配を強固なものにするという再帰的関係である（Tamanaha 2004, p.99）。もちろん両者の相互関係は建設的なものにとどまらない。というのは、民主主義は「道義的に良き法の創出を保障しない厄介なメカニズム」（Tamanaha 2004, p.101）であって、政府権力を掌握した多数派民族などの特定集団が、法を自己の排他的利益追求の手段にしてしまう危険があるからである。こうした状態が永続化する場合、法の恩恵に浴せない少数民族のような集団に属する人々にとっての法の正当性は低下し、順法精神が失われて暴力的紛争に発展するなど、法の支配の構築に悪影響が及ぶこととなる。

❸ 法の支配の構築はなぜ難しいか

　多くの途上国が開発援助機関の支援の下で法の支配の構築に取り組んできたが、その成果は芳しくない。なぜ法の支配の構築は困難に直面しているのかという問いに対する有力な見解は、「被援助国の固有事情を考慮しない援助機関からの押しつけ」という支援側の要因を挙げる見解と、「被援助国政府の改革への政治的意志の欠如」という被援助国側の要因を指摘する見解に大別できる[1]。

　援助機関が被援助国の伝統的法制度を軽視・蔑視し、欧米に範をとった法制度の性急な導入に腐心する傾向があることはかねてから指摘されてきた。たとえば、1960年代の米国国際開発庁による法整備支援は西欧の法制度を非西欧的環境に移植しようとする傲慢なものだと批判されたが（USAID 1994）、同庁は冷戦後にも同じ失敗を繰り返し、その結果、最大の支援対象国ロシアにおけ

1　たとえば、米国会計検査院はロシア体制移行支援を検証し、ロシア固有の事情への無理解とロシア政府の改革意志の欠如を援助失敗の原因とした（GAO 2000）。

る法の支配構築は「ポチョムキン改革[2]」に終わった（Holmes 1999）。また、経済法分野でも、最良[3]とされた英米法を模範とした画一的な世界銀行の法改革支援は、現地の法秩序との軋轢を生じることとなった。

　しかし、援助機関が持ち込んだ欧米流の法制度に対する被援助国のエリート層の反応は多様かつ複雑であり、援助機関が「押しつけ」を反省しさえすれば法の支配の構築がうまくいくようになると考えることは、問題の複雑さの過小評価につながる。たとえば、伝統的エリートは「強い裁判所」には反対すると考えられがちだが、逆に彼らは民主化の趨勢から自らの既得権益を保護するため、司法府の独立性の強化を推進しているという見解もある（Hirschl 2004 紹介文献㉘）。すなわち、「援助機関」と「被援助国」を対置するような単純な「押しつけ論」は失当であって、法の支配の構築をめぐってどのようなアクターのせめぎ合いが起きているかについての知見を欠いたままでは「押しつけ援助」問題を克服することはできない。ここに、被援助国の権力エリートをはじめとする法の支配の構築過程におけるアクターの分析が不可欠になってくるのである（第 3 章参照）。

　押しつけ援助の問題と表裏一体で論じられるのは、被援助国のオーナーシップの欠如の問題である。たしかに、法の支配の構築には被援助国のオーナーシップ、とくに権力エリートの政治的意志が求められる。というのは、権力の恣意的行使を抑止するという目的と機能を持つ法の支配の構築は、自分の行動が束縛されることに警戒心を抱く権力エリートの容認なしには進まないからである。しかし、強力な権力エリートがいつ、なぜ法の支配の構築を認容するのかについては、その戦略的計算を考慮することなしには説明できない。たとえばボスニアでは、欧米の主導下で法の支配が平和構築の指導理念とされ、法・司法制度改革、戦争犯罪者の訴追、犯罪汚職対策として具体化されていったが、同国の政治指導者がこれに従った背景には、法の支配構築に努力する姿勢を見せることが経済支援の受領や EU 加盟に有利だとの戦略的計算があったことは想像に難くない。ここでも、法の支配の構築過程におけるアクター分析の重要

2　ポチョムキン公爵が皇帝エカチェリーナ 2 世の行幸を迎えるにあたってハリボテの街並みを急造したという逸話に基づくもので、見せかけの改革を意味する。
3　ラ・ポルタらは、49 ヵ国の法制度を英米法・大陸法・スカンジナビア諸国法・社会主義法に分けた上で、英米法が強固な財産権保障を通じて最も大きく経済発展に貢献していると主張して（La Porta et al. 2000）、論争を呼んだ。

性が窺える。

❹ 法の支配構築過程に関与するアクターの分析

　こうしてみると、法の支配構築の困難さや、市場経済・民主主義などの諸価値との相互関係を理解するには、法の支配構築過程においてさまざまな思惑でうごめくアクターの行動の分析が必要であることは明らかである。具体的には、政治的指導者や官僚、国内外の企業、多数・少数民族のようなアクターがどのような利害関係や動機で行動し、どのように対立・協調・妥協するかの動態的な分析が必要である。あえて二項対立的に単純化していえば、そこでは、国家が社会を操作誘導するための道具として法を構築するという「上からの仕掛け」と、これに抵抗し、すりぬけ、微妙にずらしていこうとする「下からの運動」の間にどのような複雑な相互作用があるかの分析が必要となる（佐藤2003）。こうした視点から、代表的なアクターを検討してみよう。

　まず、一番重要なアクターは政治的指導者であろう。多くの論者が、法の支配の構築をめざす改革の成否は、その国の権力者のリーダーシップに依存すると主張する。また、法の支配構築に向けた政治的意志は主として「民主派」から生じるという考えも根強い。しかし、これに懐疑的な見解もある。たとえば、エリツィン政権時代に停滞していたロシアの刑事司法制度改革を推進したのは権威主義的なプーチン政権であった。それはクレムリン権力の強化という動機に基づくものであったが、検察官の逮捕令状発布権が裁判官に移管され、検察官と裁判官の間に緊張関係が生まれることによって、旧ソ連時代に人権への脅威となっていた治安機関の恣意的捜査に対する、司法権による一定の抑制が実現した。これは、権威主義国での法の支配の構築には、指導者の動機と行動に関する冷静な分析が重要であることを示唆している。

　裁判所は立法・行政権の恣意的行動を抑制する「人権保障の最後の砦」となることを期待されており、これを「中立で公正な第三者機関」とすることは法の支配構築支援の最重要課題である。というのは、多くの途上国において裁判所は権力者や支配政党の統治の道具となってきた歴史があり、その実態は「中立・公正」からほど遠いのが現実だからである。裁判の対審と判決が非公開で行われたり、判決理由が明確ではないこともある。旧社会主義圏では、判決の基礎となる法令が国家機密に指定されて非公開ということすらあった。汚職腐

敗も深刻であり、多くの途上国では裁判官は原告・被告双方から収賄できる旨味の大きい職業と見なされている。法の支配の要諦は法が公平に適用されることであるが、政治家などの有力者から一般国民に至るまでのあらゆる階層が圧力や贈賄を通じて「特別扱い」、すなわち法の適用除外を求めることが横行している。裁判官の身分や待遇の保障に加えて、裁判の対審・判決を公開とし、野党や市民団体、法学者や弁護士などの専門家からの自由な批判ができるようにすることも重要である。

　注意を要するのは、裁判所は民主主義体制下でも非政治的で中立的なアクターになるわけではないということである。ハーシュルによれば、近年多くの国の民主化の過程で司法府の権限が強化されたのは、権力エリートが既得権益を守るために民主的代表機関から「司法府の独立」概念で守られた司法府へと権力を移転しようとしたことに起因する（Hirschl 2004 紹介文献㉘）。こうした指摘は、法の支配の構築過程において、裁判所というアクターがどのような動機で行動するかを見極めるべきだということを示唆している。

　在野の法曹は、非力な存在と考えられがちだが、たとえばインドネシアでは、法の支配の構築を標榜して弁護士が設立したNGOの活動が権威主義体制への異議申し立てとして機能していた（島田 2012）。その戦術は、活動を貧困層への法律扶助に限定して政治的中立性を装うことで弾圧を回避しながら、政府を裁判所という公開の議論の場に引き出すことであった。政府の恣意の抑止という法の支配の機能を考えれば、権威主義体制に対する抵抗運動の一環としての在野の法曹による法の支配構築努力を分析することは有意義である。

　企業は、法と経済の関係に関する定説では一方的に法の規制対象となることだけが想定されているが、ヘルマンは、企業が、政治家や公務員に対する私的な支払いを通じて、法ルール形成に不当な影響力を行使して法体系を歪める「国家の乗っ取り」（state capture）に警鐘を鳴らす（Hellman et al. 2000）。これは、法の支配は政府のみならず企業などの強力な団体の恣意的行動も抑止すべきであることを示唆する。

　最も分析されることが少ないアクターが民族である。法の支配の概念は、西欧の国民国家がその基盤とした国民の均質性を前提としており、「国民」の中の民族的多様性を度外視していた。しかし、多くの途上国が民族問題を抱えている以上、法の支配の構築が民族というアクターの影響を受けるのは必至であ

る。たとえば、旧ユーゴスラビアから独立した国々では、多数派民族の政権が法の支配の採用を装いつつも、憲法において自国を多数派民族の国家と定義した上で少数派民族の言語を公用語から外すなどして、少数派民族を差別する法制度を採用した。その結果、多数決主義的民主主義の下で合法的に異議を申し立てる術を奪われた少数派民族が武力による分離独立に訴え、悲惨な内戦が勃発した。かかる事態を防止するためにも、民族というアクターの行動の研究が不可欠となる。

❺ むすびにかえて

本章では、法の支配がもつ非政治的で中立的、技術的というイメージとは裏腹に、その構築過程が政治的なものであること、現実的で効果的な法の支配構築戦略の立案には、その構築をめぐって登場するアクターの行動の分析が重要であることを主張した。法の支配の構築の困難さは、それが法を制定し強制する国家権力を法で制約するという矛盾をはらんだ試みであるという点にあり（松尾 2009 紹介文献㉗）、それゆえに「政府による法遵守の強化をめざす援助案件が最も重要なのに最も困難で、最も成果が挙がっていない」（Carothers 1998）のである。

しかし、過度の悲観は不要であろう。権威主義体制下であっても権力エリートや企業、NGO や在野の法曹、そして一般国民等のアクターがせめぎ合う中で、法の支配の内実を伴った変化が起きてくることは十分に期待できる。法の支配の構築をめぐる複雑な現実についてのさらなる研究が求められる。

関連文献ガイド

愛敬浩二「「法の支配」再考 —— 憲法学の観点から」『社会科学研究』56(5)(6)、2005、pp.3-26.

佐藤岩夫「法の構築」『法社会学』58、2003、pp.1-14.

島田弦「インドネシアにおける法の支配と民主化 —— 移行過程における法律扶助運動」『国際開発研究フォーラム』42、2012、pp.105-123.

Carothers, T., The Rule of Law Revival, *Foreign Affairs*, 77(2), 1998, pp.95-106.

Carothers, T., Rule of Law Temptations in Heckman, in James J. et al. eds, *Global Perspectives on the Rule of Law*, Glasshouse Book, 2010.

General Accounting Office [GAO], *Foreign Assistance: International Efforts to Aid Russia's Transition Have Had Mixes Results*, GAO, 2000.

Hellman, J., Jones, G. & Kaufmann, D., Seize the State, Seize the Day: State Capture, Corruption and Influence in Transition, *World Bank Policy Research Working Paper* 2444, 2000.

Hewko, J., Foreign Direct Investment: Does the Rule of Law Matter?, *Carnegie Working Papers*, 26, Carnegie Endowment, 2002.

Holmes, S., Can Foreign Aid Promote the Rule of Law?, *East European Constitutional Review*, 8(4), 1999.

La Porta, R., Lopez-De-Silanes, F., Shleifer, A. & Vishny, R. W., Legal Determinants of External Finance, *The Journal of Finance*, 52(3), 2000, pp.1131-1150.

Tamanaha, B. Z., *On the Rule of Law: History, Politics, Theory*, Cambridge University Press, 2004.

United States Agency for International Development [USAID], Weighing in on the Scales of Justice: Strategic Approaches for Donor-Supported Rule of Law Programs, USAID, 1994.

Woo-Cumings, M., The Rule of Law, Legal Traditions, and Economic Growth in East Asia, *Research Paper* No. 2006/53, World Institute for Development Economics Research, 2006.

松尾 弘
『良い統治と法の支配
—— 開発法学の挑戦』

［日本評論社 2009］

　松尾弘（1962- ）は民法を専門とする民事法の研究者であるが、開発問題に
も関心と知見をもち、法制度整備支援のあり方についても積極的に発言してい
る、我が国の開発法学分野の第一人者である。

　本書は、貧困や戦争、テロなどがもたらす人間社会の不条理に対して我々は、
微力ながらも何かをしなくてはならないという規範的な問題意識から出発す
る。そして、法という制度を用いて「政府という大きな動力機構」を動かすと
同時に、企業や市民社会の活動を促すことによって各国のガバナンスを改善し、
「われわれ誰もが、何時でも、世界のどこにいても基本的な権利の保護と実現
が図られるような法システム」である「法の支配ユビキタス世界」を構築する
ための構想を提示する。その中心にあるのは、法の支配の原則に従った制度改
革によるグッド・ガバナンスの構築である。

　松尾はまず、国によって経済発展や開発指標の達成に大きな格差が存在する
原因を制度の相違に求め、習俗・道徳・宗教等のインフォーマルな制度を含む
制度全体を、より生産的で効率的なものへと改革することなしには、途上国の
発展はありえないとする。そして、政府主導の法制度改革を通じて、人々がよ
り生産的・創造的になるようなインセンティブを提供し、社会の非効率な制度
の改革を促すことによって発展を実現する方法を探求しようとする。

　松尾は、効率的かつ実効的な制度改革を主導する「良き政府」を構築するこ
とが何よりも重要であると主張する。「良き政府」は、以下の三つの属性を備
える必要がある。まず政府は強く効率的でなくてはならず、公正な第三者とし
て市場取引ルールの運営を実効的かつ低コストで行い、経済活動を活性化させ
るとともに、格差を是正する税制などの再配分ルールを設定・執行しなくては
ならない。次に、政府は合法的でなくてはならない。すなわち政府は法の支配

の原則に基づき、権力の濫用や逸脱を統制する三権分立のような制度を構築しなくてはならない。最後に、政府は良心的でなくてはならない。すなわち政府は（三権分立のような政府内の均衡抑制の制度に加えて）自らを外から監視・統制する市民社会組織（野党・メディア・NGOなど）を保護・育成しなくてはならない。

　松尾は、こうした「良き政府」と経済的組織（市場・企業）、市民社会組織の三者間の良好な相互補完作用の均衡が成立した「国家の理想状態」をグッド・ガバナンスと呼ぶ。そして、一つでも多くの国でグッド・ガバナンスを実現することが、平和と「法の支配ユビキタス世界」への道であるとする。

　松尾は、グッド・ガバナンスをめざす取り組みの中では「良き政府」の構築が最大の難問であることを再三強調している。とくに、制度改革を強力かつ効率的に推進する政府は、得てして「合法的」「良心的」であるという要件をなおざりにしがちである。三つの要素を兼ね備えた「良き政府」の構築には、権力の恣意性を抑止する法の支配の概念を指導理念とすることがとくに重要となる。

　松尾がもう一つ強調するのは、「良き政府」やグッド・ガバナンス構築をめざす途上国の努力を支える、法整備支援の重要性と可能性である。彼によれば、近年の法整備支援の活発化により、各国で整備される法制度がMDGsのようなグローバルな規範としだいに関連性を持つようになっているほか、知見の双方向のフィードバックを通じて、援助国にもグッド・ガバナンスをもたらす可能性もある。法整備支援が被援助国への内政干渉になる危険性、整合性を欠いたパッチワーク的な法整備が進展してしまう危険性に留意しつつ、法整備支援が国際的な規範形成のネットワークの発展に貢献することが期待されている。

　本書の大きな価値は、開発協力および開発研究が専門分化・タコツボ化し、全体像がますます見えにくくなっている現状の中で、法制度改革を通じた開発促進と法の支配の実現の方途の大きな俯瞰図を提示したところにある。そこでは、統一的な視座のもとにグッド・ガバナンスや良き政府、法の支配といった多義的な概念に明快な定義が与えられ、相互に関連づけられた上で提示されている。また、冷戦後に活発化した法整備支援の20年近くの歴史と成果を幅広く総括しており、法整備支援に直に携わった著者の実務的な経験に裏打ちされた問題意識も提示されている。法の支配の実現という人類の見果てぬ夢に少しでも近づこうとする大きな見取り図を示した本書の意義は大きい。

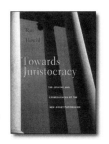

28 ラン・ハーシュル 『司法官僚支配へ —— 新しい立憲主義の起源と帰結』

[邦訳なし]

Ran Hirschl, *Towards Juristocracy: The Origins and Consequences of the New Constitutionalism*, Havard University Press, 2004.

　ラン・ハーシュル（1950- ）はカナダの政治学者である。彼は、冷戦後に多くの国で司法機関の権限が強化され、「司法官僚支配（juristocracy）」と呼ぶべき状況が出現したと指摘し、それがなぜ起きたのかを分析する。

　彼によれば、冷戦後、80ヵ国以上において憲法制度改革が行われ、「過去に例を見ないほどの権力」が、議会のような民主的代表機関から司法機関へと移転した。そこでは、憲法による人権保障を実効的なものとするために違憲立法審査制が導入され、裁判所は議会立法に対して違憲判断を突きつけることができるようになった。それは、重要な政策決定権が、民主的に選挙された政治部門から民主的正当性を有しない司法府へと移管されたことを意味する。彼は、こうした世界的な趨勢の背景にあるのは、アメリカ流の立憲民主主義の概念であると指摘する。すなわち、民主主義とは単なる多数者支配と同義ではなく、真の民主主義においては、少数者の権利が成文の権利章典および司法府の違憲立法審査権によって保護されなくてはならず、民主的に選挙された議会といえども人権を侵害することは許されない、とする考え方が世界的に伝播するに至ったのである。

　こうした動きは、一見すると立憲民主主義の世界的拡大という望ましい方向への変化であるように見える。しかしハーシュルは、こうした変化はその政治体制の「進歩的な」変化として歓迎すべきなのだろうかと問い、政治家や社会一般が人権や立憲主義の規範的価値に賛同するようになったからこうした変化が起きたのだという説明に疑問を提起する。彼によれば、近年多くの国で見られる司法府の権限強化は、権力エリートが既得権益を守るために民主的代表機関から司法府へと権力を移転しようとする試みにすぎない。その顕著な例が、違憲立法審査制を否定するイギリス流の議会万能型民主主義（ウェスト

ミンスター型民主主義）が採用されていた南アフリカ共和国において、アパルトヘイト廃止後に一転して違憲立法審査権を持つ強力な憲法裁判所が設置されたことである。憲法裁判所の設置は、財産権の憲法的保障と並んで、白人と黒人の間の体制移行交渉（1990 ～ 1994 年）における白人側の強硬な要求事項の一つであった。白人が怖れていたのは、アパルトヘイト後の民主主義体制下で絶対的な少数者の立場に転落する自分たちの声が圧殺されることであった。とくに、黒人政権がアパルトヘイト時代の極端な資産格差の是正をめざして、白人資産の黒人への移転や土地改革の実施を公約していたことは、白人の不安に拍車をかけた。彼らは、新憲法（1996 年）に既存の財産権が体制移行後も保障されることを規定した上で、それを侵害する恐れのある黒人政権の立法措置に対して、憲法裁判所の違憲立法審査権をもって対抗することを期待したのである。

　ハーシュルは本書以外でも司法官僚支配の拡大を分析している。それによれば、イスラム色の濃い政党への国民の支持拡大が、政教分離を支持する世俗主義エリートにとって大きな脅威になっている国々（トルコ、エジプト、パキスタン、マレーシア）では、「司法府の独立」の下で民主的統制が及びにくい裁判所が世俗主義の拠りどころになり、民主的政治部門と対立するという構図が共通して観察できるという。

　ハーシュルの指摘は、権力エリートが司法権の独立性をいわば逆手にとって、政教分離体制のような既存政治制度や、民主化前に蓄積した土地や鉱山の所有権などの既得権益の擁護を図っているとするものである。本書が書かれたのは「アラブの春」と呼ばれる中東における一連の民主化の動きの前であるが、彼が指摘した構図は、民主化後のエジプトにおける、ムスリム同胞団を支持母体とし民主的に選挙されたムルシ政権と最高裁判所の対立にそのまま当てはまると言える。裁判所というアクターの行動の動機やそれを背後で支えるアクターの利害関係を政治学的な視点から見極めるべきであるという示唆は、法の支配の構築戦略を検討する上で念頭に置くべき重要なポイントである。

第10章

汚職対策

keywords 汚職対策，グッド・ガバナンス，法の支配，政治的意志，汚職・腐敗

❶ 途上国の汚職・腐敗とは何か

　汚職・腐敗をめぐるニュースやスキャンダルは、毎日と言ってよいほど世界各地のニュースヘッドラインを賑わしている。2011年の「アラブの春」に見る中東諸国や、2015年のギリシャ危機、昨今では韓国の朴槿恵大統領やブラジルのルセフ大統領の罷免などの発端には国内の汚職・腐敗問題が背景にあると言える。汚職・腐敗はどの国でも存在し、古くから文化と歴史に根付いている。その種類は下級、中級公務員による日銭稼ぎを目的とした小規模汚職から、政府高官や政治家などを通じた政治汚職、さらには政府調達をめぐり企業間で行われる癒着・談合まで多様である。汚職の蔓延はとくに途上国や新興国で深刻で、国家開発の大きな妨げとなり、政府の効率性や構造を脆弱なものとし、貧富の格差を広げている。途上国で仕事をした日本人の多くはこう思うはずである。なぜ地方自治体ではコネ人事ばかりなのか。教育や福祉へのさらなる投資が明らかに必要な国で、なぜインフラ事業ばかり進めるのか。なぜ途上国は税収率が低いのか。不正で処罰された人間がなぜ役所で平然と働いているのか。これらの背景には汚職・腐敗が直接的・間接的に影響しているのである。

　反汚職取り組みを専門としている、国際NGOトランスペアレンシー・インターナショナル（Tranparency International：TI）による2012年の汚職認識度調査では、公共セクターの汚職・腐敗問題はほとんどの調査対象国（183ヵ国）において深刻であるとし、また2010年と2011年に行われた英国BBC放送による世界調査では、汚職問題は貧困に次いで最も深刻な社会問題という結果になっている。潘基文国連前事務総長は、「汚職の蔓延は平和、開発、人権いず

れも阻止する」と訴え、また 2010 年のミレニアム開発目標（MDGs）レビュー サミットでは、目標達成の主たる障害要因として汚職・腐敗問題を挙げている。2016 年の TI による汚職認識度指数によれば、176 ヵ国中、デンマークとニュージーランドが汚職認識度が一番低く（日本は 20 位）、ソマリア、南スーダン、北朝鮮の順に高い。汚職・腐敗と所得や人間開発とのレベルの間には一定の相関関係が見られると言える。

　では、汚職はどの程度、社会に蔓延・浸透しているのであろうか。世界平均で見れば、実に 4 人に 1 人の市民が過去 1 年間に何らかの形で公務員に賄賂を支払っているのである。賄賂先は警察官が一番多く、裁判官、許認可業務を担う政府職員、医療や教育への従事者と続いている。本来市民が最も信頼を置くべき人間や職業に対し、一番賄賂を支払わなければならないのは皮肉である。また政府事業などの契約獲得や起業にあたり、公務員への現金、贈呈品や接待を行う文化がある国もまだ多く存在する。

　なぜ賄賂を支払う必要があるのか。途上国の多くでは、物資や権利を公平に分配する制度や文化が欠落している。市民はそれを獲得するために安易に不正や賄賂に手を染めることとなり、許認可等における裁量権を有する公務員は当然のごとく賄賂を要求する。国民は日常生活で何かをするには賄賂が必要となり、賄賂は生きる術とさえ考えている。また低所得層の方がより被害を被っているのである。一般に途上国では汚職・腐敗は政府内の上から下まで浸透し、組織的かつ制度的な利益分配の構造となっており、途上国特有の文化そして風土病でもあると言える。これは国内政治問題でもあり、先進国の人間はまずそのような現状を理解することが重要であろう。

❷ 国際社会の汚職対策への新たな動き

　汚職との闘いは、1990 年代以降、一国の枠内での問題から、国際的に取り組む問題になった。その背景には、旧ソ連崩壊の一因として汚職の深刻化が判明したこと、貿易や直接投資のグローバル化に伴う世界規模の汚職対策と規範設定が訴えられたこと、グッド・ガバナンス推進には政府の透明性と説明責任＝汚職対策が不可欠であるといった共通認識があった。世界的な反汚職ブームへのきっかけは、開発援助において長年途上国の汚職問題に悩まされてきた世界銀行（世銀）のウォルフェンソン総裁（当時）が 1996 年の世銀年次合合で訴

えた「汚職という癌との闘い」へのコミットメント、そして世界の汚職問題に取り組む国際 NGO である TI の一国を超えた世界的な活動展開、さらには反汚職に向けた地域協定や国際条約締結への動きであったと言えよう。

以降、国際社会全体で汚職と闘う機運は高まり、途上国や新興国政府には先進国と異なった汚職対策が不可欠であり、グローバル規模の取り組みと政治的意志なしに達成は不可能であるとのコンセンサスができた。そこでは一個人を対象としたものではなく、汚職を発生させる構造を改善し、制度により抑制するところに解決策を見出した。汚職対策は、今日の国際開発およびグッド・ガバナンス推進における優先分野の一つとも位置づけられるようになっている。

❸ 1990 年代以降の汚職対策研究

汚職・腐敗研究自体にも変化が表れた。従来の開発途上国の汚職・腐敗研究は、多くが刑法学や行政学の分野で取り上げられてきた。また主に一種の風土病として、たとえば家産制、官僚主義、情実主義、縁故主義、恩顧＝庇護主義、クローニー主義（縁故・親族主義）、ファミリービジネスなどとの関連で、いわば一国主義的に分析されてきた（河田 2008, p.vii 紹介文献❹）。しかし 90 年代以降は、研究の対象を世界規模に拡大し、経済学、社会学、法学、政治学、さらにはそれらを複合的または相互関連させた各種の研究が盛んになった。そしてそれら研究成果の多くは汚職「対策」研究に連関してきた。たとえば世銀の『世界開発報告 1997』（紹介文献⓫）では、国家の恣意的行動と汚職の抑制について取り上げ（政策の歪み、公務員賃金、公務員の裁量権、能力主義や司法判断の予測可能性と汚職との関連性）、UNDP も "Corruption and Good Governance"（1997）で、汚職とグッド・ガバナンスの関連性について 1997 年に初めて取り上げた。その他、さまざまな研究者や研究機関で汚職・腐敗問題を経済成長、投資、市民社会やメディアの自由度、貧困、政府の制度と効率性、開発、民主主義などと関連づけ、その相関分析や実証研究が数多くなされてきた。そこ[1]

1　代表的な汚職対策研究者と作品は、たとえば、Johnston, M., *Corruption, Contention and Reform*, Cambridge UP, 2013, Lambsdorff, J. G. *The Institutional Economics of Corruption and Reform: Theory, Evidence and Policy*, Cambridge UP, 2007, Rose-Ackerman, S.（紹介文献㉙）, Søreide, T., *International Handbook of Economies of Corruption*, Edward Elgar Publishing, 2013, Quah, J.（2006）, Rotberg, R., *The Corruption Cure*, Princeton UP, 2017, Klitgaard, R., *Controlling Corruption*, University of California Press, 1998, Uslaner, E., *Corruption, Inequality, and the Rule of Law*, Cambridge UP, 2008 などが挙げられよう。

では 60 ～ 70 年代に見られた汚職行為の是非、原因究明、定義に焦点を当てた議論展開は消極的となり、汚職は開発や成長にとって潤滑油的役割を担う、または汚職が紛争や社会困難を未然に防止する役割をするといったハンチントン、レフ（Leff）、ナイ（Nye）などに見られる議論（河田 2008, pp.9-10）、すなわち汚職の果たす積極的機能の側面は否定された。

　ノルウェーにある反汚職リソースセンター（U4）は、援助と汚職、ポスト紛争国や脆弱国と汚職、分野別の汚職問題[2]、反汚職組織の有効性、反汚職の成功例と失敗例など、幅広い研究調査を行っている。このセンターは、主に欧州諸国のドナーが出資しており、ここでの調査結果が反汚職取り組みの援助政策に反映されている。ポープ（Pope 2000）と TI は、国家の清廉性と汚職に対する脆弱性は、国家を形成する主要な機関やセクター（司法機関、監査機関、民間企業、市民社会など）の有する責任、能力そしてガバナンスのレベルにより異なるため、各機関間のバランスある対策を講じるべきという「国家の清廉性システム」（National Integrity System：NIS）を考案した。今日、100 を超える国々で独自のNIS 報告書が作成され、政府の汚職対策の情報源ともなっている。シンガポールの行政学者クアは、公共政策からアジアの国々の汚職対策について比較分析し、政治的意志、有効な反汚職組織、優秀な人材が成功要因であることを強調している（Quah 2006）。TI のグローバル汚職報告書は、毎年特定のテーマを選び、世界各国の事例に基づき汚職との関連性について議論している（過去のテーマはスポーツ、教育、気候変動、民間部門、水資源、司法、医療、建設、政治、情報公開）。反汚職に関する国際会議やセミナーも世界各地で活発に行われている[3]。

　汚職の測定方法や調査手法も開発されてきた。中でも汚職に対する認識度合を国別にランクしている TI の汚職認識度指数（CPI）や、国際 NGO のグローバル・インテグリティの世界清廉性報告書（Global Integrity Report）、世銀の汚職の抑制度指数などは汚職研究に不可欠な統計材料となっている。汚職の測定は難しく、どうしても認識度ベースになってしまう。サンフォードらは、汚職

2　教育、電力、水資源、保健等のセクター別の汚職対策の必要性は、研究者の間では 2000 年初頭より、ドナー機関としては 2004 年に GIZ（ドイツ国際協力公社）に着目され、続いて USAID（米国国際開発庁）、世銀、UNDP などが各種報告書を出している。たとえば世銀の *The Many Faces of Corruption: Tackling Vulnerabilities at the Sector Level*, 2006 などは参考になる。
3　たとえば 2 年に 1 度開催される国際反汚職会議はすでに 14 回目となり、毎回千名を超す参加者が反汚職取り組みに関して活発な議論を交わしている。

の測定方法とその有効性についての研究成果を出している（Sampford et al. 2004）。世銀の『ビジネス環境の現状報告書』（*Doing Business Report*）なども間接的に汚職の機会を理解するためのツールとして、企業や投資家などに活用されている。

　これら測定の結果を見ると、途上国や新興国は、汚職の度合いが全般に高く、先進諸国は低いことがある程度明確になる。国際的に信頼度の高い汚職測定方法を開発することにより、企業側は投資国や活動国の汚職レベルを把握することでさらに公正で確実な情報を入手でき、明確な企業運営が可能となる。一方、政府側は、自国の汚職認識度が公表されることにより、国際・国内社会からは改善への圧力がかかり、さらなる汚職対策と防止への取り組み努力が期待されるわけである。汚職対策研究は、汚職が生じる制度的・経済的・社会的メカニズムを明らかにし、それに対処できる方策を探求するものである。

❹ 国際社会の反汚職取り組みと成果

　国際社会やドナーは、途上国の汚職に長年悩まされており、説明責任を果たさない行政と蔓延する汚職文化の下では、いかなる支援も失敗に終わるとの懸念を有していた。事実、2012年の国連経済社会理事会（ECOSOC）上級パネルでは、開発援助の3割が汚職・腐敗で達成できなかったことを報告している。世銀の反汚職政策は、本来は、自らの途上国に対する融資事業での汚職による損失を食い止めたいという願望から出たものである。世銀に同調する形で、国際ドナーはこぞって反汚職政策を打ち上げ、数多くの反汚職プロジェクトを実施した。たとえばUNDPは2008年時点で、過去10年以上にわたり毎年1億ドル（約110億円）以上もの資金を汚職対策に費やしてきた。米国政府は、途上国政府の汚職が深刻である場合、NGOと密接に活動する方針を1992年に打ち出した（近藤 2013, p.276）。イギリスはOECD協定や反マネーロンダリング強化、ドイツは国連腐敗撤廃条約（UNCAC）のフォローなどその取り組みや優先項目は異なっている。ドナー機関の多くが反汚職政策を設け、汚職対策研究書は実務家向けが多い。たとえばUSAIDは反汚職評価ハンドブック、UNDPは反汚職機関の能力アセスメントや測定方法、OECDは政府調達時や商取引時の贈賄行為の分析などを数多く出版している。

　国連は国際社会が国際的な行動枠組を構築するため、2003年に国連腐敗撤廃条約（UNCAC）を発効した。これは公務員等に関わる汚職行為に対処する

ための防止措置、汚職行為の犯罪化、国際協力、政治家などが汚職や犯罪などから得た財産を回収することなどを定めたものである。現在、国連加盟国の9割以上が締結しており、締結国や法や制度改革を中心に各種取り組みが課されている（日本は未批准国）。2011年には、反汚職に関する教育活動を中心とした国際機関、国際反汚職アカデミーがオーストリアに新設された。国連薬物犯罪事務所（UNODC）は「アラブの春」以降、世銀と共同で資産回収プログラムを活発化させている。民間企業主導の「国連グローバル・コンパクトの原則」第10項目では、強要・賄賂などの腐敗防止について取り上げている。

　一般に汚職対策は、汚職自体の取り締まりより、事前に予防線を張ることの方がはるかに重要かつ低コストである。そういった意味において、啓発活動、人材育成、制度改革が重要な予防ツールとなる。しかし現実は、政治的意志の欠如と反汚職に取り組むリーダーの不在、文化的要因（汚職文化を容認）、政府の能力・技術的問題等々が汚職対策を阻む要因として存在している。小山田は『開発政治学の展開』（2013）で反汚職取り組みを阻む要因を検証している。

　汚職・腐敗問題は、贈賄側と収賄側から取り上げ、異なった処罰や防止策も必要である。通常、収賄側は公務員が主たるアクターとなり、贈賄側は企業や個人などが主体となる。今日の汚職対策は、収賄側（公務員）に向けられたものが多いが、贈賄側からの取り組みも不可欠である。先進国の企業に目を向けると、たとえばヨーロッパの大企業社員ですら、その3分の1以上が契約を獲得するためには現金や贈呈品や接待を行う準備があるなど、競争社会の名の下、彼らが汚職・腐敗行為を助長していることがわかる。

　多くの途上国では贈収賄を犯罪として法律で規定しても、ガバナンス、とくに法執行体制が脆弱なため、十分機能しないのが現状である。そうなると、贈賄側である先進国や新興国の側で、自国企業の贈賄に対する法的処罰を明確にする必要がある。1990年代になり、多国籍企業の行動規制論が強まったことにともない、97年には「OECD外国公務員贈賄防止条約」が発効され、条約批准国（ほとんどのOECD諸国が批准国）は自国企業が海外で操業する際、現地の公務員に対して賄賂を贈ることを法律で禁止し、違反者を処罰する体制整備が課されるようになった。これに関する研究として、後ほど紹介する、梅田徹の『外国公務員贈賄防止体制の研究』（紹介文献 **30**）がある。

　世界的な反汚職キャンペーンから20年以上経った。今日では、世界規模の

反汚職行動ネットワークが構築され、政府間ネットワークや南南協力関係も形成されるなど、さまざまな進展が見られる。汚職研究においても数え切れないほどの実証研究や事例研究がなされ、出尽くした感さえある。途上国や新興国では汚職との闘いに向けさまざまな改革を推進し、ジョージア（メリットシステム導入と給与大幅アップ）、インドネシア（強力な権限を持った反汚職委員会）、ルワンダ（汚職行為者に対する厳格な処分）など、一部の国では汚職削減や大幅な制度改善も見られている。しかし全世界的に見た場合、成果は多様かつ限定的である。

　汚職取り組みの成果は目に見えにくく、また時間もかかるため一様に語ることはできない。残念ながら、国民から見れば政府の取り組みは不十分で、多くが汚職は以前より増えているとの認識である。2013 年に TI が 107 ヵ国を対象に実施した汚職認識度調査では、過去 2 年間で汚職が減ったと回答した者は、11 ヵ国のみであった。ただここで理解すべきことは、汚職問題に取り組む市民社会、IT の普及、情報公開や通告者保護制度などの制度利用を通じて今まで闇に隠れていた汚職問題が明らかになったという事実もあり、汚職・腐敗が増えたとは必ずしも言いがたいことである。他方、調査対象者の 67％が、市民による汚職との闘いがより大きな変化をもたらせると考えているなど、明るい兆しも見受けられる（TI 2013）。反汚職に対するノウハウや研究は過去 20 年間で膨大に蓄積されており、何が機能して何がしないかについての過去の経験を通じて、最良の汚職対策が可能となっている。後で紹介するローズ＝アッカーマンの著書（紹介文献❷❾）はまさにそうした知識と経験の集大成であると言える。

　汚職との闘いは、法の支配を有する社会構築の徹底と、政府の能力を根底から向上させる努力、そして反汚職を支持する政治リーダーの存在が不可欠である。政府には、汚職対策を反汚職といったネガティブな側面から取り組むか、政府の清廉性や透明性を高めるといったポジティブなアプローチで推進するかの二つの選択肢がある。それに対する決定はまさに政治判断であり、実行に移す強いリーダーシップが必要である。そして汚職行為はローリスク・ハイリターンではなく、ハイリスク・ローリターンであるといった、汚職を許さない文化の構築に向けて市民と政府が一丸となることが期待される。

　MDGs ではとくに明記されていなかった汚職対策は、持続可能な開発目標（SDGs）の第 16 項に組み入れられた。そこでは、「腐敗や贈収賄、窃盗、租税回避によって、開発途上国に年間 1 兆 2600 億米ドル（約 130 兆円）の損害が生

じている」としている。また UNDP（2016）は、反汚職支援に対する今までの評価を行っており、SDGs 達成にはさらなる反汚職取り組みの必要性を訴えた。今後各国は SDGs を通じて反汚職取り組みの第二フェーズに入る兆しが窺える。

　汚職対策研究をテーマとした本章では、次の 2 冊を紹介する。1 冊目は、政府の汚職・腐敗問題を政治経済学的側面から幅広く考察し、汚職対策の有効性を議論しているローズ＝アッカーマンらの著書。2 冊目は汚職・腐敗を贈賄側から取り上げ、それを防止するための先進国の取り組みと日本の企業を取り巻く環境変化について研究した梅田徹の著書である。

関連文献ガイド

小山田英治「汚職対策の開発への影響」木村宏恒他編『開発政治学入門』第 4 章、勁草書房 2011；「汚職撲滅を阻む要因と促進する要因」木村宏恒他編『開発政治学の展開』第 6 章、勁草書房 2013.

河田潤一編『汚職・腐敗・クライエンテリズムの政治学』ミネルヴァ書房 2008.

近藤久洋「民主主義の定着と開発における市民社会」木村宏恒他編 2013（前掲）第 8 章.

世界銀行『世界開発報告 1997 —— 開発における国家の役割』海外経済協力基金開発問題研究会訳、東洋経済新報社 1997=1997.

Global Integrity［online］.

Graycar, A. & Smith, G., *Handbook of Global Research and Practice in Corruption*, Edward Elgar Publishing Limited, 2011.

Pope, J., *TI Source Book 2000: Confronting Corruption-The Elements of a National Integrity System*, Transparency International, 2000.

Quah, J. S. T., *Curbing Corruption in Asian Countries: An Impossible Dream?* Institute of Southeast Asian Studies, 2006.

Rose-Ackerman, S. & Carrington, P. D., *Anti-Corruption Policy*, Carolina Academic Press, 2013.

Sampford, C., Shacklock, A., Connors. C & Galtung, F., *Measuring Corruption*, Routledge, 2004.

Transparency International, Global Corruption Report；Transparency International, Global Corruption Barometer［online］.

UNDP, Corruption and Good Governance, *Discussion Paper* 3, UNDP, 1997；Evaluation of UNDP Contribution to Anticorruption and Addressing Drivers of Corruption［online］.

U4 Anti-Corruption Resource Center［online］.

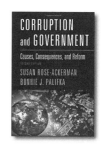

29 スーザン・ローズ゠アッカーマン他
『汚職と政府 —— 原因・影響・改革』

［邦訳なし］

Susan Rose-Ackerman & Bonnie J. Palifka, *Corruption and Government: Causes, Consequences and Reform*, Cambridge University Press, 2016.

　ローズ゠アッカーマン（1942- ）は、米国の政治学者（現イェール大学法律・経済学部教授）で、1970年代半ばより汚職・腐敗問題を政治経済学的視点から研究している、反汚職研究における第一人者である。本書は、1999年の第1版に新たなテーマを加え、2016年にパルフカとの共著により第2版として刷新したものである。著者は、90年代半ばより世銀や国連などの反汚職政策立案に関与し、国際社会における汚職との闘いにおいて重要な知的貢献を行ってきた反汚職ブームの立役者でもある。

　本書は、1000件を超す膨大な文献の引用と、各国の活動事例を理論的に体系化し、世界の汚職・腐敗問題を重層的かつ複眼的にとらえている。先進国の汚職対策は、取り締まり強化や制裁など、違法性に関する議論が中心である。しかし、政府のガバナンス能力が低く、制度が十分機能していない途上国や新興国の多くでは、多角的な取り組みが必要となり、汚職を誘発する要因を未然に防ぐ制度構築が求められる。本書は、許認可制度のスリム化や撤廃、民営化、公務員改革、汚職取締法改正、調達制度の改善、資金洗浄への取り組み、汚職・腐敗行為の有罪化の強化などがどのような形で汚職削減と抑制につながるかを、政治経済学的枠組みの中で検証している。

　本書を通じた著者の主たるメッセージをまとめると次の通りであろう。「汚職・腐敗は文化と歴史に根付いているものの、それは政治・経済的問題でもある。汚職の蔓延は経済の非効率と不平等を創出する。汚職抑止策には万能薬はないものの、まず政府は市場との関係も考慮しつつ、汚職の機会を抑制する制度改革が必要である。有効な制度改革には政府の透明性と説明責任の向上が不可欠のみならず、国際社会と国内の政治リーダーによる変革への政治的コミットメントが求められる。過去20年間にさまざまな形で汚職・腐敗との闘いが

行われ、制度的な改善は徐々になされてきたが、依然、課題は多くある」。

　本書は全4部、16章から構成されている。序章で汚職・腐敗とは何か、なぜ汚職対策に取り組まねばならないのかという原点に戻り、それに対する要因分析と多国間分析を試みた上で、第1部では、汚職のもたらす経済的影響を議論している。そこでは官僚汚職（2章）、調達や民営化時における汚職・腐敗問題を取り上げ（3章）、汚職行為はハイリスク・ローリターンであるという認識を定着させるには、公務員改革と贈賄防止のための諸罰則の強化などが重要であることを説いている（4〜6章）。

　第2部では、汚職を文化的側面より取り上げ、ある国では汚職や賄賂行為は時にはプラスの作用をもたらすなど、社会や国により考え方は千差万別であることを説明している。しかし、過去の遺産は今日の社会にもはや適応しないことを強調するかたわら、反汚職に関する世界基準を設けることは本書の意図するものではないことも明確にしている。このほか、汚職・腐敗がジェンダー、宗教、信頼関係、さらには文化に及ぼす影響についても議論している。

　第3部では、汚職と政治的問題を取り上げ、政治汚職やクライアンテリズム（政治的恩顧主義）といった古くから存在する問題に加え（8章）、組織犯罪と資金洗浄（9章）、さらにはポスト紛争国構築過程における汚職（10章）といったテーマに注視し、それぞれの特徴と対処法を検討している。

　第4部では、汚職削減改革のための国内要因（13章）、国際社会の役割（14章）そして国際協力の必要性（15章）について力説している。国際社会、援助機関、国境を越えた市民社会などの国際アクターの動員は、反汚職取り組みの成功を助長し、また開発水準が低い国では、多国籍企業の役割も重要であることを各種事例により論証している。そこでは真の改革には市民と政府との相互作用も変化していくことが不可欠であると読者に訴えかけている。

　本書は、行政・政治汚職、民営化や調達時の汚職、そしてクライアンテリズム（庇護−随従関係）といった、ほとんどの途上国が直面している問題に加え、資金洗浄や組織犯罪、さらにはポスト紛争国における汚職対策といった新たな課題についても取り上げている。その他、汚職測定ツールや、国連腐敗撤廃条約（UNCAC）などの国際条約の概説に加え、国民調査や各種研究成果も随所に組み入れており、各国の汚職・腐敗対策に関する比較研究材料をふんだんに提供している。本書は汚職対策研究にとって欠かせない好著であると言えよう。

30 梅田 徹
『外国公務員贈賄防止体制の研究』

［麗澤大学出版会 2011］

　梅田徹は現在、麗澤大学外国学部教授で、NPO法人トランスペアレンシー・ジャパンの前理事長であり、企業倫理、コンプライアンス（法令遵守）、企業の社会的責任（Corporate Social Responsibility：CSR）、外国公務員腐敗防止、国連グローバル・コンパクトなどを専門としている。

　先述の通り、1990年代に入ると反汚職の取り組みは活発になったものの、収賄側（公務員）を対象としたものが多く、贈賄側（企業等）に対する汚職対策は限定的であった。そのような中、外国公務員への贈賄行為に対する行動規制論が強まり、1997年にはOECD外国公務員贈賄防止条約が採択された。この条約により、批准国は、自国企業が海外で操業する際、契約受注の見返りなどとして現地の公務員に対して賄賂を贈ることを法律上禁止し、違反者を処罰する体制を整備しなければならなくなった。本書は、著者がこれまで執筆してきた外国公務員贈賄防止問題に関する研究論文をまとめたものである。

　本書は、外国公務員贈賄防止に関わる諸問題のうち、条約成立の背景と構造、その基礎の上で各締約国が採択した国内立法措置の内容、そしてそれをレビューする条約フォローアップのプロセス全体を「外国公務員贈賄防止体制」としてとらえ、これらを概観し考察を加えている。本書は単に条約のみを取り上げた条約研究ではなく、日本における条約実施立法、諸外国の立法と法執行実践にも焦点を当てている。またファシリテーション・ペイメント（FP：政府各種手続きを円滑化、スピードアップするため法令の根拠がない少額の金銭を支払う行為）の取り扱いに対する考察を国内企業の調査結果を通じて試みている。

　本書は3部から構成され、第1部では外国公務員贈賄防止条約の構造と中心的な規定、諸外国のモデル立法となった米国の海外腐敗行為防止法、さらには日本国内実施措置としての不正競争防止法（日本の条約実施立法）の現状につ

いて解説している。そして、各加盟国がどのように条約をフォローアップしているかを比較分析している。第2部では日本を含む外国公務員贈賄罪に関わる過去の事件・疑惑を概観するとともに、米国を取り上げ、海外腐敗行為防止法の執行状況を考察している。2010年5月現在、締約国による外国公務員贈賄罪の摘発状況は、13の締約国について148人の自然人＝個人（40人は実刑判決）、77の法人となっている。摘発件数が最も多いのが米国（40人の個人と20の法人）で、日本ではわずか個人6人および1法人しか有罪判決を受けていないとしている。第3部では、FPの問題に焦点を当てている。多くの日本企業が操業する東南アジアの国々などでは、FPの慣行が依然かなり残っており（ベトナムとインドネシアにおいては、従業員がFPを経験した企業は85％を超えている）、そうした中でFPなしには円滑なビジネスができないと考える企業は少なくない。

　本書では、先進各国におけるFPに対する位置づけ、および海外に進出している日本企業の外国公務員贈賄問題ならびにFP問題に対する意識と対応策はどうなっているかについて、調査結果に基づき議論を展開している。著者の考えは、FPのような少額の支払いを摘発して贈賄行為を有罪判決まで持ち込むことは難しい以上、大規模汚職事件の摘発に集中することが得策であるとしている。日本では不正競争防止法の中に外国公務員贈賄罪が規定されているが、独立した法律を制定すべきことも強調している。

　本書の学問的特徴は、国際法、比較法、刑事法、経済法、法政策学に加え、経営学あるいは企業倫理といった分野をカバーしていることである。今日、外国公務員贈賄防止条約や防止規定に関する専門書、または各締約国の立法状況を検証する書物は多く出されているものの、ほとんどが実用書で、研究書は国内では少ない。またFPという途上国での日常的な慣行が本条約導入後どのように改善されるのか、主に先進諸国側からの視点で海外商取引時における贈賄規制のあり方についても分析している。外国公務員贈賄の理論を学ぶ者だけでなく、海外贈賄防止対策を実施する実務家や企業にとっても知っておくべき内容の多い研究書である。

第11章

リーダーシップ論の途上国への適用[1]

keywords 人治，リーダーシップ開発プロジェクト，変革のスペースづくり，
集団的リーダーシップとその連合，リーダーシップとマネジメント

❶ リーダーシップ論の世界的流行とそのキー概念

　開発とは国づくりであり、国家が開発の枠組みをつくるが、その国家をつく
るのは「政治」である。国家をつくる「政治」は、多分に政治的リーダーシッ
プにかかっている。政治はリーダーで動いている。途上国においては、法治よ
りもそれを上回る人治で政治も経済も動いている。「国父」に象徴される新家
産制もカリスマ支配もリーダーシップの問題であり、政党政治ですら、リー
ダーに代表される個人政党を中心に動いており、先進国のような政党政治で政
治は動いてはいない。独立運動も、独立後の官僚制度の強化も、経済開発も、
政府−社会関係の制度化も、政治的なリーダーシップなしでは進まなかった。
リーダーなくして独立や経済発展はなかったと言える。

　しかしながら、リーダーシップ論はしばしば誤解、誤用されてきたし、今も
されている。一つはリーダーと暴君の混同であり、もう一つはリーダーシッ
プとマネジメントの混同である。「リーダーと暴君は対極にある存在」（ナイ
2008=2008 紹介文献 **31**, p.62）であり、リーダーシップとマネジメントは組織運営
の2本柱である。たとえばシンガポールの成功はよく、リー・クアンユー首相
（当時）のリーダーシップに帰せられるが、そのリーダーシップはオーケスト
ラの指揮者のような能力である。したがって、リーダーの資質や行動だけでは
なく、指揮されるフォロワーズ、およびグループ、制度も不可欠な要素である。

　波頭亮『リーダーシップ構造論』（2008）に従って若干リーダーシップ研究

1　筆者は『開発政治学の展開』第4章で「官僚制とリーダーシップ」について書いた（木村
　2013）。本稿はそれに負うところも大きい。

の歴史を整理しておくと、第1期（1900～40年代）はリーダーシップ特性論に焦点が当てられ、生まれながらにして持つ資質とは何かとか、成功するリーダーとしないリーダーの特質の比較がなされたが、結局、法則化はできなかった。第2期（1950～70年代）は実質的にマネジメントの役割と管理手法であった。第3期（1980年代～現在）は変革型リーダーシップ論に焦点が当てられ、フォロワーを引っ張っていくリーダーの資質と行動、フォロワーはいかについていくのかというフォロワー論とセットになって、フォロワーを動員し、行動を起こすことができる大勢の「リーダーたち」を「大きさと方向をもったベクトルに」編成していく「集団的リーダーシップ論」に帰着してきた。

　上記第2期のマネジメントとリーダーシップの混同と混乱について、ハーバード・ビジネススクールで「リーダーシップ論」を講義するコッター（1999=1999）の議論を紹介しておこう。両者はともに、課題を特定し、人的ネットワークを構築し、実際に課題を達成させるという共通項をもつが、計画と予算立案から着手するのがマネジメントである。マネジメントは規則やルールの適用であり、1000人を超える大企業の組織を経営者の意図に合わせて整然と動かす。これに対し、リーダーシップはまず進路を設定し、目標に向けて動機づけと啓発で組織メンバーの心を統一し、ビジョンの実現をめざして人々を指導する。ところが、「今日のアメリカ企業のほとんどはマネジメントの過剰とリーダーシップの不足に陥っており、リーダーシップを発揮するための土壌づくりが求められている」と指摘する（p.47）。

　ドラッカーは言う。「あらゆる国で政治家のリーダーシップを求める声が聞かれる。それは間違った考えである。問題が起こっているのは人に問題があるからではない。システムに問題があるからだ」と（ドラッカー 2002=2002, p.166）。システムの問題については、コッターがうまく解説している。「組織の大多数には必要なリーダーシップが欠けている。しかもその程度は往々にして深刻である」。しかし、組織の大多数では、頭脳明晰にして経験豊かで非常にエネルギッシュな人々が、揃って信念の下に行動している。だが、こうした人材のうち、「ほんの一握りしかリーダーシップを発揮できていない。これがまさに問題の核心なのである」と。また、「リーダーシップについての話を聞いていると、中身がマネジメントの話であったり、指揮命令スタイルのことばかりだったりする。組織の現実に目を向けると、社員の資質に気付かず埋もれさせ

てしまう、適切な研修機会を用意しない、リーダーシップを発揮しようとしてちょっとつまずいただけの者を戒める、といったことばかりだ」と、組織がリーダーシップを組織できていないことを語っている（pp.5-9）。

❷ 途上国リーダーシップ論の特徴

今日、リーダーシップ論は世界的な流行を見せている。その波は途上国にも遅れて押し寄せた。世界銀行研究所の「リーダーシップ開発プロジェクト」は、プロジェクト開始の背景について次のように書いている。世界の動向は経営（マネジメント）から良きリーダーシップに移ってきており、リーダーシップ開発産業は爆発状況であること、何百という出版、研修、コンサルタント、グッド・モデルがひしめいているが、途上国はこの産業から取り残されており、開発業界から追いつくように圧力をかけられ続けていると説明している。ただし先進国側のコンセプトを直輸入するようなことをしてはならない。指導者の「政治的意志が決定的である。政治家の短期目標と長期的開発目標を統合しなければならない。政治過程の肝心なところで政治家に、世銀が各国に義務づけている貧困削減戦略ペーパー（PRSP）に沿った行動をとるよう仕向けなければならない」「リーダーシップはグッド・ガバナンスと公共部門の任務が成功裏に執行される鍵になる要因である」という（World Bank 2007, pp.6, 9, 12）。

ただ、途上国におけるリーダーシップはヒエラルキー（階統制）社会での人治によるリーダーシップであり、先進国での議論は階統制が崩れてフラット化した社会におけるリーダーシップである。だから先進国のリーダーシップ論が途上国ではそのままでは適用されにくい。途上国でも先進国でもリーダーシップ論の焦点は変革のためのリーダーシップ論であり、組織論の中で決定的重要性を持つが、途上国の場合は、アセモグルらが『国家はなぜ衰退するのか』（紹介文献⑯）で描き出したように、階統制を崩し、伝統的な収奪的制度をどのように近代的に変えていくかがより大きな問題である。

リーダーシップ概念は、人材基盤が豊富で、政策決定と遂行能力、および制度環境が整った先進国ではよく適合するが、途上国では人的・物的・財政的・制度的など各種のインフラが欠如している。説明責任の枠組みは弱く、透明性の欠如は決定的な問題であり、政策決定過程は組織的・効果的に機能せず、インフォーマル・セクターが溢れ、政治・経済・社会システムは順法精神を受け

入れようとしていない。GE（ジェネラル・エレクトリック社）やトヨタのような先進国の民間企業に見られるようなリーダーシップの諸原則は、途上国でも企業レベルでは可能かもしれない。問題は公的部門であり、そのレベルでのリーダーシップ論導入には、暴君的でない政治的意志が決定的に重要である。

　途上国では、「有効に機能する国家なくして、持続可能な経済・社会開発は不可能である」。では、有効に機能する国家をどうつくるか。あるいは「国家の対応能力構築」をどう組み立てるか。それは行政改革の上に組み立てられる。行政改革を進めるのは政治であり、政治家のリーダーシップなくして行政改革は進まず、したがって、グッド・ガバナンスもありえないという点が、ガバナンスの追求の中でますます注目されるようになってきた。

　国連経済社会局の文書は言う（UNDESA 2007, p.43）。能力構築は、有効な機能、透明性と説明責任を原則とする国家制度を根付かせるために不可欠である。そうした原則は、聡明で実行力あるリーダーシップの支援によってのみ、根付かせることができる。良きリーダーシップは、社会の成員の要請に応える政策を実施し、法の支配を機能させ、経済成長ができる枠組みを発展させ、市民社会を強化し、環境を守るような政府をつくることができると。

　キェールはその著『ガバナンス』（Kjar 2004）で、国家の能力と成長にとっての決定的な要因として、①国家能力を構築するリーダーシップ、②民間と社会を経済政策決定に参加させること、③成長に向けた社会連合、④地方分権による公共サービス改善と参加の増大を主張し、第一にリーダーシップを挙げた。

❸ リーダーシップ主導型変革の実際

「リーダーシップ主導型変革」は、世銀が「政治経済分析（PEA）」の延長線上に打ち出してきたことによって、大きな注目を浴びることになった。世銀は、2001年から6ヵ国で「リーダーシップ能力構築イニシアティブ」を始め、その後「リーダーシップ開発プロジェクト」に展開していった。

　ハーバード・ケネディスクール（公共政策大学院）のアンドリュースらは2010年に世界銀行研究所から『リーダーシップ主導型の変革としての開発』を発表し、「変革のスペース（change space）」論を展開した（Andrews et al. 2010）。「開発は変革をともなう。しかし多くの開発は印象的な変革を生み出していない。開発において意図された変革目標と結果とのギャップはどう埋めるのか」

と彼らは問い、組織変革が、民間企業同様しばしば失敗しているとする。「民間企業の改革においても、2分の1から3分の2は失敗であり、成功と言えるものは40％に満たない。3分の1は事態をいっそう悪くしている、というのが各種の研究結果である。この数字による限り、改革の成功は容易でないことが理解される」。

この報告が結論的に言うことは次の3点である。

① リーダーシップは、変革を起動させ、開発を促進する鍵である。

② リーダーシップは、問題群の周りで機能するリーダーのグループ（チーム、連合、ネットワーク）をつくることに焦点を当てるべきである。

③ リーダーシップは、リーダーをつくることを目的とするのではなく、「変革のスペース」をつくることに焦点を当てるべきである。

リーダーシップはその（政治経済社会）文脈に適合しなければならないが、リーダーシップの複数性（組織全体に分散した共同作業的リーダーシップ）、有効性、問題解決志向、そして何よりも「変革のスペースづくり」を一貫して強調しなければならない、ということであった。

生態学者今西錦司はその著『ダーウィン論』（講談社 1993）において自然淘汰説を否定し、「たくさんの個体が、同じ方向に向かって、時期を同じくして大量発生する突然変異」が進化につながるとした（pp.160-163）。社会の変革も、「漸進的に改善する開発ガバナンス能力」は「微細な個体変異」を大量に作り出す環境が必要である。それを準備するのが「変革のスペースづくり」である。要するに、変革をリードする部局やプロジェクトをつくり、広げていくことである。『リーダー・パワー』（紹介文献**31**）の著者ジョセフ・ナイは言う。「人は波をコントロールすることはできないが、乗ることならできる」（p.25）。

オーストラリア国際開発庁や国際 NGO の支援を得て開発リーダーシップ計画（www.dlprog.org）」を立ち上げたレフトウィッチ（Leftwich 2011）は言う。「中心的な問題は、途上国の政府、企業、市民社会をまたぐ制度・政策改革推進の諸開発リーダーシップとその連合の決定的役割である」「連合を形成するものは社会のあらゆる組織、グループの中にいる」として、諸リーダーシップの社会大連合をめざした。また、「ローカルなリーダーシップの深さなくして、外部からの働きかけは効果がない」として、途上国の主体性の必要性に念を押した。

関連文献ガイド

＊木村宏恒「経済成長を促進する政治システム —— 官僚制とリーダーシップ」同他編『開発政治学の展開』第4章、勁草書房 2013.

コッター，ジョン・P.『リーダーシップ論 —— いま何をすべきか』黒田由貴子監訳、ダイヤモンド社 1999=1999.

ドラッカー，P.F.『ネクスト・ソサエティ —— 歴史が見たことのない未来がはじまる』上田惇生訳、ダイヤモンド社 2002=2002.

波頭亮『リーダーシップ構造論 —— リーダーシップ発現のしくみと開発施策の体系』産業能率大学出版部 2008.

＊Andrews, M. et.al, *Development as Leadership-led Change: A Report for the Global Leadership Initiative and the World Bank Institute*, 2010 〔online〕.

Kjaer, A. M., *Governance*, Polity Press, 2004.

Leftwich, A. & Wheeler, C., Politics, Leadership and Coalitions in Development, World Bank Institute, 2011 〔online〕.

UN Department of Economic and Social Affairs [UNDESA], *Governance for the MDGs: Core Issues and Good Practices*, 2007 〔online〕.

World Bank Institute Leadership Development Program, *Background Notes on Leadership*, 2007 〔online〕.

31 ジョセフ・S・ナイ
『リーダー・パワー
——21世紀型組織の主導者のために』

［北沢格訳、日本経済新聞出版社 2008］
Joseph S. Nye Jr., *The Powers to Lead*, Oxford University Press, 2008.

　ジョセフ・ナイは、アメリカの国際政治学者で、国防次官、国務次官補、ハーバード・ケネディスクール学長を務めた後、本書を書いた。小著だが、多くの研究成果を交え、実業界にも、NPO組織にも政治家にも当てはまるリーダーシップに関する非常に包括的な議論を展開している。

　ただしそのリーダーシップ論は、リーダーの力・影響力がフォロワーの支持に依存する現代型の組織におけるもの、要するに先進国型の社会における議論であり、なお新家産制型、国父型の統治構造を色濃く持つ途上国の階統制的組織構造に適用するには留意が必要である。もっとも、新家産制の「新」の部分が大きくなってきていることもあり、途上国のリーダーシップ論にも教訓にはなる。以下、本書の主な議論を要約する。

　ナイはまず、伝統社会と現在のリーダーを区別する。伝統的な威圧に頼る者はリーダーではなく、単なる権力濫用者にすぎない。「リーダーと暴君は対極にある存在なのだ」。一方、両者の摩擦にも触れている。メキシコに進出したあるアメリカ人社長が部下との親睦を深めると、メキシコ人管理職たちは造反した。彼らは労働者に対して階統制と権威に関する文化的価値観を持っていたのである。「文化とリーダーシップは同じコインの表裏だと言える」。リーダーに対して行動の枠組みを課すのはその集団の文化である。しかしその文化も、ゆっくりと変化する傾向を持つ。変化が加速する場合もある。戦後の日本は軍国主義から日本株式会社に変わった。中国も革命後、儒教文化から激変したとする。

　非の打ちどころのないリーダーなどいない。チャーチル首相は雄弁で、第二次世界大戦の英雄であった。しかし大戦後、福祉国家に焦点が移ると即、総選挙で敗北した。トルーマン大統領は弁論の技術はそれほどでもなかったが、多くの助言者を使うことで公衆に語るレトリックを補った。カーター大統領は状

況把握のスキルに問題があった。ある人は、大統領は森など見ずに木を一本一本数えるのが得意なのだろうと言った。クリントン大統領は能力には長けていたが、不倫で糾弾された。公的な仕事をこなしていれば私生活は問題外という文化に慣れているフランス人は、遠目の見物を楽しんだ。ワレサはポーランドの自主管理労働組合「連帯」を成功に導き、大統領になった。しかし大統領としては成果を挙げられなかった。ガンジーは雄弁ではなかったが、その素朴な服装と生き方から浮かび上がる象徴的なものが、言葉以上に多くのことを語っていた。ネルー首相はインドを民主主義国家にしたが、フォロワーに権限を委譲する点では重大な問題を残した。

　ナイは、リーダーとは、人間の集団が共通の目標を設定し、それを達成する手助けをする存在であると定義する。リーダーシップとは社会的関係であり、リーダーとフォロワーとその相互作用という三つの要素がある。リーダーシップとは、フォロワーたちに方向を示し、動員する関係を意味する。組織という舞台装置は、職員が言われなくても仕事するようにさせている。しかし人々はいろいろな理由でシステムの想定外のことをしでかすので、有能なリーダーはシステムの完全性を維持する上で、きわめて重要な役割を演じることになる。ナイが政治任用で政府のある部局を率いたとき、多くの職員は自分のやり方でやらせてほしいと望んだ。ところが実際にやらせてみると、既成事項以外何ひとつやろうとはしなかった。効果的なリーダーシップとは、意思決定をして、行動を起こすことができる大勢のリーダーたちを使うことで決まる。リーダーシップは、社会全体に幅広く分散して存在している。

　良いリーダーの一番重要なスキルは、共通の目標（ビジョン）を見据え、システムと制度を設計し、それをマネージすることである。力がなければリードすることはできない。ハード・パワー（報酬、強制、制裁）とソフト・パワー（説得、同意）を組み合わせて効果的な戦略にすることが、ナイの提唱する「スマート・パワー」である。フォロワーなくしてリーダーは存在しない。リーダーは、アイデンティティ起業家でなければならない。リーダーが成功するかどうかは、「わたし」と「あなた」を、「われわれ」へとまとめあげられるかどうかにかかっている。ソフト・パワーを巧みに使うためには、リーダーは、単に人々を自分の意志に合うように変えるのではなく、フォロワーのニーズを学習し、それに適応し、彼らの支援を引き出さなければならない。

32 鈴木康次郎・桑島京子
『プノンペンの奇跡
—— 世界を驚かせたカンボジアの水道改革』

[佐伯印刷株式会社 2015]

　汚職まみれのカンボジアで、「プノンペンの奇跡」と呼ばれたプノンペンの水道改革を成功させたのはエク・ソンチャン総裁（Ek Sonn Chan, 在任 1993-2012）のリーダーシップであったと、本書の著者、二人の JICA 担当者は繰り返し強調している。著者の鈴木康次郎は 1984 年に JICA に入り、2009 年から3 年半、カンボジア所長を務めた。桑島京子は 1980 年に JICA に入り、カンボジアには 2002 年から国別援助研究で、2006 年から法整備支援で関わった。

　エク・ソンチャンは、1950 年、プノンペンに近いコンポントム州の農村の貧農の家に 4 人兄弟の末っ子として生まれた。父は、エリートの不正支配を倒し、民主化を実現しなければならないと、共産党に身を投じ、75 年のポル・ポト蜂起に参加した（78 年、家族は皆処刑された）。ソンチャンは家族の支援で中学校に進み、奨学金を得てカンボジア工科大学を 73 年に卒業、プノンペンで物理の高校教師になった。ポル・ポト時代は追放された村で鍛冶屋をやり、79 年にプノンペンに帰ると、商務相になっていた父の共産党時代の友人に出会い、81 年まで商務省の屠殺場で働き、人民革命党に入党して昇進、ボスの商務相がプノンペン市の副局長になると 93 年にプノンペン水道局長になった（彼の経歴は、Biography, Ramon Magsaysay Award Foundation が詳しい［online]）。

　当時の市の水道は 80 万市民の 25％に 1 日 10 時間、6.5 万 ㎥ の水を供給するにすぎず（2012 年には 170 万市民に 24 時間）、72％の水が「漏水」（物理的漏れと料金非徴収。無収水率と言う）だった。水質も悪く、消毒薬の塩素を買う予算もなかった。職員の給与も士気も低く（下級職員は月給 5 ドル＝ 5 日分の生活費）、訓練もできていなかった。水道管への不法接続使用が横行し、水道局員自身が1000 ドルで不法接続のバイトをし、職員と親族の多く（1200 戸）が水道使用料を払っていなかった。水道水を無料で取水し、売る商売もあった。水道局では

汚職が蔓延し、元局長の取り巻き幹部たちは改革を阻んでいた。

　しかし、1993 年は、長年の内戦が終わってカンボジアの復興が始まり、刷新気風と大規模援助が投入されるという時代背景があった（p.177）。水道部門の門外漢であったエク・ソンチャン局長は、日本が作成した「プノンペン水道事業長期整備計画」のマスタープランを熟読し、学歴がありながらも技術や知識を生かす機会を奪われてきた若手職員に着目し、「若手変革チーム」を形成していった（pp.14-15）（ポイント 1：リーダーのビジョンと変革のスペースづくり）。彼ら若手から、次の世代の幹部たちが生まれていく。

　まず着手したのは顧客のコンピュータ化だった。市役所職員 100 人の協力も得た調査の結果、顧客リスト 2 万 6881 件のうち、1 万 2980 件は水道の接続がなく、1 万 3722 件は接続があるのにリストになかった。そこから全戸にメーター（日本政府が供与）を付けて料金を徴収する体制をつくった。次に、料金を払わない将軍たちを説得した。ラナリット第 1 首相とフンセン第 2 首相にも直談判し、説得に成功した（ポイント 2：トップの支援）。また、市民にも水の安定供給は料金支払いから始まると説得した。盗水には罰金を科し、料金不払いの家は断水させた。料金徴収係は歩合制にして成績次第でボーナスも出すようにした。その結果、料金未徴収は激減していき、事業は補助金なしで運営できるようになり、96 年には水道局は水道公社として市役所からの独立を果たした。職員の給与も大幅に上げることができるようになった。2004 年からソンチャン総裁の音頭で水質改善の施策が本格化し、プノンペンの水道水は飲めるまでになった。その背景には、料金徴収による財政の余裕があった。

　1993 年から 2012 年までのプノンペン水道事業への援助（贈与と融資）2.2 億ドルの半分は日本政府が拠出した（残りはフランスと世銀、アジア開発銀行など）。本書は、北九州市水道局の専門家派遣などによる技術協力で、職員の研修から盗水探知のテレメーター設置、水道管の新設・増設（288km から 2000km へ）、浄水場の新設・増設、それらの維持管理のための各分野のマニュアル作成などの技術協力が詳細に描かれている（ポイント 3：援助機関の長年にわたる組織的支援）。

　本書は JICA の自画自賛色が若干あるが、世銀の『世界開発報告 2012』（田村勝省他訳、一灯舎 2012, p.292）でも、プノンペンの水道事業は成功例として紹介されている。ソンチャン総裁がフランスの水道専門家 2 人と書いた共著論文も参考になる。

第**12**章

開発行政と官僚制

keywords 有効に機能する国家，官僚制の政治学，行政改革と能力構築，国家官僚，軍・官僚制的権威主義

❶ 途上国の開発における行政の役割の重要性についての国際コンセンサス[1]

「有効に機能する国家（effective state）なくして、持続可能な経済・社会開発は不可能である」。この言葉は、世界銀行『世界開発報告1997——開発における国家の役割』（紹介文献⓫）冒頭でキーフレーズとして位置づけられた。UNDP（国連開発計画）は、『民主的ガバナンス・ガイド』（Moleketi 2010）で「なぜミレニアム開発目標（MDGs）が進展しないのか」を問い、第一の答えを「政府と行政の弱さがその核心にある」とした。国連経済社会局の文書は言う。「MDGs達成のためには、よく訓練され、技能のある公務員と、よく管理された行政組織が必要である」「有効に機能し、透明性と説明責任を持つ責任ある公務員組織は、一国を適切に機能させる上で最高の重要性を持つものであり、MDGsを達成する政府戦略が実施される基本手段である」と（UNDESA 2007, pp.17, 25）。

中南米やアフリカや中東や旧共産圏諸国などに見られる官僚制（公務員組織）[2]は、政治任用による結果としての身分の不安定、低賃金、低訓練、低い倫理、高い離職率、汚職を特徴とする。その官僚制を、安定的な官僚制エリートを持つ政府と経済界が制度的に協調して経済成長をめざす開発国家に変えること、あるいは透明性と説明責任を持ち、責任ある政府を樹立することは容易ではない。それゆえ、行政改革は遅々として進んでこなかった。

---

1 途上国の行政については、筆者はすでに『開発政治学入門』『開発政治学の展開』の二著の関係章で書いている（木村 2011, 2013）。参照いただければ幸いである。
2 官僚制は公務員組織と同じ意味で使われる。本稿でもそうしている。しかし高級官僚の組織だけを指す使い方もある。

ピーター・エバンズは、政府による経済変容能力が制度化されて開発に成功した国を開発国家（developmental state）、開発より支配エリートの蓄財を重視した国を略奪国家（predatory state）と規定する。開発国家建設には、能力主義による公務員採用と長期のキャリア報酬で結集力をつくり、社会との関係を維持し、その意向を反映しながら、独自に公共政策を企画・実施する「自律した官僚制」が鍵になる。略奪国家にはそうした官僚制が欠如しているとした。政権交代ごとに5万人からの上級公務員が政治任用されるブラジル、メキシコや、政党政治が官僚制を采配するインドは、開発を志向しながら官僚制の自律が不十分な「失敗した開発国家」と位置づけた（Evans 1995, pp.4-12）。

　1990年代以来、世界的なグッド・ガバナンスへの注目の中で、途上国の行政（官僚制）改革と能力構築には大きな焦点が当てられてきた。それとともに、行政改革を進めるのは政治であり、政治的リーダーシップなくして行政改革は進まず、したがって、グッド・ガバナンスもありえないという点が、ガバナンスの追求の中でますます注目されるようになってきた。それについては開発政治学に関する二著の関係章（木村 2011, 2013）で詳しく書いている。

　近代的な体制への制度変化は、政治、とくにリーダーシップにかかっている。ところが国際機関や援助国は、「内政不干渉原則」によって、「政治が問題だ」とは言えず、「行政は政治的に中立である」というフィクションに依拠して、「非政治的な」行政改革を援助重点項目にしてきたが、実際には成果を上げられなかった。いま必要なことは、現代世界の行政学界を代表するガイ・ピーターズの主著『官僚制の政治学』の主張を理解することである（紹介文献❸❸）。本書は、行政と政治を別扱いにする「フィクション」を排し、行政が政府の重要な担い手となり、政治と深く関わっている現実を理論化した。

❷ 開発の主要な障害は経済ではなく行政にある

　次に必要なことは、途上国の開発の主体を分析する開発行政論であり、その分野でたぶん最も読まれているのがマーク・ターナーとデイビッド・ヒュームの共著である（紹介文献❸❹）。

　開発計画で決められることは相当の割合で実行されない。開発途上国の官僚制について考える場合、まず行政の非能率、上から下までの構造汚職といったイメージが想起される。アメリカは1990年代から、援助効果の少ない政府・

行政を通じた援助を減らして NGO を通じた援助を増やした（開発援助総額の25％から50％へ）。その他のドナー国も NGO を通じた援助を増やした。しかしそれで明らかになったことは、NGO は政府に取って代わることはできないという以前から言われていたことの再確認であった。NGO のプロジェクトは、所詮は「点（ドット）」での実施であり、教育や保健医療、農村開発などの社会サービスを全国的に「面」で展開できるのは行政しかないということであった。結局、開発を成功裏に進めるには、「有効に機能する国家」の担い手である官僚制の「能力構築（capacity development）」を大目標として取り組まざるを得ない。**34**で取り上げるターナーとヒュームの共著は、「開発目標と安定社会は、曲がりなりにも公的セクターの活躍によってもたらされたことは確かである」「開発行政は開発の産婆役である」「官僚制は非効率かもしれないが、政治経済安定のかぎである」と主張する（pp.xii, 12, 234）。

❸ 官僚制的権威主義国家における官僚制

　独立後の途上国の政治を特徴づけるものは新家産制国家である。新家産制国家は、ウェーバーのいう家産制（国家レベルの家父長制支配）に近代的外見をもつ官僚制を接ぎ木したものである。政治体制は家産制の伝統的支配体系を保持し、近代的外見を持つ官僚制は、前植民地時代の王の官僚から植民地中央集権行政下の地元エリート官僚へ、さらに独立後の大統領の忠臣へという連続性を保持した。開発途上国というと経済開発のイメージが強いが、中央集権的な軍事力形成と開発が相互依存関係にあった点に留意が必要である（ギデンズ『国民国家と暴力』1985=1999）。また、権威主義という抑圧イメージだけで政治をとらえるのではなく、ダントレーヴ『国家とは何か』（1967=2002）が規定した国家の3要素の合体、すなわち、法による支配を意味する権力（power）が、強制力を意味する実力（force）と、上から従わせるのではなく、国民が下から「妥当である」と同意し、従う、権威（authority）との合体で機能している視点を理解することが重要である。

　途上国の基本構造は新家産制であり、法治より人治で、トップの政治リーダーがすべてを掌握している。中央集権的であるがゆえに、より官僚に依存するところもある。官僚は、中央集権的な植民地支配の遺産と、独立後何にでも対応しなければならなかった経験からジェネラリスト志向を持つ。公共サー

ビス提供という社会的動機よりも、給与、地位、安定性、政府という強力な組織への帰属意識が動機になっている。実際の行動は伝統規範による。インドには、鉄の規則（規則だらけ）＋特別処置（カネで目こぼし）＝汚職という公式がある（Herring 1999, pp.315, 321）。規則はその交渉の出発点である。パトロン－クライアント関係（第15章）を軸に、個人の忠誠関係の鎖が組織の中を貫徹する。民族、氏族、血縁などへの帰属は能力よりも大きな比重を占める（Peters 1995, pp.51, 94, 104 紹介文献❸❸）。一般に、支配集団が官僚になる。そこでは集団間の対立と行政の非効率が問題になる（p.57）。

　ギデンズは、次のウェーバーの指摘に注目した。官僚制は自らを「指導する」ことはできず、「外部」からの目的設定に依拠するものであるから、政治的リーダーシップのカリスマ的資質に委ねられなければならない。それゆえ、近代政治体系における合理的なもの（官僚制）と非合理的なもの（カリスマ）は並存する。「この制限は、合法的な類型（官僚制的組織）に固有なものである」というのであった（ギデンズ 1972=1988, pp.75-76）。

　アメリカはその援助戦略で、1960年代から、「官僚制的権威主義が経済を成長させる」と主張してきた。「軍・官僚制的権威主義」とすることもある。この政策が一般化したのは64年のブラジル軍事クーデター以降である。軍が治安を確保して「政治安定」を実現し、主にアメリカの大学院で経済学博士号を取って帰国した高級官僚（テクノクラート）が、アメリカ流経済政策を実施して開発を進め、成功するという構図であった。実際には、政治の介入によるテクノクラートの政策の限界は顕著であった。大統領による政治配慮や軍の経済既得権などにはタッチできなかったのである。1960〜80年代は、軍政下の「ブラジル経済の奇跡」が実現し、ピノチェト独裁のチリ（1973〜90年）が続き、韓国、台湾、タイ、スハルトのインドネシア（1966〜98年）、マルコスのフィリピン（1972〜86年）などが成功例として注目された。しかし、やがてどこも民主化による体制変動に見舞われていった。そこでアメリカは、1990年代から「民主主義こそ経済を成長させる」という（事実に基づかない）イデオロギーに転換した。

　ピーター・ドラッカーは、官僚の優位性がほとんどあらゆる先進国で見られること、アングロサクソン諸国が例外であること、日本の官僚の優位制は英独仏伊に比べると、経済的な影響力では西欧の官僚に及ばなかったと書いた（ネクスト・ソサエティ』2002=2002, pp.250, 253）。ウー・カミングス編の『開発国家

論』（第6章、紹介文献⓳）も、安定的な官僚制エリートを持つ政府と経済界が制度的に協調して経済成長をめざす開発国家の典型は、フランスにあるとしている（木村2013, p.124）。日本も、韓国、台湾、中国も、歴史的に構築された官僚制の社会的に高く安定した地位と、官僚が政治家の短期目標ではない中長期国家計画を策定するような「国家官僚」としての政治枠組みを持ってきたことでは共通していた。ただ、そのどれもが「政治指導」の範囲内であった。

　軍・官僚制的権威主義の下では、議員の地位は低く、執行部（行政）へのチェック機能を持たないことが多い。高級官僚は「国家官僚」であり、国家の中長期計画を作る仕事に携わるのに対して、議員は次の選挙を見据えて短期に結果が出る案件を重視する。与党は、基本的に、援助側から強要されて形式的な選挙をするために、政治支配者によって任命された集団である。野党も、政策を争う公党とは言いがたく、個々の政治家が自分たちの利益を優先させる「徒党」であることが多い（第16章参照）。したがって途上国では、選挙が公共政策をめぐる争いとならず、民主政治の核心として機能しない場合が多い。

❹ 途上国官僚制の具体像

　途上国官僚制の具体例については、玉田芳史・船津鶴代編『タイ政治・行政の変革　1991-2006年』（2008）や岩崎育夫・萩原宣之編『ASEAN諸国の官僚制』（1996、いずれも日本貿易振興機構アジア経済研究所）といった業績がある。玉田らの本は第13章「公共政策」の紹介文献㊲で取り上げる。では、行政改革を断行し、「有効に機能する国家」づくりに成功した途上国はあるのか。ある。その代表はシンガポールである。シンガポールについては、田村慶子『シンガポールの国家建設』（明石書店2000）や、岩崎育夫『シンガポール国家の研究』（風響社2005）など、日本での研究も充実している。しかし、本章では、シンガポール大学行政学教授としてシンガポール行政国家研究の第一人者であるジョン・クアの近著を紹介文献㉟で取り上げたい。クアの本は、シンガポールが行政国家としてどのような国家経営をしてここまで成功したのかという視点から全体を組み立てており、まことに興味深い。

関連文献ガイド

ギデンズ，A.『ウェーバーの思想における政治と社会学』岩野弘一他訳、未來社
　　1972=1988.

ギデンズ，A.『国民国家と暴力』松尾精文他訳、而立書房 1985=1999.

木村宏恒「有効な国家とガバナンス —— 国家の対応能力構築と公共政策」同他編『開
　　発政治学入門』第1章、勁草書房 2011.

木村宏恒「経済成長を促進する政治システム —— 官僚制とリーダーシップ」同他編
　　『開発政治学の展開』第4章、勁草書房 2013.

ダントレーヴ『国家とは何か —— 政治理論序説』石上良平訳、みすず書房 1967= 2002.

ドラッカー，P. F.『ネクスト・ソサエティ』上田惇生訳、ダイヤモンド社 2002=2002.

Department of Economic and Social Affairs of the United Nations Secretariat [UNDESA],
　　Governance for the MDGs: Core Issues and Good Practices, 2007 [online].

Evans, P., *Embedded Autonomy: States & Industrial Transformation*, Princeton University Press,
　　1995.

Herring, R. J., Embedded Particularism: India's Failed Developmental State, in Woo-Cumings,
　　Meredith, ed., *The Developmental State*, Cornell University Press, 1999.

Moleketi, G. F., *A Guide to UNDP Democratic Governance Practice*, UNDP, 2010.

ガイ・ピーターズ
『官僚制の政治学 —— 比較行政学入門』

[邦訳なし]
B. Guy Peters, *The Politics of Bureaucracy: An Introduction to Comparative Public Administration*, Routledge, 1st ed. 1995, 7th ed. 2018.

　ピッツバーグ大学のガイ・ピーターズは、現代世界を代表する行政学の研究者、比較官僚制研究の創始者であり、国際・政治学会政府・行政部会の機関誌 *Governance* 初代編集者の一人であり、国際公共政策学会会長も務めた。本書は彼の代表作であり、欧米諸国の行政分析が中心ではあるが、途上国の行政にも踏み込んだ比較の視点を持つ、現代行政の総合的な分析であり、この分野での「必読中の必読」文献である。

　タイトルが示すように、本書の趣旨は、行政と政治を別扱いにする「フィクション」を排し、行政が政府の重要な担い手となり、政治と深く関わっている現実を理論化したものである。一般的に、政治家は政策理念を持ち、行政は日常性と技術を持つとイメージされるが、実際にはできそうな（feasible）ことが政策になる。できそうなことは、経験と技術を政策にする官僚の仕事である。たとえばほとんどの国は産業政策を持つが、次の選挙に向けて短期的成果を重視する政治家に対して、実現可能な政策だけでなく、中長期政策展望、計画や予算作成にあたっての経済理論を使ったモデルづくりやコンピュータ操作は、官僚が行う分野である。しかも政策形成の「最も重要な基盤」である情報と専門性は官僚が持っている。情報を持つものは事実上の権力も持つ。そうした官僚制の持つ政策能力、事実上の予算配分能力ゆえに、民間部門は官僚制との相互依存関係を深めてきた。官僚制は非政治的外見を呈するが、利害関係団体を特定の法令支持の方向で動員することもできる。

　一方、閣僚は行政機構のトップにあるが、多様な行事も含めて忙しく、政策経験も持たず、課題は山積しており、任期も長くはない。中長期的な国の政策決定を官僚制に依存することは、今日の政府の中心的な特徴である。政治家は主導権をとるべく審議会（諮問委員会）を設置したりするが、むしろ官僚

がそこに浸透する。内閣や議会といった政治家の機関の役割は劇的に低下しており、主要な決定に関して仲間内のコンセンサスを欠いている。政治家は、巨大政府組織を運営する技術を持たない。ただ政治家は、予算配分権と官僚上層部の人事権を公的に持ち、大統領個人スタッフといった助言集団（advisory group）を設置して独自の情報源を確保したり、指導力を発揮したりする。共産圏や一部の途上国の一党制国家においては、政党と官僚制は一体であり、政治家が官僚制を従属させることもある。

　現代社会は、情報、技術的専門性、地位、政策志向に基礎を置く官僚制が、「誰が何をいつ、いかに手にするか（政治の基本定義）」を決定するところまで来ている。それは行政国家とも呼ばれる。官僚制は、他の政策決定機関に対して、専門性、時間、安定性、技術といった政策決定に必要なものを持っている。ただ、官僚制も省庁、局などで分断されており、一貫性もそれほどあるわけではない。それはいわば「コンセンサスなき方向性（non-consensual directions）」である、とピーターズは論じる。

　そうしたピーターズの議論は、『通産省と日本の奇跡』（矢野俊比古訳、TBS ブリタニカ 1982=1982）を書いたチャーマーズ・ジョンソンが、19 世紀の「国王は君臨し、議会が統治する」をもじって、現代（の日本などの開発国家において）は「政治家は君臨し、官僚が統治する」（p.354）と喝破したのと通じるものがある。

　比較官僚制の議論では、公共選択（public choice）理論を生み出した政治土壌を持つアメリカ政治に典型的に見られるように、利益集団が政府に働きかけて政策が形成されていくタイプと、ドイツのような制度中心のタイプとの対比が興味深い。ドイツでは、19 世紀から社会的に高い地位を持つ職業的公務員組織が定着し、公務員の 66％は法学部出身であり、公行政は計画というより法の適用という形をとる。同時に、ドイツは、510 万人公務員の 11％だけが中央政府に属する分権国家でもある。

　地方分権に関しては、まず中央派遣の地方長官である prefect の説明があり（その統治領域が prefecture ＝県）、地方政府合併の世界潮流と中央によるゆるやかな統制の説明がある。ピーターズは近年のインタビューで、行政学は「これまでは地方分権を課題としてきたが、これからは政治の優先課題をめぐる中央政府の能力構築がより大きな焦点になるだろう」と述べている。

34 マーク・ターナー＆デイビッド・ヒューム他
『ガバナンス・経営・開発』

［邦訳なし］
Mark Turner, David Hulme, & Willy McCourt, *Governance, Management and Development*, Macmillan, 2015.

　マーク・ターナーはキャンベラ大学の公共政策論の専門家で、アジア太平洋地域の開発政策研究やNGOを含む国際コンサルタントとして活躍してきた。デイビッド・ヒュームはマンチェスター大学国際貧困研究所（所長）の開発社会学者である。本書の旧版（*Governance, Administration and Development*, 1997）は、途上国開発行政と公共政策論の代表的テキストとして広く読まれてきた。

　本書の目標は、「途上国の開発の産婆役である開発行政」が直面する諸問題を包括的に示すとともに、開発行政学の今後の方向性を示すことにあった。彼らが考える今後の方向性とは、民営化、市場の役割、民衆参加、NGOなどの要因を加えて開発の一部としての行政を位置づけるとともに、行政を政治文脈の中でとらえ、紛争、駆け引き、同盟関係の形成の中で考える、というものである。また、「政策分析」や政府の「経営」視点を重視するといった方向性を示したのである。

　その中心的論点は次のようなものである。「官僚制は非効率かもしれないが、政治経済安定のかぎである」（p.234）。「開発の主要な障害は経済ではなく行政にある」「官僚制の近代化は、アフリカやバングラデシュのような失敗もあるが、韓国、台湾、インドネシア、タイのような開発に多大の貢献をした国もある」「「東アジアの奇跡」に奇跡はない。基本的に健全な開発政策を実施してきたということである」（p.60）。「よい政府」の実現、要するに前近代的政治行政構造の根本変化が開発の前提であり、その変革の突破口が「説明責任と透明性（accountability and transparency）」であった。

　説明責任については、行政能力とともに、議会の監視機能、会計検査院、オンブズマン、メディアがチェック要因となるが、効果的に使われるかどうかは別問題であった。すべては政治の采配（介入）下にあった。

開発行政には五つの基本想定があった。①大きな政府、②近代西欧国民国家の模倣、③行政による計画遂行能力、④手段としての外国援助、⑤障害としての文化的障壁がそれである。1980年代から流行になった新公共経営（New Public Management：NPM）は、行政への民間経営手法導入、公営企業民営化、財政赤字削減、アウトソーシング、地方分権を導入した。しかし新公共経営は公共部門の基底に横たわる諸問題に対応できてこなかった。そこには、クライアンテリズム（第15章）に代表される組織文化や、IT化や計画実行性の欠如、汚職、縁故採用・昇進などの行政インフラの欠如があった。行政能力の向上については各種研修が進められたが、あまり効果は上がらなかった。問題は個々の人材育成より運営（経営）システムにあったのである。民営化はそれなりに進められたが、公営企業は依然として大きく、多くの国で選挙での支持者に職を与える場になり、過剰人員を抱えてきた。その経営は政治動機が優先していた。民営化は技術問題ではない。技術的に可能なことと、政治的に可能なこととは別であると、著者たちは言う。

　外国援助については、先進国の「不適切な丸写し（inappropriate cloning）が各種の試みの基本的特徴をなしてきた」（p.236）。たとえば、病院をつくるより初級診療所と予防医学の方が大事だったとか、社会的受け入れ態勢のない技術援助は効果を挙げなかったとか、軍事援助に偏重していたとかの指摘がある。

　国家計画が達成されることはまずなかった。計画は、これまでの経験＋開発計画理論＋資金調達予測＋国内政治圧力をミックスして美辞麗句で飾った「ばら色の説明」で表される。計画は最終的には政治家の決定である。その方法論は、政治要因や予算配分など予測不能要因の発生を欠如させている。計画部門の描くようには各実施部門は動かないという制度的弱点も抱えている。

　将来の開発戦略は民間の活用を必要とする。末端ではコミュニティ、中間レベルでは地方NGOや協同組合、全国レベルでは商工会議所やNGO全国連合の活用である。国家 − NGO関係の基本はreluctant partners（しぶしぶパートナー）であり（p.212）、相互不信が根強い。NGOの方が効率的という証拠はなく、政府はNGOの透明性を要求する。NGOは、貧困層との接触度は高いが、技術や説明責任では問題がある。NGOの規模拡大には官僚化の懸念もあり、今なお"Small is beautiful"が生きているといった指摘もされている。

ジョン・クア
『シンガポール方式の行政
―― 公共政策と経営の研究』

［邦訳なし］
John S.T. Quah, *Public Administration Singapore-Style: Research in Public Policy Analysis and Management*, Emerald Group Publishing Limited, 2010.

　ジョン・クアはシンガポール大学行政学教授として、シンガポール行政国家研究の第一人者であった。とくにシンガポールが開発途上で達成した汚職の一掃対策を政策化し、途上国のモデルとして国際的な名声を得てきた。退官後も途上国汚職対策の国際コンサルタントなどで幅広く活躍している。本書は彼のシンガポール行政国家研究の集大成である。

　岩崎育夫『シンガポール国家の研究』（風響社 2005）も、国家構造を総合的に綿密に解説しており、実によくできている。しかしクアの本は、シンガポールがどのような行政経営をして成功したのかという視点から全体を組み立てている。鄧小平やルワンダのカガメ大統領などがシンガポールを見習うべきモデル国と見なしたその関心に対応するように書いている。歴史的・地理的要因などから全体の真似は無理でも、個々に学ぶべき点は多々あるということである。

　1959 年に自治領として独立する時点で（マラヤ連邦との合併は 1963 年、分離独立は 1965 年）、シンガポールが直面していた問題は二つ。人口の半数が非合法住居に住む（squatter）深刻な住宅問題と、雇用問題であった。イギリスから引き継いだ政府は汚職が蔓延し、（中国本国への親近感もあって）共産党系労働運動も活発であった。リー・クアンユー（1990 年まで 31 年間首相）も社会民主主義者であった。1960 年に政府は、都市国家シンガポールの工業化の可能性調査を国連技術支援局に依頼した。調査団の提案は、人材育成、外資導入のために西側との結束を明確化すること、および労使関係安定化のために労働運動から共産主義を駆逐することであった（p.201）。政府は提案を受け入れた。

　外資受け入れのためには、インフラの整備だけではなく、社会安定と汚職レベルの低い制度化された社会システムが必要であった。クア教授がシンガポールの成功の特徴として位置づけるのが、ベスト・アンド・ブライテストを集め

る官僚機構と、その徹底した能力主義・戦略的経営に基づき有効に機能する行政持続と、準政府機関（statutory board）の役割であった（pp.247, 250）。

　政府は、各年代のトップの学業成績の者に留学付き奨学金を出し、卒業後は4〜6年の公務就職義務を課して、高級官僚補充の質を確保した。1970年代に経済が上向き始めると、官僚の民間流出が問題になり、政府は民間（外資系企業）に対抗しうる昇給を繰り返した。その結果、首相の年収は2007年には3億円になった（米大統領の6倍）。人材確保と仕事の動機付け、合理化推進（IT化、民営化、アウトソーシングで職員10％削減）、住民要望への対応システム、日本の交番制度など諸外国の好事例を学ぶシステム、といった包括的システム改革を目標にした継続的変革の制度化が、シンガポールの行政の特徴となった。

　準政府機関は、ルーティンを担当する行政に対して企業経営者や専門家を入れて戦略的経営面を担当する目的を持ち、住宅開発庁と経済開発庁の二つの機関の成功で軌道に乗った。住宅開発庁はその後、中央積立基金（central provident fund）という強制積立資金をもとに、公営住宅入居者を1959年の9％から2008年には82％に押し上げた（シンガポールは高層団地林立国家になった）。準政府機関はその後、貿易振興庁や、（工業団地）ジュロン開発公社、（観光の島）セントサ開発庁など63機関に発展した。それによって政府主導の行政国家を戦略的に運営するシステムができた。

　汚職撲滅に関しては、1960年から汚職防止法を制定し、汚職調査局に強大な権限を与え、公務員の家族を含む容疑者の銀行口座の調査、説明できない資産を汚職と判定するやり方に加え、高額の罰金と厳罰主義で一掃に成功した（第9章）。

　こうしたやり方には一貫した政治主導が必要であり、内閣が政策決定の頂点に立ってきた。行政でなく、政治と行政一体で考えなければと、クアは言う。

　一方、経済成長のために、野党や労働運動を弾圧し、メディアやコミュニティの社会統制を強化し、個人の自由を犠牲にしたというシンガポールの権威主義支配に対する批判もある。60年代の貧困状況から立ち上がるには統制も必要だったかもしれないが、80年代になると、すでに成長を遂げ、人々の教育水準も上がり、外国に行く人も増えると、いつまで統制かという批判も強まった。84年選挙で野党票は37％に伸びた。クアは利益の方がずっと大きいと言うが（p.231）、軽視できない社会の閉塞感はある。

第13章

途上国流の公共政策と政治

keywords 有効に機能する国家，近代化メカニズム，投資環境，政治的調整メカニズム，制度改革の限界

❶「有効に機能する国家」は公共政策でみる

　世界銀行『世界開発報告 1997 —— 開発における国家の役割』（紹介文献⓫）の冒頭の文章、「有効に機能する国家（effective state）なくして、持続可能な経済・社会開発は不可能である」は、すでに何度か引用してきた。2005 年のアフリカ委員会報告は、アフリカの「経済成長は、健全な経済的・社会的・法的枠組みをつくる公共政策なしには、起こらない」と書いた。道路や水道建設、電化、ゴミ処理、農業・工業・中小企業の振興政策、教育、保健医療体制、住宅政策、労働政策などの公共政策を、途上国の政府は実際にどの程度実施しているのか。2000 年の国連決議「ミレニアム開発目標」（Millennium Development Goals：MDGs）の各項目も、2015 年の国連決議「持続可能な開発目標」（Sustainable Development Goals：SDGs）の各項目も、その実現可能性は公共政策にかかっている。その公共政策の実施は行政の質にかかっている（第 12 章参照）。

　1990 年代以来、世界的なグッド・ガバナンス（良い統治）への注目の中で、途上国の行政（官僚制）改革と能力構築には大きな焦点が当てられてきた。それとともに、行政改革を進めるのは政治であり、政治的リーダーシップなくして行政改革は進まず、したがって良い統治もありえないという点が、ガバナンスの追求の中でますます注目されるようになってきた。ターナーとヒュームの『ガバナンス・経営・開発』（紹介文献㉞）は、「「東アジアの奇跡」に奇跡はない。基本的に健全な開発政策を実施してきたまでである」と書いた（p.60）。いまだに 48 の途上国が最貧国である。そこでは良い統治が行われておらず、公共政策が順調に行われていないということである。要するに、公共政策は、非

政治的に行政が「合理的に選択」して実施されるものではなく、政治家と利益団体などの政治文脈で決定・実施されていくものである。

❷ 公共政策は応用政治学である

薬師寺泰蔵はその著『公共政策』(1989) の中でアーモンド (Almond) を引用して、「公共政策は政治学の原点であり、応用政治学である」「科学的な知見にのっとった国家の政策介入が公共政策学の原点である」と書いた (pp.6, 28, 57)。そして「公共政策論を学ぶアメリカの学生は、ドロアの公共政策論を原典として読まされる」と言う。

イェヘッケル・ドロア (Yehezkel Doror) の大著『公共政策決定の理論』は1968 年発行であるが、邦訳は 2006 年に出版された。簡単に紹介すると、公共政策決定は専門分化した多数のユニットからなる混成的な構造を持ち、複雑な過程を伴う。組織がどのように構成され、運営されるか (組織理論)、政策決定に携わる人々の質とその向上 (人的資源開発論)、情報の収集と活用 (知能研究・情報理論)、さまざまな政策決定ユニット間の調整および統合 (政治科学)、より良い決定のデザイン (operations research および意思決定科学)、複雑なシステムの分析・運用・改善 (システム理論) などである。そこに、政治的実行可能性 (政策決定者、政策執行者、利益団体、市民らのアクターがその政策を受容する見込み)、経済的実行可能性 (その執行のために必要な資金) が必要である。政策決定は利害が錯綜する社会関係を踏まえた政治的調整メカニズムの中で行われる (ドロア 1968=2006, pp.52, 79, 246)。

政策決定構造に共通する点は、内閣を構成する上級政治家、および政府官僚機構の上級公務員からなる「行政府」の中心的な役割である。利益集団は公共政策決定における重要な役割を担っている。組織的意思決定は、組織のさまざまな場所での多様な下位レベルの意思決定によって形成される。ほとんどの公共政策は、過去の政策の増分的変革をもとに作成されている。過去から大きく異なる政策は支持を集めにくく、実行可能性も小さくなる。ほとんどすべての途上国に見られる基本的な矛盾は、公共政策決定パターンについてかなり保守的である一方で、急激な社会変革を求める傾向が非常に強いというものである (pp.126, 134, 136, 150, 159, 184)。

現実世界では「見えざる手」はしばしば機能しない。社会は階層構造になっ

ている。さらに、近代理論のほとんどは、個人は純粋に合理的であるか、または それに近いことを前提としており、それはきわめて非現実的である。社会学 では、個人の経済行為は、社会関係、歴史、文化、政治といった非経済的な文 脈に「埋め込まれ」ており、そうした文脈と切り離して分析することは意味が ないと考えられている。ほとんどの政策決定は不確実な状況下で進行する。結 局のところその場その場で小さな変更を行っていくこと（muddling through）が、 現実的な対応になっている（pp.92, 184, 242）。

　宮本憲一は『公共政策のすすめ』（1998）の中で、アダム・スミス『国富 論』（玉野井芳郎他訳、中央公論新社 1776=2010）第 5 編における公共政策議論を紹 介している。要するに、「見えざる手」は、国防、法体系、公共土木事業や郵 便制度、教育などの公共サービス抜きには機能しないということである。さら にスミス以降、不平等な労使関係（労働基本権）や都市政策、環境政策などに 公共政策は拡大していった（pp.31-40）。スミスの「見えざる手」は大きな政府 の役割を不可欠にしている。

❸ 途上国の公共政策は先進国とは異質

　日本では、大学の総合政策学部などの新設に伴って、公共政策に関する多く の著作が出るようになった。上記ドロアの翻訳の監訳者、足立幸男の『公共政 策学入門』（有斐閣 1994）や、秋吉貴雄『入門　公共政策学』（2017）などはそ の代表的なものである。しかしそのほとんどが先進国限定である。ピエールら のガバナンス論（紹介文献⓱）は、「多くの途上国では、市民社会の完全な欠如 のために、市民社会に依拠した統治は不可能となっている」とまで書いている が（Pierre & Peters 2000, p.190）、中央集権、メディアや NGO の統制、形骸化さ れた選挙に象徴される途上国の公共政策は、先進国の公共政策とは異質のもの として理解する必要がある。

　途上国の公共政策論に関しては、小論ながら、近藤久洋の議論がよくまと まっている。近藤は、「途上国ではなぜ開発上合理性を欠く公共政策が往々 にして形成されるのであろうか。なぜ開発上合理性が認められる公共政策も、 往々にして実施されないのであろうか」とその異質性を問う（近藤 2013）。そ して、市場システムが未発達で、人材教育、情報、資金、ICT といった社会 インフラも未発達、ウェーバー的な意味での近代官僚制も未発達という状況の

中で、公共政策は「限定的合理性」を持つにとどまるとしている（近藤 2013 p. 81）。一方、資本家階級は少ない上に国に依存し、労働者は階級として未発達で、小零細企業の大群が経済の大きな部分をインフォーマル部門として細分化しており、政府への圧力・影響力集団になりえていない。圧力・影響力集団は、民族・宗教集団や、利権を求めるパトロン－クライアント関係の集団に覆われている。「その結果もたらされるのは、開発を達成し得ない非合理な公共政策の蔓延である」と近藤は言う。

　途上国公共政策部門の実際、具体的には経済開発、人口増加、雇用、都市問題、農村開発、環境、教育といった諸分野の現状とそれぞれが抱える問題点については、邦訳約 1000 ページの大著『M・トダロの開発経済学』（1994=1997）がよくまとまった全体像を提供している。

　要するに、途上国の公共政策は、近代化と国づくり、あるいは近代国家づくりの文脈において、法と政治の分野、経済開発分野、社会開発分野全体の中に位置づける必要があるということである。開発政治学者を代表するレフトウィッチ（Leftwich）は、「国家が近代化過程で直面する 4 つの課題」を提起した。国防治安秩序、国民経済の保護と育成、民主化、社会福祉提供がそれである。社会福祉には、狭義の救貧政策ではなく、広義の全住民福祉、すなわち、国民教育、国民保健医療、住宅政策などの都市政策、労働政策、環境政策、年金など、社会開発に関わる全般が含まれる（Leftwich 2004, p.103）。そのための「人的資源、天然資源その他の資源（リソース：財政が大）の使用、生産、分配を組織化する」ことは、レフトウィッチの政治の定義に等しい（Leftwich 2008, p.18）。

　たとえば、途上国の工業化のためには、先進国の技術水準を持った製品をつくれる外国資本の導入のための投資環境づくりが、不可欠の公共政策と認識されてきた。独立後、経済ナショナリズムの下に自力で（国営企業を含む）国内企業の保護育成を図ってきた中国、インド、メキシコ、インドネシアなどの試みは、ことごとく挫折してきた。その経験の上での選択が外資導入であった。世界銀行『世界開発報告 1997』（紹介文献⓫）は、69 ヵ国 3600 企業に「投資環境」の調査を行った。その結果、外国企業が投資で途上国を選択する際の要因になっていることは、①政府規則策定の予測可能性、②政治的安定の認識、③個人と財産に対する窃盗などの犯罪、④司法執行への信頼（もめごとが起こった

とき、公正な判決が期待できるか）、⑤汚職の度合い、ということがわかっている（pp.55-56）。それらは低賃金以上に重視されている。当然、それら諸問題の克服は非常に難しい。そうすると、外国企業誘致のための公共政策は、奥の深い途上国の諸問題と直結していることが理解できるだろう。

❹ 公共政策の基礎づくりに役立つ本

では、どうすれば対応できるようになるのか。そこで取り上げるのが次の2冊である。

1冊目は、世銀研究所発行の『リーダーシップ主導型の変革としての開発』（第11章参照）を書いたマット・アンドリュースの著書『開発における制度改革の限界』（2013）である。本書は、途上国の開発における行政制度改革がいま一つ機能しないという山のような証拠に対応するために書かれた。国際機関がモデルになる（best practice）と評価したプロジェクトを実施した多くの政府も、深く機能不全に陥っている。なぜ多くの改革が良き政府に結びつかないのか、制度改革を行うための代案は何か、という問題意識から書かれている。

2冊目は、玉田芳史・船津鶴代編『タイ政治・行政の変革　1991-2006年』（2008）である。タイでは、1990年代以降の近代化の新たな段階の中で、伝統的な「国王閣下を元首とするタイ式民主主義」に代わって、選挙と政党政治を基盤にした「ただの」民主主義が形成され始めた。その潮流の中で、本書は、タックシン（タクシン）政権が進めた行政改革、選挙制度改革、経済社会改革、教育改革、福祉制度改革、地方分権といったタイの公共政策の総括的な新政策体系の分析を行っている。本書によって、近代化のために必要な公共政策群のイメージをつくることができるだろう。いずれも、途上国の公共政策を軌道に乗せるために、途上国の政治経済文脈に沿った制度改革、行政改革のあり方を探った著書である。

関連文献ガイド

秋吉貴雄『入門　公共政策学』中公新書 2017.

足立幸男『公共政策学入門』有斐閣 1994.

近藤久洋「開発途上国の公共政策と政策過程」木村宏恒他編『開発政治学の展開』第
　　3 章、勁草書房 2013.

トダロ，マイケル・P.『M・トダロの開発経済学』岡田靖夫監訳、国際協力出版会
　　1994=1997.

ドロア，イェヘッケル『公共政策決定の理論』木下貴文訳、ミネルヴァ書房 1968=2006.

宮本憲一『公共政策のすすめ』有斐閣 1998.

薬師寺泰蔵『公共政策』東京大学出版会 1989.

Leftwich, A. ed., *What is Politics?: The Activity and its Study,* Polity Press, 2004.

Leftwich, A., *Developmental States, Effective States and Poverty Reduction*, UN Research Institute
　　for Social Development, 2008.

Pierre, J. & Peters, B. G., *Governance, Politics and the State*, St. Martin's Press, 2000.

36

マット・アンドリュース
『開発における制度改革の限界』

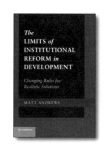

［邦訳なし］

Matt Andrews, *The Limits of Institutional Reform in Development*, Cambridge University Press, 2013.

　マット・アンドリュースはハーバード・ケネディスクール（公共政策大学院）准教授で、世界銀行の論客の一人である。彼が中心となって2010年に世界銀行研究所から『リーダーシップ主導型の変革としての開発』を発表し、変革のスペース論を展開したことを、第11章リーダーシップ論で紹介した。「世銀では、2000年から2010年の間に、公共部門の制度改革を含むプロジェクトは全体の65%を占めるようになった。それらは、2006～11年の世銀プロジェクト資金の4分の1、500億ドル以上を占めた」という（p.6）。本書は、世銀の5000以上のプロジェクト・データベースを駆使して、開発政策を進める基礎となる行政改革や、国際機関が認知した成功モデル（best practice）でも、他への適用はうまくいかないことの原因と対策を問うた本である。

　著者は、「公的組織を改善する多くの努力が制度改革と呼ばれる」と定義する。「政府は（公式、非公式の）多くのルールのハブであり、いくつかのルールに方向づけられ、他のルールの作成者であり、強制者である」。開発の鍵は、「正しい制度枠あるいは「ゲームのルール」を見出すこと」であり（p.4）、それは「近代化メカニズム」と呼ばれる。そのメカニズムの要は「投資環境とビジネス環境」である（p.9）。制度改革の共通の特徴は、市場志向（market-friendly）の近代的政府をつくることである。政府の改革は、予算執行の説明責任を向上させる職員の合理化メカニズムと予算管理から出発する。財務省がキー官庁となるが、他の省庁を改革パートナーとして共同歩調がとれるのか、地方（省庁出先機関と地方政府）での実施はできるのかが、実際の課題となる。

　著者は言う。1998年と2008年を比較した145ヵ国の政府の効率性実績指標では、すべての国が制度改革をしている。そのうち73ヵ国で効率性が改善しているが、72ヵ国で低下している。60%の国は財政管理面で改善したが、汚職、透

明性、説明責任で改善した国は50％にとどまり、行政の質改善は40％以下にとどまると。すなわち、40〜60％の国は改革の成果を出せていないということである。さらに、プロジェクト自体は「成功」でも、それが中長期的・構造的変革にどう結びついていくのかについては、話は別だ。なぜそうなるのか。

　要するに、改革が表面的で不十分なのである。国内土壌に不適合な外国の制度を導入する。「改革者は現実を無視し、現実に嚙みつかれる」。現実は「政治と非公式」の頑固な影響である。その現実は氷山にたとえられる。海面から上の部分が公式の規則・規範であり、ずっと大きい水面下の部分が非公式の規則・規範である。途上国の行政にはこの2本線が並存しており、公式のルールは周辺的である。たとえば、国会議員が地方のボス政治家にパトロネージ（政治利得分配）を用意しないようでは、再選は無理である。大統領が州知事にいろいろなルートで裁量資金を供与することもパトロネージである。それが非公式の政治ルールである。市民も、政治腐敗と裁量は「避けられない日常」と理解している。

　途上国側も程度の差はあれ、それなりの改革はする。結果、改革の効果は限定的になる。部分的な改革は部分的な成果にしかつながらない。ドナーは財務省など一つの省に入りがちで、他の省庁の改革までコミットしない。中央から命令しても、各省庁の末端に行くと普及率は低くなり、散発的になる。末端の政治と統治の現実が妨げになる。

　他国の成功例の知識より現場の問題点の知識が改革を成功に導く。「現場で感じられている問題点の現場に合ったハイブリッドな解決」を見出す過程が重要である。現状が障害になっており、必要な制度改革目標が認識されたときに、改革の機会が生まれる。制度能力が改善していくことが鍵なのだ。実施リーダーは誰かという問いに対して、多くの現場の答えは、それは組織であるという（組織の幅広いリーダーシップ）。成功例は、（時に数年がかりで）問題点を掘り下げ（problem-driven learning）、柔軟に対応し（flexible step-by-step strategy）、「目的を持った切り抜け（purposive muddling）」を組み込んだもので、政治的に受け入れ可能で、実施も可能なものである。そのときは3〜5年スパンの積極的なドナーの介入が要請される。改革は、一部の先進的な部局から始めて、多様な部局を巻き込んで成功するものだ。オーケストラが多くの奏者によって成り立つのと同じであると著者は言う。公共政策の基礎は制度能力の構築である。

37

玉田芳史・船津鶴代 編
『タイ政治・行政の変革　1991-2006年』

［アジア経済研究所 2008］

　本書は、日本のタイ政治研究を代表する京都大学の玉田芳史に、タイ経済研究を代表する東京大学の末廣昭を加え、さらに、行政改革、選挙制度改革、経済社会改革、教育改革、福祉制度改革、地方分権と、タイの変革期における公共政策の総括的な分析を行って、1990 年代以降のタイの新たな近代化と、その潮流を象徴するタックシン政権論を展開したものである。

　本書の流れとしては、軍首脳が進めてきた「国王閣下を元首とするタイ式民主主義」が、政治の大衆化にともなって「ただの」民主主義に変わっていく過程において、タイの政治・行政がどのような変革に直面したのかを検証した。家産制とエリート支配の伝統的な王国が、いまや中進国となり、OECD（＝先進国）入りも視野に入ってきた中で、タイの「国家の現代化」をどう築いていくのかという問題である。そこには途上国一般に通底するものがある。

　インドネシアやミャンマーと異なり、軍政下で軍は官僚機構に浸透せず、タイの中央集権的官僚制はその継続性を維持してきた。また、経済界は、国内資本の中心に銀行が位置し、金融財閥を形成してきた。一方、1988 年から 97 年の経済ブームの中で、IT 関連産業やアグロビジネス、不動産、建設、サービス産業などで幅広い経済発展があった。

　この間の政治における最大の変化は民主化で、92 年民主化運動を弾圧した流血事件への抗議運動を契機として、軍は政治から撤退し、政党政治が国づくりの中心舞台に位置するようになり、97 年憲法改正が続いた。大手企業家タックシンのタイ愛国党が議席の圧倒的多数を占めたことで、タックシン首相は強力なリーダーシップをとれることになり、改革に乗り出した。97 年のアジア通貨危機以降、銀行が政治資金提供者としての重要性を喪失したことも幸いした。改革は、グローバル化、経済自由化、IT 化といった時代の流れに合

わせた包括的な「タイ王国の現代化計画」となった。著者らは、タックシンを「ポピュリスト」「ばらまき政治」と見る皮相な見方に対して、国家改造計画の推進者、「官僚支配の政治」（議会軽視）に特徴づけられてきたタイ政治に対する「首相主導の政治」への転換という評価を前面に出した（p.238）。

　民主化の潮流と選挙での圧勝を背景に、行政改革は、「抜本改革が必要」との認識をもとに、政治家主導、テクノクラート（研究者、元官僚、経営者レベルの財界人、法律家）の政策提言に基づき、省庁再編（5省を新設）、予算制度・法制度・人事制度の改革（年功序列を廃止）、電子政府（e-Government）、公共サービス改善を打ち出した。その中心には公共政策大学院のソムキット教授がおり、その背後には『国の競争優位』（土岐坤他訳、ダイヤモンド社 1990=1992）などで有名なハーバード・ビジネススクールのマイケル・ポーター教授がいた（pp.240, 256）。

　彼らは、「首相は国家の CEO」「企業的国家運営」「すべての省庁、公的機関、学校にビジョン、ミッション、ゴールを明記させる」「経済競争の時代、改革の時代、技術主導の時代、新世代が活躍する時代」「外資導入・輸出拡大の国家レベルのビジネスと、中小零細・コミュニティ企業の「草の根経済振興」の二足の（dual track）政策」、首都圏の大量輸送プロジェクト、5 ～ 7％の高い実質経済成長率の設定（これは実現）といったポジティブな戦略目標を掲げた。それは国王が提唱した「足るを知る経済」への挑戦でもあったと、末廣は言う。

　これらの政策の財源は、国の借金に頼ることなく、IT 化による飛躍的な税収向上、国有地や国営企業の証券化、年金や社会保障の基金、保険会社の資産、民間資本動員など市場メカニズムを活用した。「初診料 30 バーツ（約 100 円）での医療サービス」も「可能な限り国家事業を商業ベースに乗せていく」という方針の下で行われた。

　こうした改革は、地方行政に君臨してきた内務省をはじめ、官僚既得権による各種の抵抗にあい、2006 年（と 2014 年）の軍事クーデターを官僚の一部が支持する背景になった。軍や既存の支配層は、自分たちの権益に危機感を持った。「スピードの経済」は、それについていけない層も生み出していた。「クーデターはタックシン体制以前にリセットするための手段であった」「しかしタックシンの改革は、タイが持続的な発展を続けるために避けて通ることができない課題であったことも明らかである」と、著者らは評価する（p.276）。

第**14**章

ローカル・ガバナンス

keywords
ローカル・ガバナンス，ガバナンス，分権化，市民社会

❶ ローカル・ガバナンスの位置づけ

1990 年代から、ローカル・ガバナンスに対する関心、議論と実践が増えてきた（Cheema & Rondinelli 2007 紹介文献**38**：山本 2014）。1980 ～ 90 年代からの国際社会の構造的な変化、東西冷戦の終結、開発途上国における民主化の進展、グローバル化や都市化の進展などが背景にある。ここではローカルとは国家より下位のレベルを指し、通常、地方政府を含む次元である。ローカル・ガバナンスに大きく関わる分権化には、多様な定義がある。**38**の斬新的な解釈によれば、1980 年代からの民営化も分権化の意味に加わった。また、1990 年代には途上国の貧困削減のサービス・デリバリーや、日本の福祉行政において分権化が検討され、実施されてきた。

1980 年代から先進国では政府や官僚制に対する信頼が低下する中で、市場やネットワークを重視する考え方が生まれた。欧州では公共サービスの提供の主体や方法をめぐる議論が交わされ、階層性原理からなる政府や官僚制に代わり、「新公共経営（New Public Management：NPM）」などの価格競争原理からなる市場を重視する考え方が提示された（オズボーン／ゲーブラー 1992=1995）。ガバナンス論は市場のみならず非営利アクターまたは市民社会も含めているので、政府の役割を強調している新制度論（Peters & Pierre 1998）と NPM の議論の中間的な位置にある。ローズは官僚制、市場という二分法では区別できない中間領域をとらえるために「自己組織的な、組織間のネットワーク」という概念を使用し、それをガバナンスと呼んだ（Rhodes 1997）。ガバナンスは、政策ないし意思決定と実施段階の双方に関わる概念である。1990 年代末から、「公共

性」は政府のみが担うものではなく、政府と非政府アクターが分有しているという理解が、課題は多いとしても先進国や一部の途上国で定着してきた。

ローカル・ガバナンスは1990年代半ばから台頭してきた観念で、それ以前に政治学、行政学ではほとんど用いられていなかった。ローカル・ガバナンスは、政治的民主化との関連のみならず、貧困削減の支援や福祉政策での分権化政策と関連して、地方における多数の課題を扱う領域になった。途上国の分権化が成功しているかどうかについての判断は、政策目的に則して適切なタイム・スパンで行われるべきである。従来、成功例と言われたのは、ブラジルのポルト・アレグレ市、インドのケララ州、ウガンダ（Saito 2003）、南アフリカ、ボリビア、ポーランドなどである。ケララ州では教育に投資して人的資本が向上し、出稼ぎ者の海外送金で経済が潤った。ウガンダでは紛争のあった北部以外で貧困が大幅に削減した。これらは財政政策に入念な工夫があり、域内で注目された例であるが、ケララは中東の景気、ウガンダは外国援助に依存しており、必ずしも持続性は保証されていない。**38**も多くの事例を扱っているが、評価は成功、失敗のミックスであり、そこから将来の課題を論じている。

❷ 分権化の概念

ローカル・ガバナンスには地方政府や地方の政府機関が通常関与している。分権化の概念もガバナンスと同様に多様な変化を遂げてきた。分権化はもともと行政学において中央政府から地方政府への権限や資源の移転を意味した。それはあくまで政府機構の内部における現象であった。この意味が最初に広がったのは、1980年代の民営化論全盛の時期に、ロンディネリが民営化（privatization）を分権化の一つとして位置づけてからである（Rondinelli 1998）。ロンディネリは、分権化を「中央政府から半独立的な政府組織、あるいは民間セクターへの公共的機能の権威と責任の移転」であると定義した。従来「行政的分権化」には、「脱集中化（deconcentration）」「権限委任（delegation）」「権限移（委）譲（devolution）」の三つのタイプがあったが、「民営化」が4番目のタイプとされた[1]。これらのうち、「脱集中化」は中央が実質的な権限を保持して、同

---

1 ロンディネリや世界銀行などの考え方である。ただし、「脱集中化」が分権化かどうかについては議論がある。一定の裁量権が出先機関に付与されれば、最も弱い形の分権化になる。ただし、日本の地方合同庁舎の場合は、省庁内の業務移管なので、「脱集中化」が分権化にならないとする論者は少なくない。

じ機関内の地方の部局に業務を分散するタイプ。「権限委任」はさらに進んだ分権化で、業務権限や責任を一定の範囲で地方政府や民間セクターに委ねるが、最終的には中央政府に監督権限があるタイプ。そして、「権限移譲」は州・地方の選挙された公共機関に権限と責任を実質的に移すタイプである。[2]

　分権化の議論は、1990年代以降ガバナンス論の発達とも関係して拡張してきた。**38**は政府と市民社会の連携や協力関係も分権化としてとらえている。チーマとロンディネリは、分権化を「広範なガバナンス制度のあいだの権力、権威および責任の共有」と見なしている。この見地からは、ローカルな分権化とは地方政府、民間セクター、市民社会および外部アクター（中央政府、外国政府、国際NGOなど）から構成される「公共性の領域」のパートナーシップや調整原理として見なすことができる。

　途上国における地方分権化の成果の評価も賛否が分かれている。懐疑論には地方ボスの利益独占（elite capture）の議論や行政コスト増大の議論などがある。支持論には、公共選択論（public choice）と参加民主主義論がある。前者は、中央政府と地方政府のいずれが効率的かを具体的に検証する議論であり、セクターによっても優位性が異なる。後者は、ローカルは市民の公共的な参加がしやすい場であると説いている。とくに民主的な政体のもとでの首長や地方議会の選挙は身近な話題を争点とするので、誰もが政治に参加しやすい。19世紀のトクヴィルは民主的な地方政府、市民参加、参加の教育的効果を評価していた（トクヴィル1835=2005/2008）。コラプション（腐敗）が分権化で増えるのかどうかも重要な論点である。分権化で地方の腐敗や汚職は増えるとも言われるが、巨大な腐敗は集権的政府の上層部で起きやすいとも言えるだろう。

　分権化は集権化と対照される概念であるが、二者択一の条件とは限らない。国家形成過程のさまざまな機能における両者のバランスのとられ方が重要になる。先進国においても多くの課題があるので、途上国では容易な政策課題ではない。分権化政策と言っていても各省が総論賛成各論反対のときや、公務員のメンタリティが集権制に慣れすぎていて対応できないときがある。さらに、「脱集中化」「権限委任」「権限移譲」という「行政的分権化」の分類を述べた

2　「権限委譲」は類似の表現であるが、移すのは権限のみで責任は移さない。日本の第一次分権化改革のときには勧告文で「委譲」を使っていたが、その後、小泉内閣の三位一体改革のときに税源移譲の話が出てきて、「責任と権限を一体に移す」という意味を示すために「移譲」の表現に切り替えられた。

が、他にも「財政的分権化」「政治的（民主的）分権化」という分類がある。

　途上国において「政治的分権化」が急速に進んだのは中南米である。市（city）を含む選挙された地方政府が民主政下で急増し、市民の参加が進んだ。ポルト・アレグレ市の市民参加型予算もその例である。次に、マルチ・エスニック社会の州や県の地方議会においては、中央政治におけるエスニック少数派が地方においては多数派になれる可能性がある。その結果、中央でのエスニック対立が緩和する場合もあるし、逆に地方で分離運動が促進される場合もある。マリの分権化政策は北部のトゥアレグとの政治的妥協を企図し、成功例と評されてきたが、2011年のリビアからの兵士の帰還やアルカイダ系武装組織の侵入で再び分離運動が深刻化した。ケニアではエスニック対立を引き起こしやすい州の単位ではなく、その下位の県の単位の分権化が2013年から推進されている。さらに、連邦制国家も分権化と関係しており、ブラジル、メキシコ、インド、マレーシアやエチオピアなどの途上国では、州などの政府から連邦政府という上位の単位に権限と責任が移譲されている[3]。

　「財政的分権化」には歳出と歳入の二つのレベルがある。中国は省の予算が政府全体の7割であり、歳出の分権化が相当に進んでいる。このことも高い経済成長率とともに貧困を減少させた理由と言われている。一般に歳出の分権化の方が歳入の分権化よりも容易であると言われる。しかし、歳出の分権化には地方交付金が必要であるが、豊かな地域は自らの地域の税収を貧しい地域に流すことに抵抗感がある。この意味では、外国援助が国家予算の過半を占める低所得国における地方交付金は、資金源が援助なので比較的に設定が容易である。逆に、個人所得がやや高い途上国になると、予算に占める援助の割合が減るので、その設定は容易でなくなる。インドネシアやフィリピン、さらにウガンダ、タンザニアでも地方税収の伸び悩みは共通の課題となっている[4]。

❸ ローカル・ガバナンスと市民社会

　ローカルにおいて地方政府、民間アクター、市民社会および外部のアクターという多元的・多層的アクターの協力関係の構築が重要になってきた。市民

3　基本的には「州」の中に「県」や「市」などが位置づけられる構成である。
4　これらの国々には共通して、地方政府の徴税能力の問題がある。とくに個々の税目の税収規模が小さく、徴税の行政コストが相対的に大きくなる特徴がある。

社会または非営利セクターは、ローカル・ガバナンスの重要なアクターである（第17章参照）。市民と行政の関係も1990年代以降密接になってきた。市民は多くの国々での参加型予算のように行政に参加し始め、英国における「協働（co-production）」のように地方政府とともに活動している[5]。このような充実した公共サービスは、市民社会の協力なくしては達成されない。他方、途上国、とくに低所得国においては市民社会の実在性や意味が問われている。低所得国の農村部ではNGOやCSO（Civil Society Organization：市民社会組織）を除いて公共性を維持する市民社会が実在しているのかという問いである。そこでは権威主義的な文化や伝統的な集団の統制が強く、水平的な関係の市民の意思決定は生まれにくい（第15章参照）。他方、伝統的な社会や集団に公共性が欠如しているわけではない。住民の互助的な活動や住民とNGOの提携活動は日常的に行われている。

　内戦復興後の社会においては、地方政府や機関が弱体か破綻しているので、参入してきた国際機関、二国間ドナーおよび国際NGOと地域住民の間に協力関係が構築されて、住民の生活向上や社会の復興が図られる。ただし、時間の推移とともに、これらの業務を地方政府や機関に安定的に移管させることが重要になる（第7章参照）。緊急支援・復旧援助のドナーやNGOはいつ立ち去ってもおかしくないからである。逆に、開発の分野では政府との強い関係を求めない開発NGOによる自己財源型コミュニティ（Self-funded Community）の議論もある。地方歳入において国への過度な依存を避ける視点は重要であろう[6]。インドネシアのアチェでは、天然資源の大きな収益権限を与えられたことが安定化に寄与した。しかし、これには他州との公平性の問題も長期的に表れるだろう。

　市民社会などの多元的なアクター論としてのガバナンスと民主主義の理念をどのように関係づけるかという議論も2000年代半ばから始まった（石田他2016紹介文献㊴：Bevir 2010）。水平的な関係のネットワーク・ガバナンスが構築されると、それは代議制民主主義や公権力の意思決定過程を制約することになるのか、またはこれらを補完するのかという問いである（Sørensen 2006）。こう

5　例としては、地方の幹線道路におけるスピード違反車の取り締まりがある。地元民がカメラを設置して違反車の映像を記録し、警察が捜査を行う。
6　日本においても、地方交付税交付金が削減されて多くの自治体が困難に陥る中で、岩手県紫波町は補助金に頼らない方針でまちづくりを行ったことが評価されている。

した対立・補完の議論はナショナルな次元のみならず、ローカルな次元にも及んでいる。また、途上国においてドナーやNGOがローカルの行政、市民社会と提携することは日常的な実施の問題である。**39**は日本と欧州が主なテーマであるが、ここから途上国も視野に入れて、ローカル・ガバナンスの形態がいかなるときに最も効率的で、有効なのか、持続的で、正当なのかを考察することもできるだろう。

関連文献ガイド

オズボーン，デビッド／ゲーブラー，テッド『行政革命』野村隆監修、日本能率協会 1992=1995.

世界銀行『世界開発報告1997 —— 開発における国家の役割』海外経済協力基金開発問題研究会訳、東洋経済新報社 1997=1997.

トクヴィル『アメリカのデモクラシー』全2巻、松本礼二訳、岩波書店 1835=2005/2008.

西尾勝『未完の分権改革 —— 霞が関官僚と格闘した1300日』岩波書店 1999.

山本啓『パブリック・ガバナンスの政治学』勁草書房 2014.

Bevir, M., *Democratic Governance*, Oxford University Press, 2010.

Ostrom, V., Polycentricity, 1972（http://dlc.dlib.indiana.edu/dlc/handle/10535/3763. Last visited, 20 May 2017）.

Peters, B. G. & Pierre, J., Governance Without Government? -Rethinking Public Administration, *Journal of Public Administration Research and Theory* 2, 1998, pp.223-243.

Rhodes, R. A.W., *Understanding Governance: Policy Networks, Governance, Reflexivity and Accountability*, Open University Press, 1997.

Rondinelli, A. D., *Decentralization Briefing Notes*, WBI Working Paper, World Bank, 1998.

Saito, F., *Decentralization and Development Partnerships: Lessons from Uganda*, Springer, 2003.

Sørensen, E., Metagovernance -The Changing Role of Politicians in Processes of Democratic Governance, *American Review of Public Administration*, 36(1), 2006, pp.98-114.

38 シャビール・チーマ＆デニス・ロンディネリ 編
『分権化するガバナンス
── 台頭する概念と実践』

［邦訳なし］
G. Shabbir Cheema & Dennis A. Rondinelli eds, *Decentralizing Governance:
Emerging Concepts and Practices*, Brookings Institution Press, 2007.

　本書は国際開発に関わりを持ち続けた二人の研究者が編集した労作である。
著者は、グローバリゼーションが政府、民間企業と CSO の間に強力な相互作
用をもたらし、それによって国内外の政策形成の過程において多元主義が生
まれてきたと言う。グローバル化やガバナンスの概念の変化の結果、新しい形
態の人々の参加が先進国、途上国で誕生した。これらの変化が分権化の意味を
再定義しているとの観点から各国の事例を紹介している（p.ix）。1980 年代の初
期まで分権化は中央から下位の行政機構に ── 脱集中化、権限委任および権
限移譲を通じて ── 権威、責任および資源を移転すると見なされていた。つ
まり、分権化は政府内の事象のみと見なされてきたのである。しかし、ロン
ディネリらは民営化も分権化の一種だと語り、それ以降は政府内部の責任の適
切な配分から政府がいかに強力に市場の経済活動に参加するのか、および政府、
民間セクターと市民社会の適切な役割分担が何なのかに議論を加速してきた。
グッド・ガバナンスは「透明で、代表的な、説明責任のある、参加型の公共意
思決定の制度および手続き」と見なされるようになったのである（pp.1-2）。

　この広範なガバナンスの全体像から、分権化の新しい概念も発生してきたの
である。ガバナンスの概念がより包括的になるにつれ、それとの対応で分権化
は新しい意味や形態を獲得してきたと言える。先進国における分権化の最初
の波は、1970 年代から 1980 年代にかけて階層的な政府構造の脱集中化や権限
委任の増加であった。第二の波は、1980 年代半ばに始まったもので、その概
念は、市場の自由化、民間セクターの意思決定領域の拡大、政治的な権力分有
（power sharing）にまで拡張された。第三の波は、1990 年代を通じて、分権化は
CSO を通じて広範な公共参加にガバナンスを公開する方途と考えられた。途
上国における分権化は、そこからやや遅れて波及していったが、北欧諸国や国

際機関は分権化を、主として地方のコミュニティや地方政府の自助努力に依拠した開発への「プロセス・アプローチ」の要素として歓迎した（pp.2, 3）。

　1990年代は冷戦の終焉、東側陣営の崩壊、民主化の進展とともにNPMが先進国で伸長し、開発機関も途上国の開発援助においてそれを積極的に取り入れた。オズボーンらの『行政革命』（1992=1995）は中央と地方政府は革新的、市場指向的、分権的であらねばならず、質の高いサービスを顧客に提供することに専念すべきと論じた。彼らのNPMの主張は、政府は「漕ぐよりも舵を取る（steer rather than row）」べきで、サービスを直接に提供するよりも監視をすべしというものであった。これは民間セクターやCSOがより主体的に行動すべきという規制緩和、自律、自主管理とつながった考え方であった。

　この書物は、ポール・スモーク、メリリー・グリンドルといった国際開発と分権化に関する代表的な政治学や行政学の研究者と、ゴラン・ハイデンといった地域研究者たちが16の章を書いている。分権化の範囲は政治的・行政的・財政的分権化にまたがり、地域も世界中に及び、資源管理、環境、紛争地域、ICT（情報コミュニケーション技術）などさまざまな状況の分権化の動向について多彩な分析を行っている。分権化に対する視点は筆者によって、状況を反映して一様ではないが、北欧諸国や国際機関の途上国における権限移譲（devolution）の重要性を訴えるスタンスよりも、やや慎重な視点に立っているのが特徴である。

　第一に、チーマとロンディネリは、自治体の首長や議員を選挙する権限移譲の分権化は、適切なメカニズムを伴わないとアカウンタビリティや透明性、反腐敗といった重要項目での成果を挙げることはできないという。彼らは権限移譲が民主化を促進するケースを包括的に分析してきた。ロンディネリは四つの可能なケースがあるとした。それらは、①市民参加を計画運営段階で制度化する、②政府の資源配分において少数派が公正を求めてより大きな代表権を得る、③政治システムにおける安定性と結束が増す、④貧困層のニーズに敏感でないローカル・エリートの支配を克服できる、である。しかし、その有効性については仮説としている。第二に、グリンドルは権限移譲と財政的分権化は補完的な関係にあり、財政的分権化を伴わない政治的分権化の推進は危険であるという。中央政府は地方政府に適切な歳入と歳入権限を与えずに権限移譲することがあるが、その結果資源がない状況に遭遇し、市民は行政の実績に幻滅し、政

治的プロセスに参加しなくなる。また、財政的分権化の論者は途上国では歳入よりも歳出の分権化が行われやすいが、歳入の分権化、つまり地方の一定の課税権の確立は容易ではないと述べている。第三に、権限移譲（devolution）よりも脱集中化（deconcentration）の効用を説く論者もいて、西側のドナーはその効果を見落としてきたという（第7章）。とくにドナーの主要な援助目的が貧困削減である場合には、権限移譲に固執することでかえって政策が失敗する場合がある。

　分権化を擁護する見解に、効率的価値とガバナンス的価値がある。効率的価値とは、効率により社会福祉が最大化されるという公共選択論である。ガバナンス的価値とは、地方政府を通じて、国家の市民への近接性が意思決定における参加や反応、多様性やアカウンタビリティの向上をもたらすというものである。効率的価値とガバナンス的価値は、1990～2000年代の世界的な民主化の機運とグッド・ガバナンスの議論の中でつながり、ドナーや国際機関の代表的な考え方を形成してきた（世界銀行1997 紹介文献⓫）。北欧諸国と世界銀行は分権化を熱心に称揚し、UNDPは分権化とローカル・ガバナンスの支援をガバナンスの五つの柱のうちの一つとして述べた。これに対し、本書は行政能力の低い途上国においてはガバナンス的価値の魅力に溺れると効率的価値を見損なうと警告している。ただし、分権化の方向性や人々の参加に反対しているのではなく、適切な対応を求めている。たとえば、分権化が腐敗と権力の乱用を広めるのならば、情報のアクセスや参加、反腐敗委員会、倫理教育、リコールなどによる反腐敗のメカニズムを構築する必要がある（第6章、第10章参照）。それは広範な公共セクターの制度構築の問題であるとともに試行錯誤の実践的過程であり、建築事業許可の簡素化と透明化に努めた1980年代のボリビアのラパス市長などが示したリーダーシップの問題でもあるだろう（第10章、第11章参照）。

石田徹・伊藤恭彦・上田道明 編

『ローカル・ガバナンスとデモクラシー
―― 地方自治の新たなかたち』

[法律文化社 2016]

　本書は、1990年代以降の約20年にわたる日本の地方分権の動向を踏まえ、日本におけるローカル・レベルのガバナンスに焦点を当て、欧米を参考枠組みにして地方自治の新たなかたちを探ることを目的としている。前提にあるのがグローバル経済化と福祉国家化という状況である。国家中心に担われた福祉国家は1990年代に失速し、福祉多元主義とも言うべき多元的なアクターが福祉・社会サービスの供給に関与するようになった。福祉国家は、この意味でガバナンスという概念が適した状況になったが、政府アクターは依然として鍵となる役割を示している（p.2）。次に、ローカルという概念については、福祉国家段階ではローカル・レベルが政策決定・実施において主要な舞台になった。就労困難なサービス受給者の多様なニーズに合わせてサービスを供給することは、ローカル・レベルにおいて柔軟性と一定の裁量権を必要とする。福祉・社会サービスの受給と就労を連携させるワークフェア（workfare）政策、あるいは就労と連関させながら社会から排除された人々に社会参加を提供する社会的包摂（social inclusion）という欧州で先行した考え方などが社会政策の基本となり、サービス受給者により近いローカル・レベルが重視されるようになった。

　本書と途上国との関係を言えば、多くの途上国はまだ福祉政策に本腰を入れられていないが、社会セクターにおいては低所得国や人道救援の現場になればなるほど、CSOやNGOが参加してコミュニティ開発を行っている。その際にCSOと住民組織、行政とを包含した社会のオープンなフォーラムが必要になり、その中にエンパワーメントの課題が入ってくる。まずは行政の実施段階の能力構築の問題から入り、次に市民や貧困者のエンパワーメントを考える手順は先進国と同様の点がある。本書はこの意味で途上国の問題を考える上でも、大いに参考となる枠組みを提供してくれるだろう。

ガバナンスはEUに見られるように多層化し、かつ政府組織におけるポリセントリシティ（polycentricity：多中心性）と各アクター間の多次元性が重要になってくる（Ostrom 1972）。多層化とは中央や州政府の上層と下層の分権化を意味し、ポリセントリシティとはある秩序内の独立した要素が重複しながら相互に活動を調整できることを意味する。さらに、多次元性とは政府・非政府の多元的な利害関係者の関係を指す。このようなローカル・ガバナンスの複雑な動きがローカル・レベルの雇用・就労支援政策において積極的な社会的包摂の戦略を推進する。日本では2000年代まで日本的雇用慣行と国が主体の雇用政策が続いたが、1990年代の雇用の劣化と、地域雇用・就労支援に関わる法制度の改善を契機にEUと類似した戦略が採用されるようになってきた。

　2000年代に入り、欧州でマルチレベル・ガバナンスが推進されてきた。これはEU－主権国家－自治体という多層性であり、政治的権威のハイアラーキーを主張しない安定的な意思決定の形態であった。日本においても、1990年代の第一次分権化改革や地方分権一括法などで国と自治体の対等な関係がめざされた（西尾 1999）。また、自律的なアクターが共有の目的のために水平的調整を行う「ネットワークの原理」も推進された。これらを背景として、ガバナンス現象をデモクラシーの理念からどう理解するのかが問われた（大西による第2章 p.29）。本論でもみた、ガバナンス・ネットワークと代議制民主主義が緊張関係ないしは補完関係にあるという見方である。ネットワークの枠組みが代議制民主主義に内包されるのであれば、自律的な領域があるのかという議論も成立する。

　ガバナンスと民主主義の間に軋轢が少ないケースとして、オストロムが指摘する「自発性の拡大」がある（Ostrom 1972, p.23）。ポリセントリックな秩序は、帰属する人々にとって利用可能な共同の機会を相互に活用する自由をもたらすという。それは本書のトクヴィルについての言及で示されている（第2章 p.37）。トクヴィルは、フランスでは学校や病院の建設は政府の仕事であるが、訪問した米国では市民がつくっていると述べた。それは政治システムのポリセントリック性であり、その背景には英米の自由主義の伝統と広大な領土、連邦制に連なる政治過程があった。筆者の場合は、東アフリカで住民がNGOの支援を受けて教室を建設する場面を見てきた。農村の小学校の多くは、歴史的に市民社会や教会が寄付を募って建設してきた経緯があった。

本書は他に、大都市圏、分権改革、小規模自治体、コミュニティおよび住民投票のイシューを扱いながら、終章でローカル・ガバナンスを政治学的に整理している（第9章）。まず、ガバナンスは、「ガバメントが独占していたガバナンスから、ガバメントを含む諸アクターによるガバナンスへ」が正しい理解であるという。次に、ローカルは多様であり、諸ローカルの重層や複合に注意を払うべきとする。そして、「地方政府が依然として地方における統治の中心を担う」見方を「地方政府中心的アプローチ」と呼び、他方、「政府は権威が失墜して機能の質が変化し、統治は政府の独占物ではない」という見方を「地方社会中心的アプローチ」と呼んだ。[7] 途上国には二つとも重要なアプローチになる。地方政府に予算と能力を与える流れがある一方、政府は弱体なので、ガバナンス（協働）も求められる。

　将来の予見に関して、「地方政府中心的アプローチ」は地方政府の統治に基本的な変化はないとするのに対し、「地方社会中心的アプローチ」は多様なアクターの参加を見込み、民主主義につながるとする。後者の自律的なアクターの調整機能を重視すれば、伝統的な民主主義の理解を揺るがすかもしれない。逆に、ガバナンス・ネットワークの拡大が民主主義の進展の好機となるという議論もある。それは民主主義の場として市民社会を強調する視点や、利益集約としての民主主義理解の変容という見方である。[8] ガバナンス論からは、利益集約といった合意形成過程だけでなく、広く開発の実施過程における諸アクターの協力関係も見逃してはならない。途上国では、NGO、CSO、住民団体の介入によってローカルの開発の実施過程がうまくいくと、次には住民自身が計画を作る段階に入る。その段階では行政との関係が緊密になると同時に、伝統社会との軋轢も生まれる。著者はローカル・ガバナンスをめぐる議論は、開発過程から政治学の方法的革新に迫る可能性をも秘めていると主張する。筆者は、それは途上国に対しても言え、住民に開発計画の策定を促すアプローチなどは先進国における参加型予算策定に連なるものがあると考える。

7　前者のベースになっているのが「アクターは制度の中で合理的決定を行い、その決定がまた制度を形成する」という新制度論である。後者のベースには、地域社会の問題解決は制度に定型化されないネットワークが担うかもしれないとしたローズの見解などがある（Rhodes 1997, p.57）。
8　民主主義を利益集約や討議による合意形成だけとは考えず、権力闘争の過程における個々人のアイデンティティの再構成の場としてとらえている（pp.199-204）。

第Ⅳ部
開発を取り巻く政治過程

Contents

第15章

クライアンテリズムとレント・シーキング

keywords パトロネージ，パトロン-クライアント（P-C）関係，クローニー（縁故）資本主義，新家産制，非自由民主政

❶ 途上国の 73％は自由がない国

　冷戦後の 1990 年代には、アメリカの主導の下に途上国の民主化が進められたが、多くの途上国で実現したのは形だけの民主化であった。高名な国際情報誌 *Foreign Affairs* 副編集長のザカリア（Zakaria）は、それを非自由民主政（illiberal democracy）と呼んだ（ザカリア 1998）。フリーダムハウスは世界の自由度を毎年調査公表している。*Freedom in the World 2017* では、中国やサウジアラビアなど非自由な国が 49 ヵ国、部分的に自由な国が 59 ヵ国としている。すべてが開発途上国（世銀分類で旧ソ連圏諸国を含む 147 ヵ国）にあり、途上国の 73％の国の人が自由でない国に住んでいる。今日、73％の途上国では、マスコミの自由が存在しないか制限されており、政府系ばかりで、人々には本当のことを「知る権利」がない。集会・結社の自由も存在しないか制限されており、野党やNGO などの団体が「ここに予算を分配すべきだ」と言ったり、議論したりすることはできない。そうした中で、政府の宣伝が一方的に行きわたり、「おかしいのでは」と言う人が弾圧され、名ばかりの選挙が行われ、国の富が分配されていく。非自由と非民主は重なっている。自由と民主も本来は一体である。ただし、幅広い灰色領域（中間領域）もある。

　途上国の大部分は、新家産制の支配下にある。家産制は家父長制が国家規模に拡大したものであり、「新」がつくのはそれに近代国家的外観が付随するからである。「外観」とは、近代的な軍隊や官僚制や選挙民主政などといった近代国家の基本的制度が、中身はともかく形の上では導入されているということである。しかしその実態は、大統領など国の長に全権が集中し、長は「国父」

として君臨する。新家産制の下では、あるいは途上国においては基本的に、法治の上に人治があり、国民の声や選挙や政党政治の上に人治がある。途上国の政治構造を考える場合、先進国と同じように、選挙を通じて複数政党制が民主的に機能し、中央・地方の政府予算に代表される国の富が分配されていくと考えると、基本から認識を誤ることになる。近年は先進国で流行の参加民主主義を途上国にも導入しようとする議論もあるが、それは途上国（とくに地方の草の根保守王国）の政治経済権力構造、および「多数の選挙民の本質的受動性」（ヘルド 1987=1998, p.217）とワンセットで論じないと、社会科学の体を成さない。

❷ 政党政治の前にクライアンテリズムとレント・シーキング

途上国も、政権の正統性を示すために、あるいは援助をもらうために、ドナー（援助国・国際機関）の援助条件である「国民の声を聞く公正で民主的な選挙」の実施を迫られる。そこで形ばかりの選挙をして「公正・民主的に」選挙をしたという形をとる。実際は、野党や NGO などを厳しく抑圧するとともに、メディアを政府系で固め、政府与党をつくって支持者に非公式の恩恵を与え、支持基盤を固める。恩恵とは具体的には、政府補助金、開発プロジェクト、政府調達の契約、情実任用、関連企業への政府融資、各種許認可（ガソリン販売権とか輸入のための外貨割当など）といったものである。末端では票の買収資金などが機能する。また、軍・警察を使ってにらみを利かせる。途上国は基本的に多民族国家である。各民族、各地方の有力者を手なずけて、中央集権的政府を安定させるためにも、選挙以外でも普段からそのような手段を使う。

こうして築かれた上からの恩恵と下からの忠誠の互恵関係をパトロン－クライアント関係（P-C 関係／庇護－随従関係。Patron は保護者／親分、Client はサービスを受ける人／子分）と言う。この関係におけるパトロンからの利益の供与をパトロネージ（patronage）といい、この関係が構造化されたものをクライアンテリズム（clientelism）という。

上記の恩恵はいずれも利権・利得を伴う。政治学的には、そうした政治利得をレント（rent）と言い、パトロンおよびクライアント双方がレントを求める行為をレント・シーキング（rent-seeking）という。レント・シーキングは利権・利得獲得をめぐる競争であり、合法的なロビー活動も非合法の賄賂も、どちらもレント・シーキング活動である。政府予算やプロジェクト、政府融資、

許認可権の分配自体は合法的なものである。当然それには利権のからむ集団づくりや選挙の多数派工作がからみ合う。一方、それに金銭の授受が伴うと非合法になる。その差は微妙である。戦後日本の高度成長時代に、ある自民党の政治家が、「あの件よろしくといって金を渡すのがワイロ、それをあうんの呼吸でやるのが政治献金」と言ったが、野党やメディアが「政治献金は広い意味での汚職」と批判することにも一理ある。一方、企業側からすれば、政治献金は工場設備などへの投資と並ぶ「第二の投資」であり、企業利益に結びつかないのに政治献金をすることは会社への背任行為のようなものだという認識になる。

　経済学者には、「レントは超過所得一般を言い、独占状態での高所得もあり、補助金のように政治的に組織化された所得移転もあり、天然資源や専門知識（技術革新）といった希少資源の所有により生じる追加所得もある」と一般化してしまい、非効率で成長阻害的なレントも、成長と発展に不可欠な役割を担うレントもあると、レントを価値中立的にとらえる議論もある（カーン／スンダラム 2002=2007, p.37）。レントのそもそもの意味は地代、レンタル料であり、そうとらえると政治学で言うレントは意味不明になる。よって本書では、レントを「政治利権」として政治学的な意味に限定して使う。レントとレント・シーキングは、途上国の現実の政治を理解する鍵であり、パトロン－クライアント関係という政権の非公式の支持基盤づくりの基本であり、経済活動が市場原理・自由競争ではなく、政治とのコネによって動く「政治的資本主義」の基盤である。途上国では、多くの政権党が構造的に、コンスタントに選挙で勝つ要因として、民主政の基本基準である「複数政党による公正な選挙での競争」以前に、「クライアンテリズムとレント・シーキング」の構造があるということ。この構造を説明するのがこの章のテーマである。

❸ クライアンテリズムの実態

　いくつかの例を挙げよう。ケニアは多民族国家であり、今日まで、人々の間に民族間の不平等感や土地紛争が多い。民族対立は深刻で、政治家は暴力団を使う。連合政権はできても不安定である。その淵源は独立時にケニヤッタ大統領（在任 1964 ～ 78 年）が、イギリスの植民地遺産である（住民から奪い、彼らを労働者とした）農園および商業利権を、まず自民族のキクユ族に分配し、次に各民族のエリートに分配し、政府与党ケニア・アフリカ人全国同盟（KANU）

の下にパトロン‐クライアント関係をつくり上げたことにあった。それは典型的な中央集権型、大統領集権型の家産制国家であった。ルオ族のオディンガをリーダーとする少数民族連合が野党となり、利益分配で与党に合流したり、分離したりした。ケニヤッタが死ぬとカレンジン族で副大統領のモイが昇格し、中央集権を強化して、政府予算と政治任用で自らのパトロン‐クライアント関係の基盤をつくった。こうして民族間の不平等意識、対立意識が固定されていった。民族や宗教、言語の差は、国家が公正に機能していれば緩和される。市民社会団体への支援は、首都偏重とエリート支配の下にある現状では、真に人々の代表と言うには問題がある。抜本的な地方分権と人々の参加、その前提としての政府の透明性と説明責任の確保が、改革の方向性である（NORAD 2009）。

　ナイジェリアも深刻な民族間、地域間対立を抱える多民族国家である。産油国であり、石油収入は輸出の95％、国家予算の65％を占める。1960年の独立以来の石油収入は4000億ドルとみられるが、汚職で消えたカネは3800億ドルとみられ、人々は独立時より貧しくなっている（貧困率は1980年27％。2009年53％）。5回のクーデターを経験し、独立後50年間のうち30年は軍事政権下にあった。政党は政府財産を不正利用したパトロネージの体系であり（強制、体制内吸収、経済利権分配）、選挙は不正と暴力で埋め尽くされてきた。野党もボス支配のパトロネージ政党である。連邦制のため、政府予算の48％は地方政府に回るが、それは地方政治家のパトロネージの温床となってきた（上から下まで汚職を許して支持基盤としてきた）。国民は政府を全く信用していない。DemocracyはDemo-Crazyと言われるようになり、さらにDem-All-Crazyとなった。そもそも石油収入は中抜きがひどく、まともに国庫には入っていない（NORAD 2010）。国際機関が、ガバナンスはまず歳出入の透明性からと言うはずである。

　カンボジアは、1971年から28年間の内戦で疲弊したが、国家予算の半分を占める外国援助と国際NGOの支援、および近年の外資系衣料産業（輸出の80％）と観光収入で、ようやく最貧国を脱した。ベトナム軍10万人の駐留下（1979〜89年）で就任したフンセン首相は、91年パリ和平協定後、義務づけられた選挙戦を戦うため、公務員組織（行政、軍、警察、裁判所）を総動員し、弾圧と官職付与、補助金と企業寄付金ばらまきでパトロネージの全国体系を築き

上げた。銀行、輸出入、農園、鉱山開発、森林、不動産といった利益の出る部門は、人民党幹部、軍将官、実業家をつなぐフンセン首相家族とそのクローニー（縁故実業家）の間に浸透し、政略結婚で結びついて新資本家階級を形成した。すべての開発プロジェクトで合計70万人を超える住民追い出しがあり、その不正批判からランシー率いる野党が票を伸ばしたが、幹部クラスは弾圧され、人口の85％を占める農村で組織をつくれず、政権を担いうる具体的政策体系を持ちえていない（Strangio 2014）。

❹ クライアンテリズムは近代的に変容するのか

クライアンテリズム自体は、米国をはじめ南北アメリカに普及する猟官制（公務員の政治任用）に代表されるように、現代にも広範囲に残る（紹介文献❹）。紹介文献❹は、メキシコの地方分権改革の中で、中央−州−市町−有権者をつなぐクライアンテリズムの根強い存続とともに、市町長が住民に応える行政執行のために能力主義を強めていることを示した。著者のグリンドルはその後、先進国ではクライアンテリズムがどう克服されてきたのかを探究した。ドイツ帝国では、高級官僚は貴族出身者に限定されていたが、採用試験で貴族にも能力主義を導入し、その後しだいに能力主義・学歴中心に移っていった。今日どの先進国も、能力主義有資格者選考の枠内で政治性、パトロネージを効かせるようになっている（ただし個人や政党への忠誠より国家への忠誠が優位）（Grindle 2012）。紹介文献❹は、貧困国ほどクライアンテリズム、庇護−随従関係が強く、先進国ほど政策を争う政治が強くなるとする。一方、紹介文献❹は、レント・シーキングで生まれ、国外に流出する途上国の富が、途方もない規模であることと、それが多国籍企業や国際金融体制に組み込まれている構造を浮き彫りにした。

関連文献ガイド

カーン，ムスタク／スンダラム，ジョモ編著『レント、レント・シーキング、経済開発』中村文隆他訳、人間の科学社 2002=2007.

ザカリア，ファリード「市民的自由なき民主主義の台頭」『中央公論』1998 年 1 月号（『フォーリン・アフェアーズ・リポート』ウェブサイトで閲覧可能）.

ヘルド，デヴィッド『民主政の諸類型』中谷義和訳、御茶の水書房 1987=1998.

Grindle, M. S., *Jobs for the Boys: Patronage and the State in Comparative Perspective*, Harvard University Press, 2012.

＊ Norwegian Agency for Development Cooperation [NORAD], Political Economy Analysis of Kenya, 2009 ［online］.

＊ NORAD, Good Governance in Nigeria: A Study in Political Economy, 2010 ［online］.

Stokes, S. C., Chapter 25 Political Clientelism, in Boix, C. & Stokes, S. C. eds, *The Oxford Handbook of Comparative Politics*, Oxford University Press, 2007.

Strangio, S., *Hun Sen's Cambodia*, Yale University Press, 2014.

40 河田潤一 編著
『汚職・腐敗・クライエンテリズム の政治学』

［ミネルヴァ書房 2008］

　政治腐敗はなぜ起こるのか。癒着、贈収賄、官製談合、派閥抗争、マフィア を生み出す背景には、どのような社会・政治構造が存在するのか。本書は、政 治汚職・腐敗とクライアンテリズムの構造と形態を国内外の事例を通じ比較制 度学を軸に理論的・実証的に比較分析した数少ない和文学術書である。政治的 汚職・腐敗とクライアンテリズムの問題は、前近代的社会構造の反映であり、 政治社会の病理現象として処理する学問傾向があった（p.ii）。またクライアン テリズムは、前近代的な関係ゆえ、経済発展により近代化が進むにつれ消滅す ると想定され、両者間の識別はおろか、その政治・社会的機能そして現代国家 の力学的・構造的産物であるとの認識を妨げてきた（p.ii, 5）。しかし、近年は、 クライアンテリズムは徐々に減っていくものの、時代と文化を超えた普遍的現 象であることが事例研究を通じて広く認知されてきた（p.270）。

　本書は、「私的利益」の追求という、共通した特徴を有する汚職・腐敗とクラ イアンテリズムが汚職・腐敗をどのような形で誘因し、公共政策に影響を与え るかについて、統治構造、政党制の類型、政治資金調達方法、選挙制度のほか、 恩顧庇護的社会関係や利益媒介構造といった、非公式的規範や政治文化の側面 を通じ理論的深化を試みている。本書は全2部11章から構成されている。第 1部では、汚職・腐敗、クライアンテリズムとは何か、公共主義的政治学腐敗論 （第1章）、公金横領的・蓄財的腐敗のメカニズム＝盗賊支配（第2章）、汚職の誘 因と民主化を推進するための実効的な抑制・改革への条件（第3章）より論考を 整理している。1960 ～ 70年代の政治的腐敗研究は、汚職、クライアンテリズム ともに「隠れた」プラスの構造性も有し、困窮者を助ける社会的機能や経済成 長を促進する場合があるとされた。社会的・政治的統合の観点からは、社会摩 擦を減らし、官僚の硬直性を補い効率的となる「潤滑油」的意味を帯びるよう

にも解釈された（p.10）。しかし、第1部ではこの構造性を否定し、汚職、クライアンテリズムともに公共性を阻害する危険性が大きいことを指摘している（p.4）。

第2部では、国別比較研究を行っている。その中で第7章と第11章を取り上げる。第7章では新制度論的な分析枠組みからクライアンテリズムの日韓比較を試みたものである。韓国と日本はそれぞれ異なるクライアンテリズムを持っている。韓国のクライアンテリズムは中央レベルで利益を守るためにつくられ、「一時的で政治的リスクが高い」ネットワークになっている。一方、日本は地方レベルで利益配分に参加するためにクライアンテリズムがつくられ、「政治的リスクが低い持続的な」ネットワークになっているのが特徴である。その結果、韓国は政治的に不安定であるが、大胆な改革が行われる。他方、日本では改革を求める声は大きいが、実際の実行は遅々として進まない。そこでは、日本のクライアンテリズムは、韓国と比べ強力でなかなか動かすことができないとしている。政治制度の相違が、クリエンテル（顧客）・ネットワーク形成の磁場、そしてその規模と時間的持続幅を決定すると主張する。またこの章では、政治的・社会的勢力の配置の変化が、クライアンテリズム・ネットワークの主導アクター、さらには政策効果の範域も決定すると考え、クライアンテリズム政治解体に向けて日韓両国で広がる市民的支持と、市民社会組織の政治的な動向に注目している。

第11章は体制転換期のポーランドとスロバキアのクライアンテリズムの存在が腐敗パターンの相違につながっていることを整理している。ポーランドでは、旧統一労働者党系と旧連帯系の政党が共にポストの提供を軸とする利益供与に基づく支持獲得を追求していたため、政治腐敗取り組みの遅延が有権者の不信につながり、以降、政府主体の新たな取り組みが推進された。スロバキアでは、民主スロバキア運動の大企業との連携による支持獲得の試みが政治問題となり、政権交代と汚職対策実施を通じて沈静化した。ただしこの政権交代の後は主要政党のほとんどが地方レベルでクライアンテリズムを利用し、結果、政治腐敗の問題が政治的な論点として取り上げることが少なくなったとしている。

本書は、クライアンテリズムは途上国のみの事象ではなく、先進国でも存在することを実証すると同時に、民主化初期段階の南欧諸国や体制転換期の東欧諸国など、時代と文化を超えた異なった形態の政治腐敗やクライアンテリズムを、さまざまな理論的アプローチより理解することができる好著である。

Going Local

Decentralization, Democratization,
and the Promise of Good Governance

Merilee S. Grindle

41 メリリー・グリンドル
『**地方へ** ── 地方分権、民主化、グッド・
ガバナンスの約束』

［邦訳なし］
Merilee S. Grindle, *Going Local: Decentralization, Democratization, and the Promise of Good Governance*, Princeton University Press, 2007.

　グリンドルは中南米政治の専門家として出発し、長年、ハーバード大学国際開発研究所で国際開発における政治学の第一人者として活躍した（2014年退官）。とくに2004年に *Governance* 誌（17巻4号）に発表した "Good Enough Governance"（それなりのガバナンス）は、途上国の開発の鍵としてのガバナンス改善への過剰期待の中で、「100以上の項目の改善を全部やれというのは無理である」として、ガバナンス項目の各途上国の発展段階に応じた焦点化を論じ、国際開発業界に大きな影響を与えた。

　その後、グリンドルの関心は、ガバナンス改善の鍵になると見られるクライアンテリズムへの対応に傾斜した。本書は、メキシコで地方分権が始まり、それなりの近代的改革が進む中で、クライアンテリズムが根強く持続するそのメカニズムを分析したものであり、「他の多くの途上国にも共通する問題である」と位置づけている。

　メキシコは、2000年までの71年間、制度的革命党の中央集権的一党支配下にあった。地方分権は、1980年代に世銀や米州開発銀行の圧力で始まった。グリンドルが調査した5州30の市・町（municipality）の平均人口は4.6万人。産業は農業中心で、住民の都市への転出が特徴になっている。地方政府財政は9割ほどが中央政府補助金だったが、地方分権にともなって予算は増え（分けるべきパトロネージ源が増え）、地方公務員は倍増し、住民の地方政府への要求・期待は増えた。与党の分裂から始まったとはいえ、複数政党制が常態化し、市・町長が議長を務める議会議員の3分の1は野党が占めるようになった。

　市・町長の主な仕事は公共事業（道路、橋、排水、井戸、電気、病院）と地域経済開発（工業団地など）、およびもめごと（ビジネスを含む）の仲裁である。市・町長の最大の仕事は補助金をとってくることであり、そのためには上とのパイ

プ（とくに州とのパイプ）が大事である。開発計画には州の承認が必要で、国の地域開発局は169の連邦プログラムと307サブプログラムを持ち、地方に配分する。市・町レベルは常時15～20のプログラムを持ち、上からの予算配分に依存している。配分をめぐる争いは熾烈である。中央政府プログラムの情報を仕入れるために、市・町長は首都や州都にしばしば出張する。選挙は政策の争いではなく、コミュニティの道路、橋、井戸、排水路、電気などの陳情請負および就職斡旋の約束が勝負になる。そのほか、個人的な陳情（冠婚葬祭費、薬代、就職、子どもの制服代など）が毎日押し寄せ、市・町長は私費で払って次の選挙の支持基盤にする。選挙の買収費用は1票15～25米ドルである。地方では仕事は少なく、役場は貴重な就職先である。市・町長が交代すると職員の50％も交代する。また、一般に市・町政は数家族が独占しており、その多くはビジネスにも従事しており、職を提供できる。それらすべての関係が、パトロン−クライアント関係で成り立っている。地方は中央集権のパトロン−クライアント関係ネットワークの重要な要素である。役場を握ることは中心的なパトロネージ源を握ることであり、エリート間の争いは熾烈になる。こうして分権後は、選挙時の暴力が常態化するようになった。

　NGOとの協働要請も外国から来るので、多くの市・町は、コミュニティ団体やライオンズ・クラブ、ロータリー・クラブ、婦人会、職業団体、文化団体を役場主導でつくり、自慢する。しかし公務員は役場の主導性により関心を持つ。

　市・町は一方で、住民や商工会議所の要求により応えてその支持を安定化させるため、また野党議員との議会での調整の必要もあり、役場の経営能力を重視し、財政はより透明になりつつある。役場はより多くの大卒や専門家を雇うようになり、能力主義への傾斜は顕著である。ITを導入して各種証明書を1週間ではなく20分で出すようにし、ゴミ収集の改善などを行うようになった。60％の市・町には職場規則もなく、新任の市・町長は前任者の財政や慣例がどうなっていたかわからなかったが、行政インフラの改善が始まった。結局、改革はリーダーシップに依存している。そのリーダーシップには近代的なものと伝統的なものがある。地方政府は近代的な様相を強めてきており、クライアンテリズムからの脱却の芽はあるが、なお伝統的なパトロン−クライアント関係は役場の運営に必要不可欠である。「地方分権は、民主主義の小学校であることをまだ証明していない」と、グリンドルは言う（p.167）。

42 ハーバート・キッチェルト&スティーヴン・ウィルキンソン 編
『パトロン、クライアント、政策
—— 民主的説明責任と政治競争のパターン』

[邦訳なし]
Herbert Kitschelt & Steven I. Wilkinson eds, *Patrons, Clients, and Policies:*
Patterns of Democratic Accountability and Political Competition, Cambridge
University Press, 2007.

　本書は、クライアンテリズムについての理論および世界各地域の事例研究
を含んだ包括的な共同研究の成果である。編者のキッチェルトは政治学者で
デューク大学教授。ヨーロッパ政治と政党論が専門だが、とくに政党論で
は、ポスト産業社会における社会変容と政党および政党システム変容との関係
を究明してきた比較政治学者である。他方、ウィルキンソンはイェール大学
教授。インド政治が専門で、主要著作『票と暴力——インドにおける選挙競
争と民族暴動』（*Votes and Violence: Electoral Competition and Ethnic Riots in India*, Cambridge
University Press, 2006 邦訳なし）はアメリカ政治学会で賞を受けている。二人の編
者による理論枠組みの提示からなる第1章および理論的示唆と今後の課題を示
した最終章のほかは、各地域の研究者によるアジア、アフリカ、ラテンアメリ
カ、旧共産圏の途上国、および日本を含む先進国の事例分析によって構成され
ている。ここでは、クライアンテリズム的政治関係とは何かについて、編者に
よって書かれた第1章の分析枠組みを中心に紹介する。
　クライアンテリズムとは何か。まず彼らは、「（政治家による）直接的支払い
や雇用、物品、サービスへの継続的なアクセスと引き替えに国民の票を直接
交換すること」（p.2）であるとする。ここで注目されるのは、政治家が直接交
換を行う相手が、特定の個人や集団、地域などであるか、逆に不特定多数の国
民全体あるいは大きな集団であるかという区別である。その区別によれば、ク
ライアンテリズム的関係（linkage）によって提供されるのは、特定の個人の利
益となる私的財（private goods）と特定の小規模集団の利益になる限定的集団財
（local club goods）である。これに対して、クライアンテリズムではない政治家
−有権者関係を「プログラム的関係」と彼らは呼び、そこで提供されるのは、
国民全体の利益となる財＝集合財（collective goods）および大きな集団にとって

の利益になる財＝機能的集団財（functional club goods）であるという。民主主義体制では、政治家と国民との間で、政治家の提供する何らかの利益と国民が与える支持との交換が行われるが、そこで交換が行われる「財」の種類によって、クライアンテリズムかそうでないかが区別されている。

　またクライアンテリズムの特徴は、そうした利益提供の対象およびその財のタイプのみではなく、そうした交換関係の継続性にも表れる。よってキッチェルトらは、そうした利益提供によって、受益対象となる集団が確実に支持（票）を提供するかどうか、その「予見性」をもう一つの要素として加えている。そして、政治家の利益提供と交換に、特定の有権者からの支持が行われるかどうかが不確実なときには、その履行を「監視」する仕組みを整えることもあると言う。こうして、利益提供と支持の交換を確実にする予見性があり、場合によってはそれを監視する仕組みをも備えた、特定集団への利益提供と支持との直接交換の関係をクライアンテリズム的政治関係とするのである。

　興味深いのは、ある国において、経済発展および政党間競争の度合いと、クライアンテリズム的関係の広がりとの間にどのような関係があるかを検証している点である。第1章では、経済発展度の低い国では全体的にほとんどがクライアンテリズム的関係で成り立っており、政党間競争が高いところで少しだけプログラム的関係があるのに対し、経済発展度の高い国では全体的に多くがプログラム的関係で、なかでもとくに政党間競争が高いところではプログラム的関係の割合が高いことが示されている（pp.31-32）。この点は因果関係が明らかにされているわけではないが、最終章で、各国市場経済のあり方が影響している可能性が指摘されている。すなわち、共同的（cooperative）市場経済ではクライアンテリズムになりやすく、自由市場経済の国ではプログラム的関係が見られるという指摘である。ただしこの点はさらなる研究が必要な課題として指摘されており、今後の研究展開を待つほかない。また、貧困国では選挙競争がクライアンテリズムを強化するのと同時に民族・文化的動員を激化させ、民族集団間での競争がクライアンテリズムを促進するという。詳細な分析は各章の事例研究で行われているが、このことは、途上国とくに多民族国家において、民主化が民族間対立ばかりでなくクライアンテリズム的関係をももたらすという深刻な問題を示しており、途上国政治にとって示唆的であると言えよう。

43 ニコラス・シャクソン
『タックスヘイブンの闇
—— 世界の富は盗まれている！』

［藤井清美訳、朝日新聞出版 2012］
Nicholas Shaxson, *Treasure Islands: Tax Havens and the Men Who Stole the World*, Random House Group Ltd., 2011.

　ニコラス・シャクソンは、長年、中央アフリカ西岸地域でジャーナリストとして活動し、その後、英王立国際問題研究所研究員として、産油国ナイジェリアやアンゴラの地下経済についての報告書を書いている。[1]本書は、新自由主義経済の下で膨らんだ国際金融システムが築き上げたタックスヘイブン（租税回避地）という金融不透明と租税回避の世界大のシステムについて、包括的な分析をしたものである。タックスヘイブンについてはいくつもの本が出ているが、大ベストセラーになった本書は、この国際金融システムに途上国からの違法資金流出が組み込まれ、途上国の不正助長と税収減と開発に影響を与えていることや、国際調整能力欠如による途上国の不利な状況を明らかにした。

　ワシントンのシンクタンクの一つ GFI（Global Financial Integrity）は、調査報告書『途上国からの違法な資金の流れ』を毎年発表している。その 2015 年版（*Illicit Financial Flows from Developing Countries: 2004-2013*）は、違法資金の流出が 2011 年から毎年 1 兆ドルを超えるようになり、2013 年までの 10 年で累計 7.8 兆ドルになり、その内訳はアジア 39％、旧ソ連・東欧 25％、中南米 20％、サブサハラ 9％、中東 7％であると明らかにした。「援助 1 ドルにつき 10 ドルが途上国から違法流出」（GFI）という理解は、シャクソンも書いている。

　イギリスは、1956 年のエジプトによるスエズ運河国有化を阻止する軍事介入に失敗し、大国からの凋落が明らかとなった時期、大英帝国の遺産をベースに、世界金融帝国の再建に乗り出した。オフショア（国外）の拠点はタックスヘイブン（租税回避地）とも呼ばれるが、租税回避だけではなく、今日ではそれ以上に守秘性や諸国家の金融規制回避を提供する架空の銀行と企業からなる。

1　Nicholas Shaxson, *Drivers of Change, Angola*, UK DFID, 2008；*Nigeria's Extractive Industries Transparency Initiative*, Chatham House, 2009 ［online］.

その中心はロンドンの一部（約2㎢）のシティで、中世以来今日まで都市の自治（守秘性護持を含む国家の中の国家）を享受しており、系列のイギリス外の王室属領（ジャージ諸島、ガンジー諸島、マン島）や独立を求めない自治領（ケイマン諸島、バミューダ、バージン諸島、ジブラルタルなど）、さらにモーリシャス、香港、シンガポールなどで構成されるイギリス金融圏で構成され、世界の銀行資産の約半分を持つという。規制の厳しかったアメリカの銀行は大挙してロンドンに進出し、ここに米英世界金融ネットワークが築かれた。

　スイスは長年、秘匿資金の世界最大の保管場所の一つとなってきたが、ルクセンブルク、リヒテンシュタイン、オランダ、バチカンなどヨーロッパ大陸にもタックスヘイブンが展開し、ロンドンと提携している。アメリカは、外国からの預金の出所は問わない政策でマイアミが中南米地下金融の拠点となってきたが、1984年には国内の金融自由化に乗り出した。先頭を走って儲けたのはデラウェア州で、企業税を極端に低くして2007年にアメリカで上場した企業の90％以上を自州で登記させた。あるビルには21万社が名義を置いた。

　2005年度に多国籍企業の4分の1は法人税をまったく払わなかった。書類上の利益はゼロ税率のタックスヘイブンに、コストは高税率の国に集めることで租税を削減する。たとえばアメリカのシティ・グループはタックスヘイブンに427の子会社をつくっている（ルクセンブルクに91、ケイマン諸島に90）。

　途上国はこのシステムの中に組み込まれている。シャクソンは各種の報告を引用しながら、「アフリカの貧困はオフショアを理解しない限り理解できない」とする（第8章「途上国からの膨大な資金流出」）。富裕層の対外純資産が国民によって負担される債務を上回っている。世界の銀行が資本逃避の手助けをしている。中南米諸国富裕層の富の半分以上がオフショア（とくにマイアミ）に置かれている。税金は開発の資金源だが、途上国に投資する先進国企業は先進国と途上国での二重課税を避けるために非税地に架空の企業を置き、両方の国から課税を免れている（二重非課税）といった議論である。

　1970年代以降、先進国の富裕層と企業は租税回避で利益を上げてきた。一方、賃金は横ばいを続けている勤労者の所得税と社会保険料は増え続けている。守秘性を制限し開示する協定は近年増えてきているが、途上国は「完全に脇に追いやられていた」という現実をシャクソンは憂慮し、11の提案をしている。

第16章
開発途上国の政党と政治

keywords クライアンテリズム，個人政党，民族政党，一党支配体制，制度化

はじめに

　西欧先進国においても、そもそも安定した政党政治の歴史はそれほど古いものではなく、イギリスやアメリカを除けば、ほとんどの国でせいぜい20世紀になってからである。近代の諸政党が出そろい、その関係が安定したのは普通選挙制が普及し、労働者政党が定着してからと言われる（Lipset & Rokkan 1967）。しかも、アメリカやイギリスにおいてすら、かつては政党とはむしろ民主政治にとって批判の対象であった。政党は「徒党（faction）」と見なされ、政治を混乱・分裂へと導くもの、また一部の利益を主張し、「多数者の専制」をもたらすものであると考えられていたのである。

　このように考えると、この2、30年程度の間に民主化し自由選挙と政党政治を始めたばかりの途上国にとって、理念や政策を掲げて政党間競争を行い、さらに安定的な政党政治を定着させるというのは、過大な要求であると言えるのかもしれない。実際、途上国の政党と政党政治はこれまで（そして多くは今日でも）、深刻な問題を抱えている。それらの問題は、次の四つにまとめることができる。第一に「クライアンテリズム」の問題、第二に「個人政党」の問題、第三に「民族政党」の問題、そして第四に「一党支配体制」の問題である。

❶ クライアンテリズム、個人政党、民族政党

　まず途上国の政党が陥りがちな問題として、クライアンテリズム、個人政党、民族政党の問題がある。第一に、クライアンテリズムについては第15章でも取り上げられているが、政治家・政党と国民・有権者との関係が個別利益の交

換によって形成されているものである。これは先進国でもしばしば見られ、日本でも「利益誘導」などと批判されることがあるが、途上国ではさらに露骨な形の買票や金品の授受なども行われる。欧米先進国、とくに西欧においては、政党は何らかの政治的理念を掲げ、有権者はその理念に共鳴する政党を支持する。また理念ではなくとも具体的な公共政策のメニューを選挙公約として掲げ、それに対する同意／不同意によって支持政党を変える。しかしクライアンテリズムでは、個人や小規模集団あるいは地域などを限定的に標的とし、そこに個別特定の利益をもたらすことで、政治家や政党がその有権者から支持を獲得する。こうしたクライアンテリズムは、公平性や効率性の点において問題があるだけでなく、開発の阻害要因にもなる。

　第二に、個人政党はとくに政党政治の揺籃期によく見られる。個人政党は、政治理念や公共政策によって体系化された組織ではなく、しばしばカリスマ的な政治指導者個人に対する支持に大きく依存する。カリスマ政党は西欧でも見られるが、その指導者がいなくなれば政党そのものが存続不可能となることが多く、組織としての体系性や継続性に欠けている。また、始まったばかりの自由選挙では、地域や団体の有力者による小規模の個人政党が乱立することがしばしば起き、それが政党システムの混乱や不安定化につながる。結果として政党政治や議会政治そのものが不安定となり、初期の自由民主主義体制が崩壊したり、権威主義体制に逆戻りするということが起きる。1990年代の後半にかけて、新たに民主化した途上国で民主主義の「定着」の重要性が論じられたが、それはこうした新興民主主義における政党システムの脆弱性から失敗した体制が相次いで起きたことによる。

　第三に、多くの場合、多民族社会によって形成されている途上国では、政党間競争が民族間競争に置き換わるケースが少なくない。つまり、潜在的に対立関係にある民族集団が、それぞれに政党を形成して選挙競争を行うと、それが暴力を伴う紛争や内戦に陥る場合がある。そもそも選挙による民主主義とは銃弾（bullet）の代わりに投票（ballot）で戦うための政治的発明であると言われるが、多民族国家で行われる民主的選挙が投票から暴力に変わることは、1990年代の途上国でしばしば見られた現象である（Mansfield & Snyder 2005）。

　さらに、これら三つの問題はしばしば重なり合ってもいる。すなわち、個人政党が個人指導者の利益誘導によって支持されている場合もあるし、特定の民

族政党がその民族集団に対して、限定的に利益誘導を行うこともある（そのときにも他の民族から不満が出て暴力による政権転覆や内戦、国家分裂に至ることもある）。民族政党がカリスマ的な民族的英雄によって形成されていることもある。これらの、途上国における政党の諸問題は、多くの途上国政党政治の中で見られ、しかも民主化後、初期の自由選挙の際に噴出することが多い。

　しかし、先述のように、これらの問題は途上国に特有の問題であるとも断言できない。というのも、欧米先進民主主義諸国でも、その政党政治の揺籃期には、こうした問題が多かれ少なかれ危惧されていたからである。たとえば、アメリカ合衆国憲法を議論した『ザ・フェデラリスト』では、「公共の善が党派間の争いのため無視されていること」（ハミルトン他 1788=1999, p.53）が問題視され、政党による政治は公共の利益ではなく私益による支配で、「多数派の専制」になりかねないとして批判されている。他にも、モンテスキューやボーリングブロークといった政治思想家が、政党に対して否定的な見解を示している。

❷ 一党支配体制の問題

　こうした途上国における政党政治の諸問題は、結果として多くの途上国で、実際に政党政治を事実上否定する方向にも展開した。それが第四の問題としての一党支配体制である。先述のように、複数政党による自由選挙が、クライアンテリズムや個人政党による小党乱立、民族政党による民族紛争の勃発といった事態に発展することによって、逆に複数政党による自由選挙そのものが制限されるようになるケースが少なくない。その結果、一つの政党が選挙をコントロールすることによって議席の多数を占めて一党支配体制を構築するとともに、政治的安定ないし国家統合を確立するというケースが多くの途上国で見られた。

　このように一党支配体制下で政治的自由を制限することは、国内に深刻な民族対立を抱えていたり、紛争や内戦を経験した国ではとくに正当化されやすい。さらに、植民地から独立した国では、植民地ナショナリズムのイデオロギーの下で正当化され、また政治的安定が経済開発の必要条件であるとする開発主義イデオロギーの下でも正当化されてきた。しかし、そういった政治的自由の制限や、自由な政党間競争の妨げ、政権交代の起きない政治体制は、自由民主主義体制からの逸脱とされ、しばしば権威主義体制に位置づけられて批判されてきた。そうした一党支配体制がいつまでも持続可能であるとは考えにくい。

❸ 政党と公共性

このような政党政治のリスクを抱えながら、同時に深刻な政治的分断を回避して政治的安定を保ち、一党支配体制の固定化に陥らないように、複数政党による自由選挙を継続していくのは、きわめて微妙なバランスの上で可能になる。実際、多くの先進民主主義国も、そのバランスの試行錯誤の結果として、時間をかけて現在の自由民主主義体制を確立してきた。それでは、そのバランスの確立を政治学はどのように論じてきたのであろうか。

代表的な議論として、イギリスの政治思想家バークは、「政党とは、全員が同意しているある特定の原理にもとづき、共同の努力によって国家的利益を推進するために集まった人々の集合体である」（バーク 1770=1973, p.275）と述べ、政党が「国家的利益」を追求するものであるとした。また、サルトーリ（紹介文献㊹）は、「政党が集合的利益に資する制度的存在」であり、「政党の目的はただ単に競争者間の私的利益を追求することにあるのではない」（p.45）と述べ、かつて思想家たちが批判したのは私的利益を追求する徒党に他ならず、政党とは公的ないし国家的利益を追求する集団であるとした。さらにヒュームは、「原理に基づく」政党を「政治的原理政党」と「宗教的原理政党」とに分け、そのうち宗教政党を、「最も残酷な徒党以上に凶暴」と断じた（Hume 1826, p.65）。宗教政党や民族政党が大きなリスクを抱えることは議会制揺籃期のイギリスでも真剣に議論されたのである。実際、先進民主主義国をみると、安定的な政党政治は民族や宗教からは一定の距離を置き、政治的理念や公共政策を競い合う諸政党によって成り立っていると言える。

❹ 政党と政党システムの制度化

このように、安定した政党政治は、先進国でも時間をかけて形成されてきた。途上国の政党政治研究では、政党間競争がありなおかつ政党政治が安定的に推移する度合いを示すものとして、政党システムの「制度化」という概念が用いられてきた。その代表的な研究によれば、政党システムの制度化の度合いは、①選挙ごとに支持政党の変化が安定しているか（選挙変易性）、②個別の利益提供ではなく政治的理念や公共政策への支持で政党と有権者が結びついているか（イデオロギー的連繋）、③個人に対する支持ではなく政党に対する支持であるか（パーソナリズム）の3点で個別に検証される（Mainwaring 1998）。①は政

党システム全体のある程度の安定度、②はクライアンテリズムか否か、③は個人政党か否かという前述の諸問題とも関連している。また、このように政党システムが制度化されていると、政党や政治家が選挙で得た支持に対して、自らの業績（公共政策の実施や成果）でもって応答できているか、すなわち民主的アカウンタビリティにもつながるという。

　もっとも、上記の政党システムの安定度は、途上国でよく見られる一党支配体制では達成されているため、途上国政党政治の問題が解決されているかどうかを測るのには不十分であるという指摘もある（Randall & Svasand 2001）。しかし、政党システム全体として見るならば、政権政党のみが強固な組織を構築しているというだけではなく、他の政党もそれに対抗しうるだけの組織を構築して強固な支持基盤を備え、有効な公共政策を提示できるようになることで、民主的で安定的な政党システムを構築することが可能となると言えよう。

関連文献ガイド

金丸裕志「政党政治と民主主義の定着」木村宏恒他編『開発政治学の展開』第7章、勁草書房 2011.

バーク，エドマンド『現代の不満の原因・崇高と美の観念の起原』エドマンド・バーク著作集1、中野好之訳、みすず書房 1770=1973.

ハミルトン，A.／ジェイ，J.／マディソン，J.『ザ・フェデラリスト』齋藤眞・中野勝郎訳、岩波文庫 1788=1999.

Hume, D., *The Philosophical Works of David Hume*, Vol. 3, Adam Black and William Tait, 1826.

Lipset, S. M. & Rokkan, S. eds, *Party Systems and Voter Alignment: Cross-National Perspectives*, Free Press, 1967.

Mainwaring, S., Party Systems in the Third Wave, *Journal of Democracy*, 9(3), 1998, pp.67-81.

Mansfield, E. D. & Snyder, J., *Electing to Fight: Why Emerging Democracies Go to War*, MIT Press, 2005.

Randall, V. & Svasand, L., Party Institutionalization and the New Democracies, in Haynes, J., *Democracy and Political Change in the 'Third World'*, Routledge, 2001, Ch. 5.

44 ジョヴァンニ・サルトーリ
『現代政党学
── 政党システム論の分析枠組み』

[岡沢憲芙・川野秀之訳、早稲田大学出版部 2009]
Giovanni Sartori, *Parties and Party Systems: A Framework for Analysis*,
Cambridge University Press, 1976.

　サルトーリの『現代政党学』は、政治学における政党論の古典的名著として頻繁に言及される著作である。本書は2部構成で、第Ⅰ部では政党とは何かについて、第Ⅱ部では政党システムについて書かれている。ここでは、政党システム比較のための画期的な理論枠組みを提示した第Ⅱ部を中心に紹介する。

　政党システム論では、戦後すぐに、フランスの政治学者で憲法学者のデュヴェルジェ（Duverger）が『政党社会学』（岡野加穂留訳、潮出版社 1951=1970）を著し、その中で「一党制」「二党制」「多党制」といった分類を行っている。現在でもしばしば言及されるこの業績は、政党システムを議会内の政党数を基準に分類したものである。共産主義体制も含まれる「一党制」と政権交代の起きやすい「二党制」、そして連立政権になりやすい「多党制」とでは、単なる分類にとどまらず、議会政治のダイナミズムに大きな差異をもたらす。このようにデュヴェルジェの政党システム論は、単なる政党システムの分類にとどまらず、議会政治の動態をも説明しうるものとして画期的な理論的貢献をもたらした。

　それでは、サルトーリがデュヴェルジェの研究を乗り越えた理論的イノベーションとは何だったのか。彼は、デュヴェルジェの政党システム3分類のうち、「一党制」を「一党制」「ヘゲモニー政党制」「一党優位制」の三つに、「多党制」を「穏健な（限定的）多党制」と「極端な（分極的）多党制」とに細分類し、「原子化政党制」を加えて7分類にした。そして、その細分類の基準として、デュヴェルジェの政党数に加えて、政党間での「イデオロギー距離」という基準を導入した。たとえば、同じ政党数でも、各政党間の左翼から右翼までのイデオロギーの違いが大きいと政党政治は対立的で不安定になりやすく、小さいと妥協や協調が可能で安定的になる。こうして、たとえば同じ多党制でも

政党政治の動態や安定性が異なることが説明できる。

　またサルトーリは、政党間での競合の有無によっても区別した。すなわち、「一党制」と「ヘゲモニー政党制」では政党間競合がなく、それ以外には競合がある。これはまた今日では、複数政党制による民主主義の有無にも対応する。彼の言う「一党制」は共産主義体制を念頭に置いたものである。同時期に書かれた比較政治体制論の古典的著作であるリンス（Linz）の『全体主義体制と権威主義体制』（高橋進監訳、法律文化社 1975=1995）では、共産主義体制をファシズムと同じ「全体主義体制」に位置づけ、民主主義体制と区別した。同様にサルトーリは、政党システムの「非競合性」の観点から、「一党制」を非民主主義体制の政党システムに位置づけた。また、「ヘゲモニー政党制」も、強大な政権政党（ヘゲモニー政党）に対して、他の政党は「第二級」に位置づけられ、政権獲得の可能性はおろか、政権政党に挑戦することすらできない。政党間競争がないこうした事例も、民主主義体制とは言いがたい。ところが、同じように政権政党が他党に対して優位に立っていても、自民党優位の「55年体制」のような「一党優位政党制」では政党間競争があり、野党は政権政党に挑戦できるため、民主主義体制の範疇に含まれる。民主主義にとって政党は不可欠であるが、共産主義体制にも「政党」は存在する。しかしサルトーリは、政党間競争の有無によって、民主主義と非民主主義の政党システムを区別したのである。

　ここで、開発政治学が主な対象とする途上国の政治に注目すると、そこには共産主義体制ではなくとも、一つの政党が支配する権威主義体制がしばしば見られる。そこでは、複数政党制を掲げ（時に偽装された）自由選挙を行っていると言いながら、実際は政権政党が圧倒的な強さを誇り、政権交代が起きないどころか、将来にわたっても起きえない政治体制を維持しているケースが見られる。そういった政治体制は近年、「競争的権威主義体制」や「選挙権威主義体制」と呼ばれて、比較政治学のはやりの研究対象となっているが、サルトーリはそれをいち早く、「政党システム論」の中で位置づけようと試みたと言える。すなわち、サルトーリの政党システム論は、こうした途上国政治の比較政治枠組みとしても重要な視角を提供しているのである。

45 アンジェロ・パーネビアンコ
『政党 —— 組織と権力』

[村上信一郎訳、ミネルヴァ書房 2005]
Angelo Panebianco, *Modelli di Partito*, Società Editrice il Mulino, 1982.

　政党組織に関する理論的研究は、デュヴェルジェの組織類型論が長らく言及され続けてきた。デュヴェルジェは、政党組織を「幹部政党」と「大衆政党」とに類型化した。前者は、各地域に独自の支援者組織である地方幹部会を持つ政治家が議会で集団を形成することによって政党となったもので、政党としての組織の一体性は比較的弱く、その中での各議員の独立性・自律性が高い。対して大衆政党は、選挙権の拡大により一般大衆を組織化したもので、労働者を支持基盤とする労働者政党や社会（民主）主義政党などに見られる組織形態である。本書でアンジェロ・パーネビアンコは、組織社会学に基づく政党組織論、とくに政党組織発展モデルを提唱し、組織の発展・変化といった動態的な分析をも可能にするものとして、デュヴェルジェ以後、頻繁に言及されてきた。著者のパーネビアンコはイタリアの政治評論家・政治家であるが、このように、本書は理論に基づいた組織モデルで、幅広く西欧諸国における主要政党の組織発展を比較歴史学的に分析するという内容になっている。

　ところで、政党とは二面的な存在である。政党は、何らかの政治的理念やイデオロギーを共有する政治家や支持者の集合体であると言われる一方で、もっぱら選挙での集票および議会での議席獲得を目的とした組織と見られることもある。こうした二面性は、政党だけではなく企業・官庁・自発的結社などの「複雑組織」には多かれ少なかれ存在し、組織理論はそれをモデル化してきた。本書の最大の功績は、こうした組織理論に基づき、政党組織の発展と動態のモデルを構築した上で、各国事例を比較検証した点にある。

　パーネビアンコは組織社会学の知見をもとに二つの組織類型を設定している。一つは「連帯のシステム」。これは、組織の理念や目的の実現を優先し、その目的に共感するメンバーが結束して目的実現のために他の人々に働きかける。

もう一つは「利益のシステム」で、これは、組織そのものの維持を優先し、そのためにメンバーには貢献度に応じた報酬や罰を与え、組織の存続のために時代や社会状況に応じて自在に変化する。上記の組織の二面性を類型化したものである。そして組織は、一般的に、「連帯のシステム」から「利益のシステム」へと発展していく。政党組織も同様にそうした組織発展モデルに沿った発展が見られ、これを政党組織の「制度化」とした。

　デュヴェルジェの政党組織類型論は、「幹部政党」から「大衆政党」への政党組織類型の変化が、19世紀から20世紀にかけて先進国で生じた選挙権の急速な拡大と、社会における工業化や都市化の進展によってもたらされたことを明らかにした。パーネビアンコの政党組織論は、さらに進んで、20世紀前半に現れた「官僚的大衆政党」から20世紀後半には「選挙プロフェッショナル政党」へと変化してきたことにも言及している（第14章）。先進国の政党は、選挙での票および議席の獲得を目的として、精緻な情勢分析に基づく選挙戦術を利用したり、マスメディアやインターネットを利用した高度な広報技術を用いるようになってきている。まさにこれが選挙プロフェッショナル政党である。

　目を転じて途上国を見ると、とくに自由選挙を始めて歴史が浅い途上国では、個人政党の登場や小党乱立によって、政党政治が混乱に陥ることが少なくない。地域の名士による政党が多数見られるのは、幹部政党の類型を思わせる。それがどのようにして一定の規模と組織を持つ組織政党へと制度化されていくかは途上国における政党政治の初期の課題である。また同時に21世紀の現代、イデオロギーや政治理念の力が弱くなった時代に、どのようにして一定の規模と組織を持つ政党に収斂していくことが可能であろうか。民族や宗教がそれに取って代わるのか。途上国の政党政治はそうした困難にも直面してきた。

　また他方で、途上国には、タックシン（タクシン）によるタイ愛国党のように、権勢拡大のためにとにかく票と議席を最大化しようとする政党も存在する。理念やイデオロギーは後回しで、なりふり構わず票と議席の獲得に走るこうした政党は、「利益のシステム」としての政党組織の一端を示すものであるように見えるし、また先進国で増えてきた「選挙プロフェッショナル政党」の途上国版であるようにも見える。パーネビアンコが示した政党組織発展モデルは、途上国における政党政治の問題について考える際にも有効である。

アレン・ヒッケン＆エリック・クホンタ 編

『アジアにおける政党システムの制度化
―― 民主主義、専政そして過去の影』

［邦訳なし］

Allen Hicken & Erik M. Kuhonta eds, *Party System Institutionalization in Asia: Democracies, Autocracies, and the Shadows of the Past*, Cambridge University Press, 2014.

　本書は政党システムの制度化に関するアジア諸国の比較研究である。編者のアレン・ヒッケンはミシガン大学准教授で東南アジア比較政治の研究者。著書『民主化途上国における政党システムの構築』（*Building Party Systems in Developing Democracies*, Cambridge University Press, 2009 邦訳なし）では、小規模政党や地域政党が乱立することが多い新興民主主義国の政党がどのようにして全国規模に集約・統合されていくかを、フィリピンとタイを事例に比較研究している。他方、クホンタはカナダのマギル大学准教授で同じく東南アジア比較政治研究が専門。著書『制度の制約―― 東南アジアにおける公正な発展の政治』（*The Institutional Imperative: The Politics of Equitable Development in Southeast Asia*, Stanford University Press, 2011 邦訳なし）では、発展を遂げる東南アジア諸国でその発展の公正性を政治的にどのように正当化してきたかを比較検証している。

　本書は、マレーシア、シンガポール、インドネシア、タイ、フィリピン、ベトナム、カンボジア、インド、中国、韓国、台湾、日本のアジア 12 ヵ国（地域）を各章で事例として取り上げ、途上国の政党政治で大きな問題の一つとなっている政党システムの制度化について、各国研究者がそれぞれに事例を検証している共同研究の成果である。途上国政治の大きな課題である政党システムの制度化は、これまでも多くの研究者によって取り上げられてきたが、アジアでは研究されてこなかったという。本書は、アジアの事例を比較分析することで、政党システム制度化の研究に新たな知見を付け加える。

　序章で編者は、従来の研究で政党システムの制度化が次のような諸要因で説明されてきたと言う。第一に、時間が経過すると政党システムの制度化は進むという説明。すなわち、民主化の初期において政党システムは流動的になりがちだが、時間が経過し選挙を繰り返すことによって政党システムは安定してく

るという説明である。第二に、大統領制や議院内閣制といった政治制度（執政制度）による影響、そして第三に「政治亀裂」すなわち社会集団や下位階層が固定化していると制度化は進展するという説明である。しかしこれらの「伝統的な説明が、アジアの事例に当てはめると、あまり説得力がないということを見出した」（p.11）という。代わりに、この研究では、民主化以前の政治体制の影響に着目し、「（民主化する）以前の選挙権威主義体制や半民主主義体制の下で高度に制度化が行われていたところでは、より政党システムの制度化が起きやすい」（pp.7-8）という仮説を各国の事例で検証し、その結果、次のような結論を得ている。第一に、政党システムの制度化は制度的遺産と関係があるということ、第二に、政党システムの制度化は政党間競争に制約があるときに促進され、よって権威主義的政党が政権にある方が制度化は進行するというものである。そして、第二の結論から、政党システムの制度化と民主主義とは別の文脈で考えるべきであるという研究上の示唆を導き出している。

　本書で取り上げられているアジア諸国の政治のあり方は多様である。日本、韓国、フィリピンなどの民主主義体制から、中国、ベトナムといった社会主義体制、そしてマレーシアやシンガポール、カンボジアのような制限された選挙が行われている自由民主主義と権威主義との混合ないしグレーゾーンの体制、さらに台湾やインドネシアといった民主化した事例や、タイのような民主化と反動を繰り返す事例も含まれている。終章で、ラテンアメリカの政党政治研究者であるメインウォリングは、本書の特徴として、競争的政党システム、ヘゲモニー政党システム、政党国家システムといった政党システムのさまざまなバリエーションが含まれていること、そしてそれと同時に民主主義・半民主主義・権威主義といった政治体制のバリエーションがあることを指摘している。欧米での研究は、こうした民主主義／権威主義の区分に敏感であるが、本書のアジア比較研究は、こうした政党システムと民主／権威主義の区分を、あえて別の次元で示していることが一つの特徴である。このことは、本書の一つの結論である、政党システムの制度化と民主主義／権威主義体制区分の次元とは別であるという指摘に表れている。しかしまた、この研究からのさらなる展開として、政党システムの制度化を超えて、アジアの国々が権威主義体制や半民主主義体制から、いかに自由民主主義体制への転換を図っていくのかという新たな課題が持ち上がってくるように思われる。

第 17 章

市民社会

keywords

市民社会，NGO，社会関係資本，グローバル・ガバナンス

❶ 市民社会への注目と変化

市民社会（civil society）の概念は、古代ギリシャでは、都市国家（ポリス）など政治社会と同義とされ、資本主義が発達する近代ヨーロッパでは国家から自立した自由な経済社会という見方が浸透した。19世紀になると、トクヴィルによって、アメリカ社会を模範に、国家や経済社会とは異なる自由で民主的な社会領域としての市民社会という見方が強まった（植村 2010）。

市民社会の概念が再び注目を集めたのは、冷戦終結前後の時期である。1980年代後半から東欧の社会主義諸国が相次いで民主化していく中で、その原動力として市民社会が注目を集めた。さらに、冷戦終結後、国連を中心とした国際協力が活性化し、市民社会、とくに NGO の役割への期待が高まった。1992年の国連環境開発会議（地球サミット）で見られたように、国際 NGO は「グローバル市民社会」の一員として、グローバル・ガバナンスの主要アクターとして期待されていく。開発途上国においても、NGO やコミュニティ団体を含む市民社会組織（Civil Society Organization：CSO）がしだいに成長し開発など多様な分野で活躍するようになった（日本含む世界各地での NGO の発展については、重田 2017 参照）。バングラデシュのような「弱い国家」では、NGO が国家の機能を大幅に肩代わりする現象もみられるようになる。

しかし、2000年代に入る頃には、欧米の NGO への偏りや普遍性の問題、NGO 自体の正統性や透明性の問題、政府への資金依存などにより、市民社会への幻滅や失望も見られるようになった。また、2008年のアメリカのサブプライムローン危機をきっかけとした世界金融危機による、NGO への寄付や財

政支援の減少も打撃を与えた。国によって状況は異なるが、政府の権威主義化によって、カンボジアのように NGO への規制が強まる国も見られるようになった。

　2000 年のミレニアム開発目標（MDGs）やその後継である持続可能な開発目標（SDGs）にもあるように、CSO は国際協力の中心アクターの一つとして、政府、国際機構、企業などと「パートナーシップ」を組んで、協働し問題解決に取り組むことが期待されている。他方、資金面での依存で国際機構や政府の「下請け」になることが懸念され、また、現地政府との対立を避けるために人権や民主化といった分野を避け、環境や教育といった「非政治的」分野に活動が集中する傾向も見られる。そもそも、民族主義や宗教原理主義を掲げる排他的な団体など、市民社会に含むのが適切か、判断が難しいケースも増えている。

❷ 市民社会とは何か

　いまでは、国際社会においても国内社会においても、市民社会は重視されながらも、多様な意味を持つ論争的な概念となっている。そもそも、市民社会とは何で、どのようなアクターが市民社会に含まれるのかは、大きな争点のままである。現在の有力な見解として、市民社会は、少なくとも政治の領域（国家）と経済の領域（市場）からは区別される。そこからさらに、家庭など私的領域を除いて、市民社会に一定の公的な役割を求める見方も強い。たとえば、坂本は、政府セクター、市場セクター、親密圏セクター（家族など）の三つのセクターの残余の社会活動領域であり、非政府性、非営利性、公式性の三つの基準を同時に満たす社会活動が行われる領域を「市民社会」とする（坂本 2016, p.2）。

　しかし、具体的にどのようなアクターが市民社会に含まれるのか、必ずしも共通の了解があるわけではない。労働組合や、非政府かつ非営利で市民が自主的に設立する NGO、地域コミュニティ団体、社会運動が含まれるにしても、たとえば政党や、企業の業界団体、リクリエーション団体は市民社会に含まれるのかなどで意見が分かれる。何が市民社会かは、結局、市民社会の性質や、政治や経済の領域との関係に関わる論点について、どう考えるかに左右される。

❸ 市民社会の論点

　まず、エドワーズ（紹介文献㊼）の議論にもあるように、市民社会を実態として見るか、めざすべき規範的な対象としてとらえるかで見解が分かれる（Howell & Pearce 2001, p.232）。まず、市民社会を多様な団体が活動している状況を把握する概念とする見方がある。そこでは多種多様な団体（アソシエーション、結社）がより多く活動できているかに注意が払われる。他方、市民社会を、特定の規範が実現された「善い社会」としてとらえる見方がある。市民社会を通じてどのような価値・規範が実現されているか、あるいは実現されるべきかが問われる。とくに、自由市場や経済のグローバル化など、現在の国際社会で支配的な新自由主義的な価値に対して賛否が分かれる。ただし、アメリカ社会についてのトクヴィルの議論やパットナム（Putnam）の「社会関係資本」の概念のように、多様な市民団体の活動が信頼関係を醸成し、デモクラシー（民主主義）の基礎を築くと考えれば、実態を重視する市民社会の見方も実は規範性を内包している。

　市民社会とデモクラシーの関係については、先述のパットナムをはじめ、親和性を強調する議論が多い。しかし、市民社会がどうデモクラシーや民主化につながるかは意見が分かれる。金丸（2011）は、国家から自律して国家権力に対抗し直接的にデモクラシーを追求する「ラディカル・デモクラシー型」の市民社会と、人々の信頼感や互酬性の規範を養い間接的にデモクラシーの定着に貢献する「社会関係資本型」の市民社会に分類する。また、代議制民主主義か直接民主主義か、あるいは公共圏を通じた熟議民主主義か、追求するデモクラシーにより市民社会の役割は異なってくる。この点で、CSO は直接民主主義の担い手として期待されることが多いが、ハーバーマス（Habermas）のように、熟議民主主義で公的領域と私的領域をつなぐ「公共圏」としての役割を期待する主張もある。

　市民社会と国家の関係も重要な論点の一つである。国家の機能をどの程度、市民社会が代わりに担うべきかをめぐって論争がある。1980 年代以降の新自由主義的な思想の国際的な普及によって、とくに先進国では「新公共経営（NPM）」の名のもと、国家の役割を縮小し、第三セクターに委譲する動きが強まった。同時期、途上国に対しても、世界銀行や国際通貨基金（IMF）によって「小さな政府」が、いわゆるワシントン・コンセンサスとして要求され

た。代わりに、CSO が教育や医療などのサービス提供で政府の代替を務めることが期待されるようになる。しかし、90 年代後半になると、アジアの開発国家の成功から開発における国家の役割が見直されるようになり、ガバナンスの改善の一環として政府の能力構築が唱えられるようになった。途上国では、政府と市民社会のパートナーシップが模索される一方で、「強い国家」形成のために、もともと脆弱な市民社会が活動できる空間がさらに縮小を余儀なくされる事態も生じた。

　市民社会と開発（援助）の間の関係にも多様な立場が存在する。国際援助機関は、市民社会をデモクラシーや資本主義（市場）経済と親和性を持つものとした上で、国家の機能を補完するために CSO の発展を技術的に支援することを「主流のアプローチ」とするようになった（Howell & Pearce 2001）。実際、1990 年代より、アメリカを中心に市民社会支援が盛んに行われ、先述のように MDGs や SDGs でも CSO に重要な役割が与えられてきた。対して、市民社会・デモクラシー・経済開発の三者間の親和性に対し懐疑的な「オルタナティブなアプローチ」も生まれている。そこでは、市場経済重視の開発のあり方に疑念が呈され、コミュニティ重視の草の根あるいは住民参加型の開発が望ましいとされる。開発に対するこのような立場は、グローバル市民社会の間で広く共有されるようになっている。ここで取り上げる高柳の研究（紹介文献❹❽）にあるように、OECD/DAC（経済協力開発機構・開発援助委員会）主導の2005 年の「援助の有効性に関するパリ会議」前後以降、CSO 自体の開発効果を含め、開発および開発効果が改めて議論されるようになった。

　その他の争点としては、市民社会の概念自体が欧米発祥であるため、他の地域に適用できるのか、という市民社会概念の普遍性をめぐる議論がある。一方で、アジアやアフリカ、中東では伝統社会が根強いため、社会の個人化や人権尊重、一定の中間層の存在など、近代社会を前提とした従来の市民社会の概念は適用困難という主張がある。他方、現在は未発達でも、国際社会が支援することで市民社会を育成することは可能とする、開発援助機関で主流の考え方も広く支持されている。実態としては、伝統的な社会の要素と近代化や支援による NGO の発達が衝突しながら併存している国が多い。そこで、秦（2014）は、政治システムとしての国家、経済システムとしての市場、社会システムとしてのコミュニティを三元論として位置づけ、それら三つの真ん中に位置している

領域を市民社会として、アジアの市民社会の分析を試みている。

❹ グローバル市民社会の発達をめぐって

　今日の市民社会は各国の国内社会で発達すると同時に、国境を超えて発展し、いわゆる「グローバル市民社会」が形成されつつある（重田2017）。グローバル・ガバナンスの発達と軌を一にしながらグローバル市民社会は形成され、グローバル・ガバナンスの一部となってグローバル化に伴うグローバル・イシューの解決に関わっている。地球サミットでの環境問題への取り組みを始め、MDGs や SDGs の策定過程でも NGO ネットワークの働きかけが一定の影響を及ぼしてきた。カルドー（紹介文献❹⑨）が分析するように、戦争に対する反対運動やその原因の解決にも貢献する。経済分野でも、フェアトレードへの取り組みをはじめ、世界社会フォーラムのように不公平で新自由主義的なグローバル化に対する別の選択肢を提示してきた。さらにグローバル市民社会は、世界議会のようなものが存在しない中で、市民を代表することでグローバル・ガバナンスの「民主化」に貢献する存在と見なされることもある（グローバル・ガバナンス委員会 1995＝1995）しかし、カルドーも指摘するように、2001 年のアメリカでの 9.11 同時多発テロの発生を機に、CSO や NGO に対する規制が強まるなど、グローバル市民社会の発展に重大な反転がもたらされている。先述のように、国際協力で国家や国際機構、企業とのパートナーシップが推奨される一方で、実態として、他のアクターに対する CSO の影響力の不平等も生まれている。

　以上、市民社会の内容と論点、グローバル・市民社会の発達を概観してきたが、そこでは市民社会のあり方や、実現されるべき価値、国家と市民社会の関係、社会を構成する団体や運動の間での対立など、権力関係や対立、言いかえると「政治」が市民社会と不可分なものとして表れている。かつての楽観的な見方ではなく、開発政治学が主張するような「政治」重視の視点が求められる。

関連文献ガイド

植村邦彦『市民社会とは何か —— 基本概念の系譜』平凡社 2010.

金丸裕志「新中間層、市民社会、NGO」木村宏恒他編『開発政治学入門 —— 途上国開発戦略におけるガバナンス』第 8 章、勁草書房 2011.

グローバル・ガバナンス委員会『地球リーダーシップ —— 新しい世界秩序をめざして』京都フォーラム監訳・編集、日本放送出版協会 1995=1995.

坂本治也編『市民社会論 —— 理論と実証の最前線』法律文化社 2017.

重田康博『激動するグローバル市民社会 ——「慈善」から「公正」への発展と展開』明石書店 2017.

ハーバーマス，J.『公共性の構造転換』（第 2 版）細谷貞雄他訳、未來社 1962=1994.

秦辰也「アジア諸国の市民社会と NGO の位置づけ」秦辰也編著『アジアの市民社会と NGO』晃洋書房 2014、pp.108-127.

Howell, J. & Pearce, J., *Civil Society and Development: A Critical Exploration*, Lynne Rienner Publisher, 2001.

47 マイケル・エドワーズ
『「市民社会」とは何か
——21世紀のより善い世界を求めて』

[堀内一史訳、麗澤大学出版会 2008]
Michael Edwards, *Civil Society*, Polity Press, 2004.

　エドワーズは、国際開発援助・国際協力に15年近く携わった後に、世界銀行のシニア・アドバイザーを務め、執筆時はフォード財団のガバナンスおよび市民社会プログラムの部長を務めていた。

　本書は、摑みどころのない市民社会という理念が、21世紀において「ビッグ・アイデア」となりうるかを考察する。筆者は、ヘーゲルやトクヴィル、ハーバーマスといった理論家や政治家、実務家によって用いられてきた市民社会概念の歴史的な系譜を概観した上で（第1章）、これまでの市民社会の理論的立場を、①団体活動（association life）としての市民社会、②善い（good）社会としての市民社会、③公共圏としての市民社会にまとめ、それらの統合をめざす。

　団体活動としての市民社会の見方は、国家（公的セクター）と市場（民間セクター）から区別しながらも、第三セクターや非営利セクターと言われるような、市民の自発性に基づくあらゆる団体活動とネットワークを市民社会に含める。19世紀のアメリカ社会におけるさまざまな団体の活動を民主主義の支柱として評価したトクヴィルや、諸団体の活動を通じて社会に信頼が醸成されソーシャル・キャピタル（社会関係資本）が形成されることに注目したパットナムの理論もここに含まれる。このいわゆるネオ・トクヴィリアンの思想は、1990年代のNGOなどボランティア団体の国際的な急増で注目され、対外援助のドナーを含めて市民社会の見方の主流となっていった。しかし、どのような団体が市民社会に属するのかには論争がある。また、市民社会は、多様な団体が自然のエコシステムのように連携することでより良く機能する（第2章）。

　善い社会としての市民社会の見方は、寛容や非差別、非暴力、信頼および協力といった態度や価値、社会規範の苗床として市民社会を定義する。グローバル市民社会は、地球規模の新しい規範が創出される仕組みということになる。

しかし、各自の規範を推進する多様な団体の活動が、全体として「礼儀正しい（civil）」社会につながるわけではない。ボランティア団体の強いネットワークが民族・宗教集団間の暴力を助長したり、異なる規範同士が互いに打ち消し合ったりすることもある。そこで、社会規範に影響を与える政府や企業、家庭も、礼儀正しさを備えた社会の建設の一翼を担う必要があるとされる（第3章）。

　最後に、市民社会を、共通の利益を求めて、市民に開かれた審議や、理性に基づく対話を行う公共圏としてとらえる見方がある。市民社会は、「社会的な相違や社会的問題、公共政策、政府の行動、コミュニティや文化的自己認識に関する事案が立案・討議される場であり、立法の領域にも、司法の領域にも属さない公共の場」である公共圏としての役割を果たす（p.115）。公共圏では、遺伝子組み換え食物の問題や対テロ対策での自由の制限など、広範な影響を与える問題に対し、多様な参加者による討議を通じて有効な解決策が検討される。また、公共圏としての市民社会は、議会制民主主義の補完的機能を果たす審議（熟議）民主主義にとって不可欠な場である。しかし、メディアが金儲けの手段となるなど「公」の領域の民営化や、発言やアクセスの機会の不平等の蔓延、多様な集団が接する機会の減少で公共圏が浸食されていることが問題となっている。

　これら三つの市民社会の理論はそれぞれ長短があり、活発な団体活動が善い社会の実現につながるよう公共圏が両者を結びつけるというように、統合される必要がある。そこで、筆者は、団体活動、善い社会、公共圏の三者の関係性について検討し（第5章）、最後にさまざまな具体的提言を挙げる（第6章）。なかでも、善い社会の基礎となる健全な団体のエコシステムの構築を阻む不平等や差別を廃絶するために、海外援助や政府による関与と、国家、市場、ボランティア活動間の適切な連携の必要性が主張されている。また、三つのモデルの建設的な相乗効果を生み出すには、公共圏を活性化し、市民と政府の間の関係を強化するために、代表制および参加型民主主義両方の改革が必要とする。

　このように本書は、開発援助で今なお主流である団体活動としての市民社会の見方に対し、市民社会内部の対立や政府の役割の強調など、軽視されがちな市民社会の政治とのつながりへの注目を促しており、重要な視点を提供する。なお、2013年の英語版第2版は、基本的な要旨や結論は変わらないが、第5章にグローバル市民社会についての考察が加えられている。

48 高柳彰夫
『グローバル市民社会と援助効果
—— CSO/NGOのアドボカシーと規範づくり』

[法律文化社 2014]

　高柳は、執筆時、フェリス女学院大学の教授であり、国際関係論、国際開発論および市民社会論を専門としている。同時に、国際協力NGOセンター（JANIC）の政策アドバイザーも務めている。

　本書は、21世紀の国際開発援助において注目されるようになった「援助効果」の国際的な議論と結びつけながら、市民社会組織（CSO）が世界の貧困問題や開発協力で果たしている独自の役割と意義を考察する。本書でいう「市民社会」は、「政府、ビジネス・セクターとは独立した、特定の価値実現のために市民により自発的に組織化された多様な政治的・社会的活動のための領域」とされ、具体的な組織が市民社会組織（CSO）である（p.16）。また、グローバル市民社会は、先の市民社会の定義を踏まえたグローバルな領域とされる（p.18）。

　開発協力では、2000年前後になると、オーナーシップとパートナーシップによる貧困削減戦略（PRS）の作成と実施が重視されるようになった。その中で、事業活動、アドボカシー活動、開発教育に携わることで開発協力で注目されるようになったCSOは、貧困削減の実施者とPRSへの提言者という役割を担うようになる。すると、CSOは、「支配的な開発モデルに対するオルターナティブ」の担い手なのか、それとも「飼いならされた」存在なのかが問われ始めた。そこで本書は、CSOの「規範企業家」としての役割に注目して、「開発アプローチに関する規範」と「政策・実務規範」の二つのレベルにおいてCSOは規範の転換をもたらしたかどうかを、援助効果を題材に検証する。

　今世紀になると、開発援助においては、貧困削減戦略とともに、援助は実際に役に立っているのかを問う「援助効果」がキーワードになった（第2章）。先進国が加盟するOECD/DACは、援助効果に関する作業部会を設置し、ローマ（2002年）、パリ（2005年）、アクラ（2008年）、プサン（2011年）と、ハイレ

ベル（閣僚級）フォーラム（HLF）を開催していく。パリで採択された「援助効果に関するパリ宣言」では、開発における途上国の「オーナーシップ」、対象国の開発戦略に合わせる「整合性」、ドナー間の援助の「調和化」、結果を重視する「成果のマネージメント」、「相互のアカウンタビリティ」の5原則が開発援助の指針とされ、実践されていく。

　この援助効果をめぐる動きに対し、CSOも、政府や国際機関、企業に対するアドボカシーおよび開発援助の事業活動の担い手として関わっていく。同時に、結社の自由など、CSOの活動に好ましい政策・制度環境（enabling environment）の確保が重要な課題になっていった。本書は、続いて、上記のHLFの過程におけるCSOのアドボカシー、上の5原則の適用によるCSO自身の開発効果についての規範づくり、CSOに好ましい政策・制度環境づくり、という三つの取り組みと相互の影響を検証している（第3〜5章）。

　結論として、CSOは、「開発アプローチに関する規範」のレベルにおいては、開発援助で主流の「成長による貧困削減規範」に対し、「権利ベース・アプローチ」（RBA）を主張し、「政策・実務規範」のレベルでは、「国家中心型オーナーシップ」に対し、市民参加を伴う「民主的オーナーシップ」を主張してきたとする。他方、「開発主義国家」の復権が進み、援助の「再政府化」の傾向が見られ、CSOの規制など政策・制度環境が悪化する中で、国家・政府アクターとの緊張が続いていることも指摘される。同時に、これまでのCSOの自己規範づくりとマルチステークホルダー対話が、一定程度、CSOの正統性を高め、CSOの参加と提言の採択の可能性を高めた。実務および研究の課題として、NGOを超えたグローバル市民社会の可能性の追求、RBAについての理論や手法の精緻化と理解、南がオーナーシップを持つ南北パートナーシップの可能性の探求、新興ドナーや民間セクターとの関係への注目が挙げられている。

　本書は、1990年代の市民社会への国際協力における楽観的な期待が失われて以後のCSOによる試行錯誤を、援助効果を中心とした開発協力の展開に沿って描いたものである。CSOによる議論の過程に著者自身が参加しており、グローバル市民社会による規範づくりに関して、理論と実証両面で精度の高い考察がなされている。同時に、CSOの主張を通じて、開発の多様な考え方の存在や、新興国の台頭で変化する開発協力の最近の状況を学ぶことができる。

49 メアリー・カルドー
『グローバル市民社会論
── 戦争へのひとつの回答』

[山本武彦 他訳、法政大学出版局 2007]
Mary Kaldor, *Global Civil Society: An Answer to War*, Polity Press, 2003.

　カルドーは、執筆時、ロンドン政治経済学院（LSE）のグローバル・ガバナンスセンターの教授であった。ほかに、戦争の形態の変化に注目した『新戦争論』（山本武彦訳、岩波書店 1998=2003）の著書でも知られる。

　本書は、長い歴史のある「市民社会」の概念が、1989 年以降、グローバリゼーション（グローバル化）によって新しい局面に入っていることを明らかにする。同時に、副題にもあるように、グローバルな市民社会は、戦争に対する回答、すなわち戦争の問題に対処する方法であることを説く。

　まず著者は、市民社会についての多様な言説を歴史的に検討した上で（第 2 章）、市民社会の伝統的形態と今日的な新たな用法に含まれる願望の双方に適用できるように、市民社会を「一つのもしくは複数の、女性と男性双方の個人間の社会的契約や政治的・経済的な権力中枢間の社会契約が交渉され、そして再生産される媒体」として定義する（p.64）。その市民社会は、冷戦が終結する 1989 年を機に「再発見」あるいは「再創造」される。

　1989 年以降の世界の顕著な特徴は「グローバル政治」の到来であり、グローバル政治は、グローバル・ガバナンスの諸制度とグローバル市民社会の相互作用である。そのグローバル市民社会は、「個々人がグローバルなレベルで社会契約や政治取引を交渉し、再交渉するメカニズムを含んだ集団やネットワーク運動」からなり「個人が参入でき、自らの声を政策決定者に届かせることのできる公式の組織や非公式の組織をすべて含んでいる」（pp.113-115）。具体的には、出現が新しい順に、①労働運動など「旧い」社会運動、②人権や平和、環境など「新しい」社会運動、③ NGO やシンクタンク、④トランスナショナルな市民ネットワーク、⑤「新しい」民族主義運動と原理主義運動、⑥今世紀に入っての世界社会フォーラムなど新しい反資本主義運動が含まれる（第 4 章）。

市民社会は、社会を運営するための規則や制度の枠組みであるガバナンスの構築を支援し、逆に、ガバナンスは市民社会が機能する条件を与える。市民社会がその内部で発展してきたガバナンス形態は、中央集権的かつ戦争遂行的で領域性に基づいた国家であった。それが、グローバリゼーションの進展で、ガバナンスの形態に変化がもたらされた。グローバリゼーションは、政治、経済、社会、文化など多面的な相互連関性を深め、世界規模での人間社会の共通意識を発展させる。グローバリゼーションで、国家が変容する一方、グローバル・ガバナンスの枠組みが発展するようになった。国家の変容は、従来のフォーマルな代議制民主主義の「空洞化」をもたらし、幻滅感を生じさせた。

　また、戦争の形態も変化してきた。そもそも戦争は、一定の領域内で暴力を制御する国家の間で交わされるものであった。そのような戦争の形態が、非国家的行為体や国家的行為体による武装ネットワークによって遂行される「ネットワーク戦争」や、冷戦後の湾岸戦争に象徴されるような「見世物的な戦争」へ変化するようになった（第5章）。

　このような変化に対し、グローバル市民社会は、グローバルなレベルでの参加と討議の可能性を示すことで、旧来の民主主義を補完する方法を提供する。また、戦争の形態の変化に対しても、グローバル市民社会からの圧力は、広範な人道主義的規範の受容を促してきた。しかし、2001年のアメリカでの9.11同時多発テロは、グローバル市民社会の発展に重大な反転をもたらした。アルカーイダら過激派による「ネットワーク戦争」に対し、アメリカのブッシュJr.政権は「見世物的な戦争」で対応し、かえって新たな人員をテロに引きつけた。しかし、著者によると、グローバル市民社会は、この袋小路を脱する本格的な方法を提示できていない。悪循環を脱するには、同意に基づくグローバルなルールを広げることで、グローバルなレベルでの暴力を最小限にする必要があり、そのためにグローバル市民社会によるアジェンダの提起が求められる（第6章）。

　このように本書は、グローバル市民社会が出現した歴史的な経緯と文脈、その中身を明らかにする。その上で、グローバル市民社会がなしうることを、慎重なスタンスから提起する。貧富の格差が続き、世界各地で紛争やテロが続く今の世界において、本書での議論は今なお有効なものであろう。

第**18**章

民主化

keywords 民主化の第三の波，混合体制，ガバナンス，グローバル化

❶ 近代民主主義体制の発達

統治の仕組みとしての「デモクラシー（民主主義）」は古代ギリシャの都市国家に生まれたものであり、（女性と奴隷を除く）市民による直接参加を通じて統治が行われた。近代になると、イギリス、フランス、アメリカといった一部の欧米諸国で、近代的な国民国家の統治の仕組みとして選挙で政権を選ぶ代表制民主主義体制が発達する。そこで「民主化」とは、ある国の政治体制が民主的なものへと移行し、定着する過程を意味する。

第二次世界大戦後には、選挙による競争を中心とする手続き的デモクラシーを主張するシュンペーター（1942=2016）や、公的異議申し立てと包括性（参加）の程度で民主的度合いを測り、それらが最大限実現された状態を「ポリアーキー」とするダール（Dahl）の議論（1972=2014）など、西欧やアメリカで実践される民主制度を範とする、いわゆる自由民主主義体制の実証的な研究が積み重ねられた。とくにアメリカでは、社会主義体制をとるソビエト連邦と冷戦で競う中で、発展途上国の政治体制を比較する比較政治学が盛んとなり、自由民主主義体制へと政治体制が移行する民主化を単線的な過程と想定して、それを実証しようとする「政治発展論」が発達していった（第2章参照）。

そこでは、経済発展と政治発展（民主化）の好ましい相関関係が想定された。すなわち、リプセットが明らかにするように、経済発展が進むことで中産階級が発達し所得水準と教育水準が改善すると、おのずから政治参加の要求が強まり、民主化が進むと想定される（Lipset 1959）。このいわゆる近代化論は、1950〜60年代にかけて開発援助関係者を含めて広く支持された。しかし実際は

1960 〜 70 年代、ラテンアメリカ諸国や独立後間もないアフリカ・アジア諸国で相次いで軍事政権や独裁政権が誕生すると、政治発展論や近代化論は低調になった。

❷ 民主化の「第三の波」と民主化研究の発達

1970 年代にポルトガル、スペイン、ギリシャといった南欧諸国で権威主義体制からの民主化が始まり、1980 年代にはブラジルなどラテンアメリカ諸国でも軍事政権が崩壊し民主主義体制への移行が相次いだ。それらの諸国で、政府や軍、反体制派のエリート間の「契約（pact）」によって民主化が行われたことに注目して、オドンネル（O'Donnell）とシュミッター（Schmitter）は「移行理論」を提示した（1986=1986）。移行理論は、近代化理論とは異なり、経済・社会的条件とは無関係に、体制側と反体制側の政治エリートたちの決定・合意によって民主化は可能であるとして、しだいに民主化研究の主流となっていく。

冷戦が終結へと向かう 1980 年代終盤には、東欧の社会主義諸国で政治と経済の自由化が始まり、欧米流の自由民主主義体制へ移行していった。アジアでもフィリピン（1986 年）、韓国（1987 年）と民主化が進んだ。このような 1970 年代以降の相次ぐ民主化を、本章で取り上げるように、ハンチントン（紹介文献**51**）は民主化の「第三の波」と呼び、国際社会の圧力・支援や他国の民主化のデモンストレーション効果など共通する要因を分析した。また、フクヤマが 1992 年の著書で「歴史の終わり」と呼んだように、冷戦の終結とともに、西側先進国の自由民主主義体制こそが望ましい政治体制であるという認識が国際社会で広がった（1992=2005）。

しかし、1990 年代には、制度上は民主化されたものの、政治情勢が不安定な国が現れるようになり、最初の自由選挙が行われるまでの民主化の「移行」段階から、民主主義体制の「定着」段階へ議論の焦点が移っていく。リンス（Linz）とステパン（Stepan）は、1996 年の著書で、民主主義体制の「定着」とは、民主政治が「街のルール」となり、政治の仕組みとして当然であることが、少なくとも政治エリートに受け入れられた状態とした（1996=2005）。ダイアモンドは、民主主義体制の定着には、強力な政治制度や活力ある市民社会、経済的なパフォーマンスの改善など、長期的かつより広い条件が必要とする（Diamond 1999）。

同時期には、民主化の国際的側面の研究も活発になっていく。ホワイトヘッドは、国際的側面を、制裁の可能性を含む明示的政策を通じて民主化が促される「支配（control）」、国際勢力と国内勢力の相互交流を通じて民主化が進められる「合意（consent）」、近隣諸国の民主化に関する情報の浸透など非強制的で意図せざるチャンネルを通じて民主化が促される「感染（contagion）」に分類する（Whitehead 1996）。実際、1990 年代には、民主化と経済開発の好ましい相関関係が支持されるようになり、欧米先進国やその影響下にある国際機関は、民主化支援を提供しつつ、開発援助に民主化や人権尊重を政治的コンディショナリティとして付与するなど、程度の差はあれ、途上国に圧力を加えていった（第 21 章参照）。国際的な圧力が強まる中で、多くの途上国が民主化へ向けた政治改革を進める姿勢を示した。また、民主的な国家同士では戦争が起きる可能性が低いという「民主的平和論」が主要先進国と国際機関で受け入れられ、紛争後国家では、平和構築の手段として民主化がめざされるようになる。

❸ 21 世紀の民主化

　今世紀になる頃には、世界の国・地域のうち 3 分の 2 弱が制度的には「選挙民主主義体制」になっていく。しかし、民主主義体制が「定着」したと見なしうる途上国の数は大きく増えることはなく、むしろ民主化が逆行したり、民主主義体制と権威主義体制の中間の状態、いわゆる「混合体制（hybrid regime）」、あるいは、本章で取り上げるレヴィツキーとウェイ（紹介文献❺❷）の言う「競争的権威主義体制」の状態が続いたりする国家が目立つようになる。他方、2001 年のアメリカ同時多発テロを機に、アメリカのブッシュ Jr. 政権は、対テロ戦争の一環としてデモクラシーの推進を主要な政策に掲げ、イラクをはじめとした中東諸国などで民主化を推進したが、しだいにその失敗が明らかになっていく。

　このような世界的な民主化の停滞の要因はさまざまに指摘される。まず、多くの途上国の政府はガバナンスに問題を抱えており、行政能力の不足や汚職の蔓延から、必要な開発政策や福祉、治安維持などを実施することができない。そのため民主化後も国民の不満は高まり、民主主義体制への「幻滅」を生じさせてしまう。とくに世界銀行や OECD/DAC、国連開発計画（UNDP）といった開発援助機関は、国家の中身としてのガバナンスに注目するようになる。た

だし、政治体制とガバナンスの関係は複雑である。また、そもそも、民族対立などを抱えていて、民主政治の前提とされる「国民」としての一体感が欠如している途上国も多い。これらの要因は、本章で取り上げるグリューゲルが分析しているように、グローバル化の進展と深く結びついている（紹介文献50）。

　2010年代になると、民主化の停滞あるいは後退がさらに顕著になっていく。アメリカのNGOであるフリーダムハウスは、ダールのポリアーキーの概念などを踏まえて、各国の政治的権利と市民的自由の程度から自由度指標を算出しているが、2006年以降、数値が悪化した国の数の方が改善した国より多い状態が続いている。中国や中東の王制国家など長年民主化が進まない諸国がある一方で、行政府が突出して三権分立が脅かされるなど、ルワンダやカンボジアのように民主的に選ばれた政権が権威主義化する現象が近年目立っている。2011年の「アラブの春」ではチュニジアやエジプトで独裁政権が倒され、中東諸国での民主化が期待されたが、その後多難の道を歩んでいる。途上国の民主化のモデルとされてきた欧米先進国も同様で、エコノミスト・インテリジェンス・ユニット（EIU）が測定する2016年の民主主義指数では、既存の民主制度への不信の広がりで、アメリカが「完全な民主主義国」から「瑕疵のある民主主義国」に転落した。

❹ 民主化研究の現状と課題

　現在の民主化研究では、以上の民主化の経験と民主化研究の知見を踏まえた多面的な比較研究が進められている（Haerpfer et al. 2009）。本章でも取り上げるグリューゲルは、国家、市民社会、グローバル化に注目して、それらが民主化に与える影響を分析する（紹介文献50）。他方で、これまでデモクラシーが実践される場であり民主化の対象であった国民国家自体がグローバル化で変容していることが、1990年代より指摘されている（マッグルー 1997=2003）。そこで、国際的な意思決定での国家間の平等やEUの欧州議会、国連へのNGO参加など、国家を超えるデモクラシーを模索する動きが存在してきた（ヘルド1995=2002）。国レベルでも、直接民主主義や熟議民主主義など、選挙中心の代表制民主主義以外のあり方が模索されている。実際、開発援助では、国家の政治体制ばかりに注目するのではなく、地方分権と住民参加の推進が奨励されている。それは、国家の民主化の補完ではあるが、開発を含めて住民にとって身

近な問題の効果的な解決につながるという意図から進められている。国家の政治体制や政治制度の改革以外に、人民による統治というデモクラシーの理念を実現する方途を模索することもさらに求められよう。

関連文献ガイド

オドンネル，ギジェルモ／シュミッター，フィリップ『民主化の比較政治学 —— 権威主義支配以後の政治世界』真柄秀子他訳、未來社 1986=1986.

シュンペーター，ヨーゼフ『資本主義、社会主義、民主主義』（全 2 巻）大野一訳、日経 BP 社 1942=2016.

ダール，ロバート・A.『ポリアーキー』高畠通敏他訳、岩波文庫 1972=2014.

フクヤマ，フランシス『歴史の終わり』（上下巻）渡部昇一訳、三笠書房 1992=2005.

ヘルド，デヴィッド『デモクラシーと世界秩序 —— 地球市民の政治学』佐々木寛他訳、NTT 出版 1995=2002.

マッグルー，アントニー・G.『変容する民主主義 —— グローバル化のなかで』松下冽監訳、日本経済評論社 1997=2003.

リンス，J.／ステパン，A.『民主化の理論 —— 民主主義への移行と定着の課題』荒井祐介他訳、一藝社 1996=2005.

Diamond, L., *Developing Democracy: Toward Consolidation*, Johns Hopkins University Press, 1999.

Haerpfer, C. W., Bernhagen, P., Inglehart, R. F. & Welzel, C. eds, *Democratization,* Oxford University Press, 2009.

Lipset, S. M., Some Social Requisites of Democracy: Economic Development and Political Legitimacy, *American Political Science Review*, 53, 1959.

Rueschemeyer, D., Stephens, E. H. & Stephens, J. D., *Capitalist Development and Democracy*, Polity Press, 1992.

Whitehead, L. ed., *The International Dimensions of Democratization: Europe and the Americas*, Oxford University Press, 1996.

50 ジーン・グリューゲル
『グローバル時代の民主化
── その光と影』

[仲野修訳、法律文化社 2006]
Jean Grugel, *Democratization: A Critical Introduction*, Palgrave Macmillan, 2002.

　グリューゲルは、刊行時はイギリスのシェフィールド大学の政治学担当の教授で、2016 年からはヨーク大学の開発政治学担当の教授である。その研究関心は開発の政治学、人権や市民権、民主化をめぐる政治である。

　本書の目的は、刊行当時までの民主化についての効果的な概説を提供すると同時に、概念的に厳密な民主化研究を提示することである。民主化についての標準的な説明を提供すると同時に、世界の民主化の状況を、国家、市民社会、国際状況（グローバル化）という三つの次元から明らかにする。

　グリューゲルが「本質的に論争的」な概念とする「民主化」の定義について、公正な選挙の定期的な実施を柱とする「最小限」の定義ではなく、かといって社会経済的不平等が完全に排除された「実質的」な定義ではなく、「市民権の導入と拡大、さらに民主的な国家の導入」という中間的な定義を採用する (p.6)。

　民主主義の定義については、1990 年代半ばまでは、自由民主主義を意味することが当然視され、選挙の実施、複数政党制の存在、統治の一連の手続きとして一般的に受け取られていた (p.7)。対して本書は、民主主義そのものを改めて検討している（第 1 章）。古代ギリシャの直接民主主義の誕生から欧米での自由民主主義の広がりの後、冷戦が始まって以降は、西欧とアメリカで実践される政治制度を反映した「経験的民主主義」が民主化研究で有力となった。経験的民主主義論にはシュンペーターの最小限の手続き的民主主義やダールのポリアーキーの議論などが含まれるが、それらへの批判を踏まえて、参加民主主義、フェミニズム、アソシエーショナリズム（NGO などの結社民主主義）、市民権、コスモポリタニズムなど異なるアプローチを提示する。その上でハンチントンの民主化の「波」アプローチに注目して、アメリカ独立革命から 1990 年代までの民主化の歴史を概観し、民主化を説明する理論の必要を指摘する（第

2 章)。

　そこで本書は、近代化理論、歴史社会学（構造主義）、移行理論（アクター中心理論）といった従来の民主化理論を再検討し、先述の三つの次元を通じた民主化の分析手法を提示する（第 3 章）。国家の次元では、国家の制度の変化（選挙、政党、大統領制／議院内閣制など国家の形態）、代表の変化（誰が国家に影響を持ち、誰に国家は責任を負うか）、機能の変化（国家は何をするか）に注目する。その上で、民族問題や権威の落ちた主権、国家の乏しい能力、権威主義の負の遺産、（国家への信頼低下といった）経済改革の政治的影響など、国家の点から見た民主化への主な障害を明らかにする（第 4 章）。市民社会の次元では、女性運動や労働運動、地域社会団体、先住民運動など市民社会の役割が検討され、市民社会の強力さが民主主義の質を決めることが主張される（第 5 章）。

　さらに本書は、民主化のグローバル化あるいは国際的次元に注目する。グローバル化でグローバル市場が発展し、グローバルなポリティカルエコノミー（政治経済）が形成された。そこでは西側資本主義諸国の影響力が強く、グローバル化に対応するために発達したグローバル・ガバナンスを支配し、国際的な民主主義の促進活動を活性化させた。またグローバル化は、民主主義の価値を拡散させる。それらは、民主化に貢献してきた一方で、社会経済的不平等を再生産・強化し、途上国の自治を弱め、実質的な民主主義の構築を難しくしてきた。

　本書では世界の各地域の民主化について、上記の三つの次元を通じて分析がなされていく。邦訳書ではアジアのみが取り上げられているが、原著では南欧、ラテンアメリカ、アフリカ、東欧のポスト共産主義諸国も網羅されている。

　本書は、民主化に関する多くの著書が共著である場合が多い中、一人の著者によって書かれた希少な本である。2001 年のアメリカでの同時多発テロとそれに続くアフガニスタン戦争の余波が続く中で刊行された。1990 年代の民主化の「第三の波」とその後の各国の経験を踏まえて、民主化の状況を、決して楽観的ではなく、批判的かつ一貫したな視点でとらえている。本書は、民主化研究の従来のオーソドックスなアプローチを紹介しつつも、グローバル化によって変化を迫られる民主化の比較可能な分析枠組みとして、国家、市民社会、グローバル化という三つの視点を提供しており、その有効性は、2014 年に第 2 版（共著者を一人加えている）が英語で出版された際に基本的な論旨が変わっていないことでも証明されていると言えよう。

サミュエル・ハンチントン
『第三の波 ── 20 世紀後半の民主化』

［坪郷實他訳、三嶺書房 1995］
Samuel P. Huntington, *The Third Wave: Democratization in the Late Twentieth Century*, University of Oklahoma Press, 1991.

　ハンチントンは、ハーバード大学の政治学教授として、軍民関係やアメリカ政治、途上国の政治発展など幅広く研究し、比較政治学の発展に大きな足跡を残した。1996 年に出版された『文明の衝突』（鈴木主税訳、集英社 1996=1998）も話題となった。

　ハンチントンによると本書は「民主化の波が 1974 年から 1990 年までに、なぜ、どのようにして起こり、そしてどのような直接的効果をもたらしたか」を説明しようとしたものである（p.vii）。ハンチントンは、まず、政治システムの移行や各国間の比較を容易にするために、シュンペーターやダールの流れをくむ手続き的な定義に沿って民主主義を定義する。すなわち「候補者が自由に票を競い合い、しかも実際にすべての成人が投票する資格を有している公平かつ公正で定期的な選挙によって、そのもっとも有力な意思決定者集団が選出される 20 世紀の政治システム」を民主的とする（p.7 を一部修正）。そして「民主化の波」とは、「非民主主義体制から民主主義体制への一群の体制移行」のことで、一定の期間内において、部分的なものも含めて民主化へ向かった国が、その逆方向（つまり民主主義的な体制が非民主主義的になる）への移行よりも数で上回っている状況のことである（p.13）。

　民主化の第一の波は、1828 年から 1926 年までで、アメリカやヨーロッパのいくつかの国で成人男性の普通選挙が導入されていった。しかし、その後、ドイツのヒトラーによる独裁や日本の軍部支配といった非民主主義的な方向へ向かう「揺り戻し」が生じた。民主化の第二の波は、1943 年から 62 年までである。第二次世界大戦の勝利による連合国の占領はドイツや日本に民主主義をもたらし、ラテンアメリカ諸国や植民地から独立したアジアやアフリカの新興国でも民主主義の諸制度が導入された。しかし、この第二の波も、相次ぐ軍事

クーデターなどによる権威主義化で揺り戻しを経験する。

　この揺り戻しによって民主主義の適用性について悲観的な見方が広がったが、1974年4月25日のポルトガルにおけるクーデターに端を発した民主化を皮切りに、1990年までに南ヨーロッパ、ラテンアメリカ、アジア（韓国やフィリピン）、東ヨーロッパの共産主義諸国と、およそ30ヵ国で民主主義体制が権威主義体制にとって代わっていった。この現象が民主化の第三の波である。

　本書はその後、民主化の波がなぜ起きるのか、その原因を中心に考察する（第2章）。軍事的敗北や経済的失敗による権威主義体制の正統性の低下、世界的な経済成長による生活水準の向上や都市中間層の増大、カトリック教会の教義と活動など宗教上の変動とともに、ヨーロッパ共同体（現在のEU）への加盟やアメリカによる人権と民主主義の促進政策など外部アクターの役割が第三の波では大きかった。また、1986年フィリピンでマルコス独裁を倒した「ピープル・パワー」が韓国の民主化運動で模倣されたように、テレビや通信衛星などの発達で他国の民主化を知り触発されるデモンストレーション効果が見られた。これら国際的な側面の大きさが、第三の波の特徴でもある。

　本書は続いて、具体的に民主化の過程はどう進むのか、体制内からの改革（体制改革）、反対派による体制打倒（体制変革）、政府と反対派による共同（体制転換）に分けて、当時の比較政治学から導かれた知見をまとめている（第3章）、また、どのような民主化の過程であれ、妥協、選挙、非暴力が民主化の第三の波の症候群、すなわち共通した特徴であったとする（第4章）。

　次の関心は、それまでの民主化の波がいずれも揺り戻しを経験している中で、第三の波で誕生した民主主義体制をいかに持続させるかである。この民主主義の「定着」（邦訳書では堅固化）の成否は、前の権威主義体制下での人権侵害など犯罪をどう扱うか、軍隊の政治への介入をどう制約するか（シビリアン・コントロール）、民主主義的な政治文化をどう育て、民主主義的な政治行動をいかに制度化するかにかかっている（第5章）。最後に、第三の波が継続するかどうかについて、ハンチントンは、民主主義の経験や政治指導者の態度、儒教やイスラム教といった文化的要素、経済状態を挙げている（第6章）。

　民主化の第三の波のただ中に書かれた本書は、民主化推進論者へ向けた「ガイドライン」を含むなど、単なる研究書を超えて、本書自体が民主化の歴史の一部を構成している。その後の世界の民主化を考える上で起点となる本である。

52 スティーヴン・レヴィツキー＆ルカン・ウェイ
『競争的権威主義
── 冷戦後の混合体制』

［邦訳なし］

Steven Levitsky & Lucan A. Way, *Competitive Authoritarianism: Hybrid Regimes After the Cold War*, Cambridge University Press, 2010.

　執筆時、レヴィツキーはハーバード大学の教授でラテンアメリカの政党や政治体制を研究し、ウェイはトロント大学の助教でユーラシアにおける旧共産主義国の政治体制を専門としている。

　本書は、冷戦後に急増した「競争的権威主義」体制を分析したものである。レヴィツキーとウェイによると、競争的権威主義とは、「形式的に民主的な制度が存在し、広く権力を獲得する主な手段と見なされているものの、国家機構の濫用によって現職者が反対勢力に対して著しく有利になっている文民の体制」のことである（p.5）。言いかえると、政権を選ぶ競争的な選挙は行われているものの、投票が操作されたり、メディアが政権寄りだったり、与党が国家資産を利用したりと政権側に有利になっており、民主的手続きがさまざまな形で侵害されている政治体制のことである。本書は、1990年から95年までの間に競争的権威主義体制となった世界各地域の35の体制の歴史を検証している。

　冷戦の終結でハンチントン（紹介文献**51**）の言う民主化の「第三の波」が広がったが、多くの国で、形式的には自由選挙で政権が選ばれる「民主的」な政治体制へと移行したものの、実質的には政権による不正が選挙で行われるなど、民主主義体制が定着したとは言えない、権威主義体制と民主主義体制の要素が混ざった「混合体制（hybrid regime）」の状態が見られるようになった。そのような状態は、従来「欠陥ある民主主義体制」など「民主主義体制」に形容詞を付ける形で呼ばれてきたが、レヴィツキーとウェイは、そのような民主的方向へ向かうことを想定した呼び方は誤解を招くと否定する。混合体制が15年以上も続く国が多数見られる中で、民主主義体制へ移行中であると楽観的に想定する代わりに、競争的権威主義体制のうち民主化へ向かうものと民主化へ向かわないものがあるのはどうしてかを問うための分析枠組みを、本書で二人は提

起したのである。

　レヴィツキーとウェイは、競争的権威主義体制の民主化の行方を左右する要因として、西側（先進民主主義諸国とその影響下にある国際機関）の「レバレッジ（てこ）」と「リンケージ（連関）」に注目する。西側のレバレッジとは、民主化支援を含む外部からの民主化圧力に対する政府の脆弱性と定義される（p.40）。レバレッジは、対象国の国家と経済の規模や強さ、西側の外交目標間の対立、西側に対抗する勢力の存在などの要因で変化する。他方、リンケージは、経済的・政治的・外交的・社会的・組織的な結びつきと、資本と財、サービス、ヒト、情報の国境を越えたフローの濃度を意味する。とくに、当該国と西側の経済的リンケージ（貿易や投資など）、政府間リンケージ（二国間の外交や軍事的つながりなど）、テクノクラート間のリンケージ（エリートが西側で高等教育を受けているなど）、社会的リンケージ（移民や難民、ディアスポラのネットワークなど）、情報のリンケージ（インターネットや西側メディアの浸透など）、市民社会のリンケージ（西側主導の NGO とのつながりなど）が重要とされる。

　これらレバレッジやリンケージの高低は、国家（政府）の強制力や与党の能力といった「組織的な力」や反対勢力の強さといった「国内的次元」に左右される。端的に言うと、政権と反対勢力との間のパワーバランスの変化によって、競争的権威主義体制の行方は左右される。

　本書では、東欧、アメリカ大陸、旧ソ連諸国、アフリカ、アジア、それぞれに関する章を通じて、ここ 20 年ほどの競争的な権威主義体制の事例の検証が行われる。それを踏まえて、レヴィツキーとウェイは、メキシコのように西側とのリンケージが高い国では民主化の可能性は高くなるという結論を導き出している。逆に、ロシアのように西側とのリンケージが低い国家では、西側によるレバレッジ以上に、体制の行方は主に国内的要因によって左右されると言う。

　本書の刊行（2010 年）以後も、独裁体制とも言えず、かといって民主主義体制とも言えない、その中間で漂う政治体制がむしろ増加している。その政治体制の性質と、体制が維持されるメカニズムを解析する上で本書は有効である。そして、途上国の民主化はどうなるのか、また、西側の民主化支援（第 21 章参照）はどのような条件下で対象国の民主化に貢献しうるのかについて、比較研究を行うための理論的な枠組みを提供する点でも、本書は高い意義を持つ。

第Ⅴ部
開発への国際関与

Contents

第**19**章

政策改革支援

> **keywords**
> 政策，ODA，構造調整，貧困削減，ガバナンス，コンディショナリティ

❶ 政策改革支援が必要とされる背景

　開発途上国にとって「開発」は国づくりのプロセスそのものといえる。途上国が開発という難事業において成功を勝ち取るには、個々人の努力や企業の力だけでは乗り越えられない集合行為問題などを解決する公的な主体、すなわち政府の存在、およびそのツールとしての「政策」が不可欠である。とりわけ国や社会の開発促進を目的として立案された政策は開発政策と呼ばれるが[1]、どのような政策を開発政策ととらえるかは、「開発」のどの側面に着目するかによって変わりうる。この点は、「開発をどのようなものとしてとらえるか」という開発をめぐる思想の変遷とも関連しており、経済開発重視の時代から、社会開発、そして人間開発へと重点が移ってきている。

　開発を意図した政策が開発に対して正の効果を持つためには、政策が「適切に」計画され実行される必要がある[2]。立案された政策に不備があったり、実施をするための前提条件が整っていない場合、より効率よく効果を生み出せるように政策および政策環境を改善する必要がある。これが「政策改革（Policy Reform）」であるが[3]、改革は多大な困難を伴うことが多い。なぜならば、既存

1　政府が実施するあらゆる政策は、意図するかせざるかにかかわらず開発に何らかの（負の影響も含めて）影響を与えるという意味で、広い意味での開発政策ととらえることができる。
2　どのような政策をどのように導入することが効果に照らしてより適切なのかについては、政策科学や開発経済学などの先行研究から理論的に明らかになっている知見と、他国での導入の経験を集めた知見（成功事例は「ベスト・プラクティス」と呼ばれる）とから判断されうる。
3　政策改革と混同されやすいのが「制度改革」である。制度改革における改革の対象となる「制度」は、政府によって策定されただけの政策に比べてより深く長期的に社会に根付いている仕組みや慣習を指す。

の政策が存在している下では[4]、その政策によって利益を享受している既得権者が生み出されており、改革への反対勢力となりうるからである（ピアソン2004=2010）。政策改革が成功するには、人々からの「支持」というリソースに加え、多大な資金的リソースが入り用となる。とりわけ財政的余裕が少ない途上国においては、政策改革に必要な資金をいかに調達するかがネックとなるが、この不足分をファイナンスするのが海外からの援助であり、政策改革支援と呼ばれる。海外からの援助資金の流入は、国内において政策改革に現実味をもたせ（世界銀行1998=1998, pp. 27-28 紹介文献🟔）、改革反対派に対する外圧としての効果を持つ。政策改革支援は途上国の開発政治に影響を与える重要な介入である。

❷ 政策改革支援の系譜

　上述の通り、政策改革支援は、途上国の開発に必要な「政策」を「改革」することを目的とした外部からの「支援」と定義できる。途上国の開発政策を国際的に支援する代表的な枠組みが「政府開発援助（Official Development Assistance: ODA）」であり[5]、その供与主体によって二国間援助（国家による）と多国間援助（国際機関による）に区分されるが、政策改革支援についてはとりわけ、世界銀行を中心とした多国間援助によって国際潮流がリードされてきた経緯があるため[6]、ここでは多国間 ODA に焦点を当てて政策改革支援の系譜を概観する。

　実は、国際機関による政策改革支援の変遷は、国際援助潮流の歴史そのものである。途上国において施行されている政策の改革を目的とする支援がドナーによって発動されるということは、現行政策の中に改善されなければならない問題があるとドナー側も認識しているからこそ可能になるわけだが、何を「問題」ととらえ改革の対象とするかについては[7]、その時代のトレンドを反映しており、時代とともに変遷する。

4　既存の政策が存在しない領域に新規に政策を導入する場合であっても、政策が存在しないことで利益を受けている既得権者がいるという意味では、同様の抵抗は想定されうる。

5　言うまでもなく ODA は、政策「改革」支援のみならず、「現行」政策を強化する形での支援（政策支援）も行う。

6　二国間援助においても政策改革支援は供与されており、日本も「開発政策借款（Development Policy Loan：DPL）」という形で、インドネシア、ウクライナ、イラク、ヨルダン、ベトナムといった国々に支援を展開している。

7　政策改革の主体は一義的には途上国政府であるとしても、双方行為としての援助が成立するには、受入側のみならず供与側の同意が必要条件である。

ODAが開始された当初の1960年代には、途上国が発展しないのは開発に必要な「資金」(貯蓄および外貨) が不足しているからと考えられていた (二重のギャップ論)。70年代には、人が生きるのに必要な「基本材」という「物資」が不足していることが問題視されるようになった (ベーシック・ヒューマン・ニーズ論)。しかし、援助によって資金や物資を供与したとしてもなかなか発展に結びつかない中で、開発主体たる途上国政府の選択している政策の方向性がそもそも間違っているのではないかという疑念が提示された。折しもサッチャー、レーガンらによる「小さな政府」を標榜する新自由主義が全盛期の1980年代、幼稚産業保護などのための貿易規制等の措置を残してきた途上国の政策が、開発を阻害している元凶そのものとしてやり玉にあがり、市場経済に任せる自由化・民営化の方向への政策改革が推奨されるようになった。このような改革は構造調整と呼ばれ、世界銀行による構造調整借款 (Structural Adjustment Loan: SAL) とIMFによる構造調整ファシリティ (Structural Adjustment Facility: SAF) を中心とした資金援助によってインセンティブ付けがなされた (両者を合わせて構造調整融資と呼ぶ)。経済政策の自由化や公営企業の民営化を進めることを条件として (コンディショナリティ)、融資を受けることができるという仕組みである。この史上類を見ない規模での政策介入が途上国にもたらしたインパクトは絶大であり、経済学のみならず、社会学や人類学の観点からの研究が多数展開された。政治学の分野においては、国内政治と国際政治の相互作用への関心が高まっていた折、国際金融機関からの融資を条件とした改革圧力に対して、被支援国がどのように応答するかを、複数の国の事例を用いて大々的な研究プロジェクトとしたのが、ハガードとカウフマン (1992 紹介文献**53**) である。

80年代の終わりとともに訪れた冷戦終結は、計画経済に対する市場経済の優位性を証明したが、途上国の政策の自由化や民営化を促す構造調整はうまくいかなかった。それは、既存の政策の方向性を転換させるという改革を「外部」から促すことがいかに難しいかをあからさまなものにした。構造調整が失敗であったと自ら総括した世界銀行は、外部からの援助が有効に活用された国とそうでない国とを調査し、その成否を分けた要因は「政策」と「制度」であると結論づけた (紹介文献**54**)。すなわち援助は、もともと適切な政策と制度を保有している国に供与されたときに初めて十全な効果を持つという結論である。

ここから示唆されることは、政策改革を促すためのインセンティブ付けとして援助を利用すること、つまり「改革努力を援助で買う」ことは不可能であるから、援助を用いて政策改革を促すことはあきらめ、良い政策および良い制度を持っている国に援助を投入するべきということである。これは、後述するように「ガバナンス」というコンディショナリティが加わったことを意味する。

　では、援助を受けるにふさわしい「適切」な政策とはどのような政策か。それは、自由化や民営化とは異なり、貧困者への相応な配慮をしている政策（pro-poor policy）であるとされた。構造調整によって自由化された市場の中で、アジア危機などに見られるようにグローバル金融資本の剝き出しの影響を受けたのが途上国の貧困層であったこともあり、[8] またインフラ開発などに融資する予算的余裕がドナーにないという状況もある中で、2000 年代の国際社会の解決すべきテーマとして「貧困問題」が掲げられた。[9] 貧困削減が国際社会共通のゴールとして設定されるとともに（ミレニアム開発目標）、その目標を具現化するための戦略（貧困削減戦略）およびそれを文書化した貧困削減戦略ペーパー（PRSP）が各国ごとに作成されることとなった。[10] このプロセスを主導したのは世銀と国連であるが、PRSP は構造調整のときのようにドナー側からの押しつけによって途上国の自発性を削ぐことのないように、途上国政府が自ら作成するものという位置づけとされた。つまり、貧困削減を実現するような政策改革の選択を途上国政府自らにさせるという仕組みである。

　しかし、貧困削減という大枠の構造は共通のものとされ、事実上、途上国に選択の余地があるわけではなく、国の事情や条件がどうであるかにかかわらず貧困削減に資する方向への政策改革を求められる。国際社会としてサポートするに値する適切な方向への政策改革に舵を切ったかどうかが、戦略ペーパーを作成したかどうかで判断されるわけである。[11]「何が適切な政策なのか」は一概には言えないはずなのに、「One size fits all」の政策を求めることに対しては批判も多く、構造調整融資の反省を受けて形成された貧困削減体制も、[12]「入

8　実際には、金融危機においては国内資本も大きなダメージを受けている。
9　貧困が課題として設定された端緒は、1990 年の世界開発報告（世界銀行 1990=1990）とされる。
10　最初の PRSP は 1998 年からすでに開始されていた。
11　そして改革が本当に実行されているかについて、援助国側からモニタリングを受ける。
12　世界銀行は SAL を貧困削減支援借款（Poverty Reduction Support Credit：PRSC）に、IMF は SAF を貧困削減・成長ファシリティ（Poverty Reduction and Growth Facility：PRGF）に、それぞれ改変した。

れ物は代わったが中身（本質）は変わってない」という指摘もなされた。石川（2006 紹介文献 **55**）は、構造調整政策から貧困削減体制以降までの国際援助の潮流を体系的にとらえる構造を提示した研究であり、一連の政策改革支援の構造的欠陥を指摘した文献として読み込むことができる。

　貧困削減体制はその後、MDGs の終了年である 2015 年まで続いた。政策改革を通じて貧困削減を促進することをめざしたこの体制は、実はこの 15 年の間に政策改革支援を超えたものに変容していた。政策が実際に機能するための「前提」こそが改革すべきターゲットであることが明らかになってきたからである。政策改革支援を受けて理想的な政策が策定されたとしても、その政策を実施する行政機構の能力が備わっていなければ政策は実現されない。仮に政策が実施されたとしても、その運用が事前に設置されたルールに基づかずに政府によって恣意的になされたならば、政策の正統性は失墜する。そもそも、ある政策を遂行しようという推進力は、その政策がその国の内部から湧き起こり、その国の国民の多くから支持されたものでなければ継続しない。すなわち政策がその効果を発揮するためには、行政制度、法制度、政治制度といった「制度」が確立されていることが大前提となる。

　こうした認識が国際開発の分野で共有されていった背景には、政治学における新制度論（制度派経済学の流れを継承している）が興隆し、「制度のあり方が政策のあり方を規定する」（institution matters）という知見が提示されたことにもよる。しかし制度はただ存在するだけでなく、制度の趣旨に沿って適切に機能を発揮しなければ意味がない。この制度の「機能」の部分に着目したのが「ガバナンス」という概念である。政府が形式的には存在していても、公共主体としての能力に欠け、その本来の役割を果たしていないことが開発を阻害してきた経験を踏まえ、「公共部門のガバナンスこそが国家開発の成否の鍵を握る」（governance matters）という認識が確立していった。

　こうして、改革すべき対象は、「政策」から「制度」「ガバナンス」へと変化、支援の重点もまた「政策改革支援」から「制度改革支援」さらに「ガバナンス支援」へとシフトしていった。ガバナンス支援の具体的な方法は、公的部門（ガバナンス部門と呼ぶ）のうち機能していない部分の能力拡大のため人材等への技術支援に加え、ガバナンス改革を資金援助の条件として用いる手法（ガ

バナンス・コンディショナリティ）が活用された[13]。ガバナンス改革支援の資金が
実際に供与されるツールとしては、PRSC（注12参照）をはじめとした政策改
革支援の枠組みがそのまま用いられた。つまり、2000年以降の貧困削減体制
の下における政策改革支援は、そのツールを用いた改革の中身を政策から制度、
さらにはガバナンスへと変容させてきているのである。つまり、政策改革支援
の形を借りたガバナンス支援をしているととらえることができる。なお、政策
改革支援に用いられるPRSCなどの現行ツールは、世界銀行では「開発政策
融資（Development Policy Lending）」という名称で総称されており、2004年の時
点で構造調整融資に代わるものとして位置づけられていた（本間2008）。この
点は、2016年から掲げられたSDGsの下でも変更されていない[14]。支援のゴー
ルそのものが貧困削減から持続可能な開発へと変更された後も、実務で用いら
れているのはPRSCを含む政策改革支援ツールであり、その融資条件にガバ
ナンスが付与されている点も変わりない。しかし、こうしたガバナンス支援を
受けてもなおガバナンスが改善しない状況を受けて、ガバナンスが機能しない
原因の特定に焦点が移ってきた。目下、「政治」こそが改善するべきターゲッ
トとの結論に至っている。

関連文献ガイド

小林誉明「開発援助とガバナンス」木村宏恒他編『開発政治学入門 —— 途上国開発戦
　　略におけるガバナンス』勁草書房 2011、pp.261-280.

世界銀行『世界開発報告1990 —— 貧困』世界銀行東京事務所訳、イースタン・ブッ
　　ク・サーヴィス 1990=1990.

ピアソン，ポール『ポリティクス・イン・タイム —— 歴史・制度・社会分析』粕谷祐
　　子監訳、勁草書房 2004=2010.

本間雅美『世界銀行と開発政策融資』同文舘書店 2008.

World Bank Group, *2015 Development Policy Financing: Retrospective Results and Sustainability*,
　　World Bank Group, 2015.

13　世界銀行が、被支援国のガバナンス改革が進んだか（改善したか）を評価するために用いる
　指標が国別政策制度評価（Country Policy and Institution Assessment：CPIA）である。
14　実際、世界銀行の総融資額における開発政策融資の割合は、2005年から2015年の間におい
　て平均29%を占め、安定的に推移している（World Bank Group 2015）。

ステファン・ハガード & ロバート・カウフマン 編著
『経済調整の政治学』

［邦訳なし］
Stephan Haggard & Robert R. Kaufman eds, *The Politics of Economic Adjustment*, Princeton University Press, 1992.

　比較政治学者のハガードとカウフマンによる編著書。編者らは、1980 年代から 90 年代の国際社会で展開された政治的な民主化や経済的な自由化の動きをめぐる研究を継続的に実施、その成果を複数発刊している。1980 年代の世界を席巻した自由化・民営化の潮流は、開発途上国にも経済構造の調整を迫る国際的な圧力として改革を促した。本書のリサーチクエスチョンは、「どの国にも改革を迫る国際的圧力があったのに、改革を乗り切った国とできないままの国との違いがなぜ生まれたか」である。比較政治学の正統的な研究デザインが用いられることで、政策改革支援に対する受け手の側からのリアクションを複数国の比較事例で横串に見ることができる貴重な研究となっている。

　本書は、①改革に対する国際的圧力、②改革の主体たる政府の能力、③改革をもたらす分配の政治、の 3 部構成となっている。改革に対する国際的圧力について論じた第 1 部では、改革を迫る外部アクター（貸し手）と途上国（借り手）との交渉（バーゲニング）のメカニズムが分析されている。貸し手は最小限の融資の拠出で、相手国が迅速かつ広範な改革努力を実行することを望む一方、借り手は最大限の融資を引き出し、改革実行に伴う政治的・経済的コストを最小化することを望み、改革の困難さを誇張してより多くの補償やサポートを求めるインセンティブを持つとされる。なお、世界銀行・IMF による構造調整借款等の融資は、途上国側からすると追加的な資金獲得を意味するわけだが、これが改革の成功に寄与するのは、リーダーがすでに改革にコミットしている場合（オザル政権下のトルコの事例など）であり、支援を確保する前にとられる政策アクションは、改革が本当に実行されるかどうかを占う試金石とされる。また、改革と引き替えに援助をもらえるという誘因付けの手法（コンディショナリティ）を用いることが、途上国の改革の促進に有効という知見（マルコ

第 19 章 政策改革支援 251

ス政権下のフィリピンなど）も導かれている。

　経済改革の主体たる政府の能力について論じた第2部のメッセージは明快で、改革の成功には能力ある政府が必須というものである。経済改革の具体的なメニューは政策の自由化や民営化であり、これは政府の役割を減らして市場の領域を拡大することを意味する。つまり、政府は改革されるべき対象そのものである。にもかかわらず本書では、改革のためには高い行政能力が必要であると説く。政府の役割を減らして市場の力を拡大するためにこそ、政府それ自体の能力が強化される必要があるという主張は逆説的である。

　経済改革において能力ある政府が必要な理由は、改革というプロセスに「集合行為問題」がつきまとうからである。改革の利益は社会全体に行きわたる公共財であるにもかかわらず、改革のためのコストは誰もが払いたがらない。こうした中、改革を開始する重要な役割を担えるのは政府だけである。改革はとくに、政府の中につくられる「変革チーム」からもたらされることが多いという。このチームは、テクノクラートから構成され、通常の意思決定チャンネルとは別途形成され、他の官僚機構や利益集団からの圧力から守られた自律性の高い集団を指す。現実には途上国政府は行政能力が欠如していることが多いが、行政能力の低い政府が改革を開始する場合には、改革のプログラムのデザインを国際機関や先進国ドナーに頼る傾向にあるという。

　改革をもたらす分配の政治について論じた第3部では、改革を主導する政治的条件が、政治体制、選挙サイクル、政党制の観点から検討される。まず政治体制との関係では、改革のイニシアティブを発揮しやすいのは、民主制よりも権威主義体制の下（トルコ、チリ、ガーナ、メキシコなど）である。選挙のタイミングとの関係では、来るべき選挙での課題に直面している政権は不人気な改革に着手したがらないが、勝ったばかりの政権はハネムーン期間や反対勢力が組織化されるまでの時間を利用して、野心的な改革を新たに開始することができる。政党制との関係では、複合階級（multiclass）政党においては潜在的な改革反対派は与党内に吸収されてしまうため、政治エリートが分配圧力から遮断される一方、政党が分極化している国では政治エリートは利益集団への分配の必要が高くなる傾向にあるという。

　本書で明らかにされているさまざまな知見の多くは、世界銀行による『世界開発報告 1997』（紹介文献 ⓫）で展開されている内容と一致している。

『有効な援助
—— ファンジビリティと援助政策』

[小浜裕久・冨田陽子訳、東洋経済新報社 1998]
World Bank, *Assessing Aid: What Works, What Doesn't and Why?*, World Bank
Policy Research Report, World Bank, 1998.

　先進ドナー国に「援助疲れ」が出てきた 1990 年代、開発資金の減少という
事態に直面する中で、援助の投入に対する費用対効果を高める要請に応えるべ
く、世界銀行が実施したのが「援助の有効性」に関する研究プロジェクトであ
る。個々の研究成果は *Policy Research Working Paper* などの刊行物の形で発刊され、
その総括レポートが本書である。経済学者による著作であるものの、ポスト構
造調整における政策改革支援の考え方がわかる最適な一冊である。

　世界銀行が本研究に着手したのは、構造調整融資を通じて途上国につぎ込ま
れた援助が有効ではなかったという自己反省に端を発する。途上国の政策改革
を目的として援助がなされたのであれば、改革の成就に寄与する援助こそが
「有効な援助」ということになるが、構造調整融資は有効な援助にならなかっ
た。その原因を本書は、相手国自身における改革の自発的な意思が欠如してい
る中で、大規模な融資によって経済改革を「買おう」としたことにあると結論
づける。この分析結果を踏まえて本書が提唱する、援助を有効化するための処
方箋は、相手国の改革状況に応じて、①適切なタイミングで、②適切な援助資
源が投入されることである。本書のメッセージは、「社会が改革を望んだとき、
援助は、アイディア、訓練、そして資金という決定的なものを提供できる。一
方、改革の動きのまったくない国で政策の改善を「買う」努力は決まって失敗
している」という一文に集約されている。

　本書ではまず、援助を受ける途上国を、すでに正しい政策へ向けての改革
に着手している国（良い政策運営をしている国、改革に対する強い国内的意思がある
国）と、まだ改革に着手できていない国とに分ける。その際、「何が正しい政
策なのか」については、構造調整融資の時代においては自由化や民営化を指し
ていたわけだが、貧困削減レジームへの転換を受けて書かれた本書では、貧困

削減に資する政策（pro-poor 政策）のことを指している。次に、投入するリソースによって資金援助とアイディアの援助とを区別する。その上で、①すでに改革を着手しているタイミングの国には資金援助を、②まだその段階に至っていない国にはアイディアの援助を投入、という使い分けを提案する。

　まず、改革の動きのない国にアイディアの援助を投入する理由は、資金を投入しても無駄に帰す可能性が高いものの、開発調査や技術協力を通じたアイディアの援助によって途上国の改革の機運を醸成することは不可能ではないからである。一方、改革がすでにスタートしている国に対して投入される資金は、改革を後押しする効果を持つ。改革がスタートしている国に対する外部からの資金の投入は、改革を推進している有効な政府が問題を解決するのに十分な時間存続するのを助けることに寄与するのである。ではどういう政府がより有効な政府になりうるかについては、新しく選挙で選ばれた改革志向の政府の方が改革に成功する可能性が高いことが明らかにされている。こうした知見を踏まえ、「新基軸にお金をつけ、それをきちんと評価することは、開発援助の基本的な役割である」ことが確認される。もちろん、改革に邁進中の政府に力を与えるのは資金だけではない。技術支援を通じた各セクター（とくに行政セクター）の能力向上は、政策改革を具体的に支える人材をつくっていく意義を持つ。

　本書は、有効な援助の条件が、政策改革を進める意思と能力をもった公共主体が存在しすでに機能していることであることを明らかにした。援助の効果が発揮できるか否かは、途上国側のガバナンスに依存するという知見を導き出した最初の研究として位置づけることができよう。ドナー諸国・機関はここから、ガバナンスの良好な国だけを選別して援助することによって、限りある援助資源の投入効率を高めることができるというメッセージを受け取った[15]。本書は「選択的援助（Selectivity）」という国際援助潮流の契機をつくる貢献をしたのである。しかし、ガバナンスが悪いような国こそが最も援助を必要としており、この基準を当てはめるならば「脆弱国家」は援助から取り残され「援助孤児」が大量に生まれてしまう。こうした国のガバナンス改善に正面から取り組もうというのが 2000 年以降のガバナンス支援のトレンドである。

15　ただし本書そのものは、ガバナンスが悪い国へも（資金ではないが）アイディアの援助は供
　与し続けることを提唱している点は留意すべきである。

55 石川 滋 『国際開発政策研究』

［東洋経済新報社 2006］

　先進国によって途上国に対して供与される国際開発援助を、援助する側とされる側の双方行為としての「国際開発政策」として定置した上で、その国際開発政策をとらえるための枠組みを初めて体系的に構築しようとした試みが本書である。著者は、日本の開発経済学の草分けであるが、本書は経済学の枠を超え、政治学の知見も取り込み、国際開発政策に関する総合的な知の領域をつくり上げようとしている。構成は、第1章で「国際開発政策」の基本枠組み、およびそれを研究分野とする「国際開発政策研究」の全体像が提示され、2章以下で具体的な事例が展開されている。

　本書ではまず、国際開発政策の構成要素を「開発モデル」と「国際援助システム」とに区分する。「開発モデル」とは、国づくりのプロセスにおいて、国家がめざすべき開発の方向性とそこに至るメカニズムを指す。開発モデルは、その国のおかれた初期条件などから理論的に導き出される（客観モデル）が、そのモデルを考える主体が誰かによって主観の入り込む余地が大きい（主観モデル）。主観モデルはさらに、途上国自身が「自国はこうなりたい」と考えるレシピエント・モデル（Rモデル）と、そこに援助をする先進国が「相手国にはこうなってほしい」と考えるドナー・モデル（Dモデル）とに区分される。こうした開発を望む途上国とそれを支援するドナー国とをつなぐ仕組みが開発援助であり、その援助手法や条件、支援対象といった一連のセットを「国際援助システム」と呼ぶ。ある特定の国際援助システムに対応する特定の開発モデルの組み合わせが一つの国際開発政策を構成し、そのトレンドは時代とともに変遷する。本書ではその時代区分を、1980年までの第1期、80年代から90年代半ばまでの第2期、90年代半ばから2002年までの第3期、2003年以降の第4期とする。

構造調整融資が始まる前（第1期）は、プロジェクト援助の様式をとる国際援助システムが、資金投入による成長という開発モデルに裏付けられていた。構造調整融資（第2期）の国際援助システムは、経済政策改革を実行する途上国の国際収支支援を名目としたプログラム援助の様式をとり、新古典派経済学の理論（客観モデル）に基づいて先進諸国（ドナー）が信じる市場の自由化や民営化を通じた成長という開発モデル（Dモデル）に裏付けられていた。構造調整の失敗が明らかになった後（第3期）の貧困削減融資の国際援助システムは、貧困削減に政策プライオリティを置く途上国に対する国際収支支援を名目としたプログラム援助の様式をとるが、開発モデルは構造調整融資のときと変わっておらず、その限界が指摘される。

　著者はそこで、英国によって主導された第4期の国際援助システムに希望を見出す。それは、第2期および第3期において用いられた、援助する側とされる側との非対等関係に基づいたコンディショナリティを廃止し、対等な関係（パートナーシップ）に基づいて、一般財政支援というモダリティを用いることによって援助の用途を途上国側の主体性（オーナーシップ）に委ねるという国際援助システムである。ただし、この援助方式を支える有効な開発モデルは存在しないというのが著者の危惧であった。実際、本書の発刊からわずか数年を経ずして、開発モデルなき国際援助システムが脆弱であることが証明された。貧困削減体制を主導していた英国が、その主要なツールである一般財政支援を突如放棄し、経済成長支援に舵を切ったのである。

　援助の潮流が節操なく変化する現代において、本書から読み解ける普遍的なメッセージは、援助システムのまっとうさ（開発モデルに裏付けられているか）を見る眼を持つことといえよう。著者はここに、「研究」の役割を見出す。理論的な根拠から浮遊して援助システムが形成されてしまった理由は、「開発援助が学術的に興味あるトピックを提供しないという理由で疎んじられ」たからであるが、それゆえ国際援助システムは実務者、開発モデルは開発経済学者が別々に担い、相互の関係は構築されなかった。こうした中で実務家と研究者の対話のプラットフォームとして構想されたのが、本書の国際開発政策「研究」の「基本枠組」である。この枠組みは、開発モデル（客観モデル）を生み出す研究者と、開発援助システムを動かす実務家との協働可能な接点がどこにあるのかを知るための見取り図を提供しうるであろう。

第20章

平和構築支援

keywords 平和活動, 自由主義的平和論（リベラル・ピース論）, 国家建設, 制度構築

❶ 平和構築支援の発展

　平和構築（peacebuilding）という言葉が国際的に認識されたのは、1992年の国際連合（国連）事務総長ブトロス・ガーリ（当時）による報告『平和への課題』で言及されてからである。[1] この報告で平和構築は、予防外交、平和創造、平和維持を補完する活動と位置づけられ、紛争後に「紛争の再発を防ぐため、平和を強固にする組織を支援し、平和のための機会を高める活動」と提起された。[2] 今日、平和構築支援は、紛争を経験した国やその恐れがある国が安定を取り戻せるよう経済、社会、安全保障を含む包括的な国際支援として、国連のみならず、世銀を含む国際機関のほかにOECD加盟援助国にも実践されている。[3]

　1990年代に国際機関や援助国政府が平和構築に着目した背景には、グローバル化された経済のもとでのアイデンティティをめぐる戦闘が行われるなど、それまでとは異なる新しいタイプの戦争（内戦）を経験する開発途上国が増加し（カルドー 1998=2003）、第二次世界大戦頃までの国家間の紛争を経験した国への支援とは異なる戦略が求められたことがある。またこうした紛争（内戦）

1　『平和への課題』の原文は *An Agenda for Peace* で検索すれば入手可能。この報告で、平和構築は peace-building と表記されているが、近年ではハイフンを入れない peacebuilding の表記が増えている。

2　*An Agenda for Peace*, para. 13［online］．後に国連は『平和への課題：追補』（1995）で、『平和への課題』で提起した国連平和活動の構想を修正している。

3　世銀や各援助国のいくつかは、当初、「平和構築」という表現ではなく、復興や再建という表現を好んで使用していたが、近年では、「国家建設」とあわせて平和構築という表現が使用されるようになっている。

経験国では、国連による平和維持活動（PKO）が成功裏に終えられたとしても、5年以内に再び紛争に陥る国が4割を超え（世界銀行 2003=2004）、また紛争に至らなくても多くの国が不安定化したことが確認された。内戦経験国やその恐れのある国では、それまでに行われていた平和維持活動と社会復興支援のみでは、不十分だと考えられるようになり、平和維持活動と復興支援をつないで、中長期的に安定を維持できるよう支援を行う必要があるという認識が生まれた（西川 2013）。

2000年代以降、ソマリアに代表される「崩壊国家」やスーダンやイラクなどの「失敗国家」、2001年米国における同時多発テロ以降、統治能力が弱く治安が安定せず紛争の恐れがある「脆弱国家」（本書第8章参照）が注目されるようになると、こうした国への対策が検討される中で、国をつくり上げるという国家建設の文脈においても平和構築支援が論じられるようになった（Call 2008）。

❷ 平和構築支援をめぐる研究の広まり

平和構築は、国連活動などの実践で注目されるのみならず、研究や教育でも世界中で取り上げられている。学術において平和構築という言葉は、1970年代から使用されているが（Galtung 1976）、今日の平和構築に関する研究の多くは、先に述べた国連活動や先進援助国による内戦経験国やその恐れのある国に対する支援に関連しているといえよう。

学術研究の一テーマとしての平和構築（平和構築論）には、次の三つの特徴がある。一つは、政治学に限らず経済学、社会学、さらには文化人類学など多様な学問領域（discipline）を含むことである。二つ目は、今日、国際的に行われる平和構築支援に含まれる活動には、第二次世界大戦後の復興や、1960年代以降世界の潮流となった脱植民地化後の国に対する支援、その過程で論じられた近代化論に関連する諸問題にも通じることである。平和構築に関する問題の多くは、今日の世界情勢を踏まえて検討されるという意味で新規性はあるものの、平和構築として行われる多様な活動のあり方やアプローチは、他の領域（たとえば開発学や政治学）の既存研究で論じられていることも少なくない。三つ目は、平和構築は、現実の多様な取り組みに基づいて理論化の試みや既存理論の再検討が行われており、実践が先行してきたことである。したがって平和構築論は、問題解決を念頭に入れて政策的な意味合いを含めて検

討する応用科学（applied science：科学的な知識を実際的な課題に適用する科学）の一つと言える。

❸ 平和構築支援の特徴と批判的検証

　国際支援としての平和構築は、理論と実践の両側面から検討されている。内戦を経験した開発途上国に対する近年の平和構築支援では、復興や再建という表現が使われるが、現実には国民形成を含む国づくり（国家建設）が求められることが多く、平和構築支援の中心的課題は、国家運営のための制度構築であるという考えに収斂してきた（制度構築については本書第5章参照）。本章で紹介するパリス（Paris 2004 紹介文献 **56**）と篠田（2003 紹介文献 **57**）の著書も制度に着目している。制度構築と正当性は、経済復興の観点からも重視される（世界銀行 2011=2012 紹介文献 **22**；Barma 2014）。

　他方で、国家運営のための制度というきわめて政治的な領域が支援の中心となる平和構築は、特定の政治的価値規範（イデオロギー）に基づく支援であったと批判された。とくに冷戦終焉以降に行われた平和構築支援における制度構築は、自由主義（リベラリズム）に基づいていた（紹介文献 **56 58**；Richmond 2014；Mac Ginty 2011）。自由主義は、啓蒙思想から生じた近代思想の一つで、「政府からの自由」としての自由権や個人主義、「政府への自由」としての民主主義、経済的には、私的所有権と自由市場による資本主義などの思想的基礎であり、それらの総称である。また民主主義が定着した国家同士は、定着していない国家同士の場合と比べて戦争が起こりにくいという「民主的平和論」（Russett 1993；Lake 1992）を根拠にして民主主義が推進された。つまり経済的自由化と民主主義の達成が、国内的にも国際的にも平和的な国をつくることを保証すると考えられて（自由主義的平和論）、平和構築支援の潮流となった。

　しかしこの自由主義に基づく平和構築支援が、むしろ武力紛争や暴力を助長すると指摘されるようになった（紹介文献 **56 58**）。複数国に関する分析でも、民主主義の定着が、平和や経済の安定を約束するものとは言いきれないことが明らかになっている（世界銀行 2003=2004；Mansfield & Snyder 2007；水田 2012）。トムズとロン（Thoms & Ron 2007）による研究でも、民主化であれ権威主義化であれ、政治体制の移行期間には武力紛争に陥るリスクが高くなることが明らかになっている。冷戦終焉前後に武力紛争の終わりを迎えた国（30ヵ国）の分析で

も、同様の結果が得られた。民主化などの体制移行と平和およびそれらと経済との関連については、学術的にも多様な見解があり、民主主義への移行過程にある国が、それを平和裏に達成するにはいかなる条件が求められるのか、その過程で経済状況がどう作用するのかは、今後の研究と実践で明らかにされなければならない。

❹ これからの平和構築支援の課題

　西欧の価値規範に基づき民主主義や市場経済を移植し、自由主義を推進しようとする平和構築支援に対する批判を経て、近年では、これからの平和構築支援によりどのような平和が達成されるべきかという議論が高まっている。同時に、平和構築を「支援」の観点から検討する場合、本来は内発的に達成される平和を、「支援」によってどこまで達成できるのか、また外部アクター主導で達成された平和は、持続的に維持されうるのかという、平和構築をめぐる援助と被援助関係についても言及されるようになった。西洋の歴史に示されるように、平和は本来、当該国の人々が紆余曲折を経て（内発的に）達成されるものである。しかし現実には外部アクターが主導的役割を担うことも多く、当該政府に代わって国連が（暫定的ではあるが）統治を行った例もある。

　近年、自由主義的平和構築を超えたアプローチ（ポスト自由主義的平和論）が検討されているが、本章で紹介するリッチモンドは、持続性の観点から「ハイブリッドな平和（hybrid peace）」を提唱している（紹介文献 **58**；Mac Ginty 2011）。ハイブリッドな平和の達成には、西洋の歴史と文化的背景を反映した民主主義、市場経済、人権、法の支配などの自由主義的な規範や制度を移植するのではなく、これらと対置されるような（当該社会に特有な）非自由主義的な慣習や風習と擦り合わせることで、当該社会に適合する統治を検討する。しかし、こうした自由主義的平和構築に対する批判から提起されたアプローチも、さらなる批判の対象となっている。パフェンホルツは、地元主体によるアプローチを重視する議論も当該社会の権力関係が十分反映されていないと論じている（Paffenholz 2015）。

　平和構築や国家建設で注目されている制度には、公式（フォーマル）なもの

4　西川由紀子、国際開発学会ラウンドテーブル報告（2017）から。

だけでなく、非公式（インフォーマル）なもの（たとえば習慣、慣例規範、制約）も含まれる。ヨーロッパで有効であった制度を、他の国や地域に移植してもうまく機能するとは限らないように、当該社会に根付く価値観に基づく規範や制約、さらには権力関係を過小評価して有効な制度の構築はありえない。したがって近年では平和構築分野でも、そのアプローチがいかなるものであれ、文化人類学や民俗学の手法を用いて、当該社会の制度や慣習、規範に関する理解が求められている。こうした既存の制度や規範と国際規範を、グローバル社会から受ける影響に配慮しつつ、いかに地元アクターが主体的に活用し維持できるものに変容させていくのかを検討しなければならないのであろう。

　今後の平和構築支援を検討するにあたり、持続性は一つの要であるが、内戦を経験するような国でどのような平和を達成することが可能であり、それを持続的に維持するためには何が求められるのかを、より現実的な視点に立って検討していく必要があろう。平和構築支援をめぐって今日直面している課題の解決には、国家、制度、イデオロギー、さらには援助と被援助関係をめぐる政治的議論を踏まえた行動が求められている。

　本章では、パリス、篠田、リッチモンドの3冊を紹介する。パリスは、平和構築における制度構築の重要性を示し、優先課題を挙げている。篠田は、制度構築の中でも法の支配を題材に、平和構築という特異な状況で生じる矛盾を整理している。リッチモンドは、制度をめぐる矛盾を踏まえた上で、持続性の観点から制度構築を模索する。初学者はこれらのほかに、より入門的な書籍（大門 2007 や藤原他 2011）を参照されたい。

関連文献ガイド

＊稲田十一編『紛争と復興支援 —— 平和構築に向けた国際社会の対応』有斐閣 2004.

　大門毅『平和構築論 —— 開発援助の新戦略』勁草書房 2007.

＊カルドー, メアリー『新戦争論 —— グローバル時代の組織的暴力』山本武彦他訳、岩波書店、1998＝2003.

　世界銀行『世界開発報告 2011 —— 紛争、安全保障と開発』田村勝省訳、一灯社 2011＝2012.

＊世界銀行『戦乱下の開発政策』田村勝省訳、シュプリンガー・フェアラーク東京 2003＝2004.

西川由紀子「平和構築支援とガバナンス」木村宏恒他編『開発政治学の展開』第12章、勁草書房 2013.

藤原帰一・大芝亮・山田哲也編『平和構築・入門』有斐閣 2011.

＊水田慎一『紛争後平和構築と民主主義』国際書院 2012.

Barma, N. H., Huybens, E. & Vinuela, L., *Institution Taking Root: Building State Capacity in Challenging Contexts*, World Bank, 2014.

Call, C. T. ed., *Building States to Build Peace*, Lynne Rienner, 2008.

Galtung, J., Three Approaches to Peace: Peacekeeping, Peacemaking, and Peacebuilding, *Peace, War and Defense: Essays in Peace Research*, Vol.II, 1976.

Lake, D. A., Powerful Pacifists: Democratic States and War, *American Political Science Review*, 86(1), 1992, pp.24-37.

Mac Ginty, R., *International Peacebuilding and Local Resistance: Hybrid Forms of Peace*, Palgrave Macmillan, 2011.

Mansfield, E. D. & Snyder, J., *Electing to Fight: Why Emerging Democracies Go to War*, MIT Press, 2007.

Paffenholz, T., Unpacking the Local Turn in Peacebuilding: A Critical Assessment towards an Agenda for Future Research, *Third World Quarterly*, 36(5), 2015, pp.857-874.

＊Richmond, O. P., *Failed Statebuilding: Intervention and the Dynamics of Peace Formation*, Yale University Press, 2014.

Russet, B., *Grasping the Democratic Peace: Principles for a Post-Cold-War World*, Princeton University Press, 1993.

Thoms, O. N. T. & Ron, J., Do Human Rights Violations Cause Internal Conflict? *Human Rights Quarterly*, 29(3), 2007, pp.674-705.

56 ローランド・パリス
『戦争の終わりに ── 内戦後の平和構築』

［邦訳なし］
Roland Paris, *At War's End: Building Peace After Civil Conflict*, Cambridge University Press, 2004.

　ローランド・パリスは、英国ケンブリッジ大学（修士号）、米国イェール大学（博士号）と名だたる大学で国際関係と政治学を学び、現在はカナダのオタワ大学で教鞭をとる。近年ではカナダ首相のシニア・アドバイザーや北大西洋条約機構（NATO）の事務総長を務めるなど、安全保障分野で世界的に知られる。

　本書は著者が1990年代から幾多の著作で取り上げてきた国際平和活動と平和構築に関する研究の集大成といえる一冊であり、パリスの名を世界に広めた著書である。内戦経験国でどのように平和を確立するのか、何から着手すべきか、紛争の再燃を避ける実現可能な施策はどうあるべきなのか。インフラも人的資源も限られる内戦経験国で、平和を達成するまでに行わなければならない課題は山積する。1990年代を通して国際機関と主要先進援助国は、これらの疑問に答えるべく試行錯誤してきた。パリスが本書で示した答えはこうである。内戦経験国が構造変革を平和裏に行うためには、「自由化の前に制度化を行うこと（Institutionalization Before Liberalization）」である。

　パリスは、1989年から1999年の間に、国際機関と主要先進援助国が関わった14の国連ミッションを検証した結果、そのすべてで一つの共通した戦略があったと指摘する。それが自由化戦略である。パリスは、この戦略下の平和構築で拙速に民主化と市場経済化を行ったほとんどの国が不安定化したと説明する。パリスが批判の対象にしているのは、平和構築で掲げられた目的（リベラル・ピース達成そのもの）ではなく、それを達成する手段（プロセス）である。著者は、リベラル・ピースを達成するという目的は、国内的安定と国際的平和を実現するために有効であると考えている。しかしリベラル・ピース達成までのプロセスも安定的であるとは限らない。自由化のプロセスは、社会における競争と闘争を促進することから、本質的に混乱をもたらす危険性を孕んでおり、

政治経済的にも社会的にも、安定を脅かす可能性がある。事実、パリスは本書で分析した 11 ヵ国のほとんどで、自由化戦略によって暴力が再燃したり、政治的に不安定化したことを指摘し、2 ヵ国（ナミビアおよびクロアチア）以外は失敗または失敗に近いと厳しい評価を下した。内発的とは言えない内戦経験国の「国づくり」は、容易に達成しうるものではないことを象徴する評価である。

　パリスが提唱するリベラル・ピース達成のための安定的移行戦略とは、「移行期に社会にもたらされる緊張関係を管理できる制度基盤ができるまで自由化を遅らせる」ことで、これが「自由化の前の制度化」戦略である。この戦略の要としてパリスが提起するのは次の六つで、いずれも制度構築と行政機能に関わる。第一に、複数の穏健な政治政党が始動し、公正に行われた選挙結果を実現する仕組みができるまで選挙を遅らせること、第二に、公正な選挙ルール（システム）をつくり、実現すること、第三に、市民社会の発展を促すこと、第四に、ヘイトスピーチ（憎悪表現）を管理すること、第五に、社会的衝突を緩和する経済改革を推進すること、第六に、有効な安全保障機関と専門的かつ中立的な行政官の育成である（pp.188-207）。この戦略の実施には、通常 1 〜 3 年で行われる平和構築ミッションよりも長い期間（最低 5 年）を想定しているが、「時限を設けないことがより理想的である」と説明する。肝要なことは、当該国への権力の移行を「ショック療法（shock therapy）」的に行うのではなく、紛争後の社会情勢に応じて段階的に行うことである。パリスが強調する紛争直後に必要なこととは、「民主主義へのかき立てでも経済の押し上げでもなく、政治的安定と全領土にわたって有効に機能する行政（administration）である」（p.187）。

　パリスが本書を通して内戦経験国に対する平和構築支援を振り返り、技術的な側面ではなく、根底に据えられたイデオロギーにまで切り込んで、自由民主主義の達成をめざす介入主義的（ウィルソン主義的）平和構築を、批判的に検証したことは他に類を見ない。本書が平和構築分野のみならず、国際開発支援や国際政治研究にも一石を投じたことは疑う余地がない。何から手をつけるべきか、失敗と混沌に満ちていた平和構築の「これまで」を整理し、「これから」を考えるにあたり、本書は避けては通れない一冊である。平和構築を学ぶ者だけでなく、これからの平和構築を担う実務家にとっても必読書と言える。

57 篠田英朗
『平和構築と法の支配
── 国際平和活動の理論的・機能的分析』

［創文社 2003］

　篠田英朗はロンドン大学で国際関係学博士号を取得、国際政治（とくに平和構築）を専門とする。現在は東京外国語大学大学院教授。2007 年から外務省の委託により、平和構築分野の人材育成を行うなど、同分野の実務にも精通する。

　冷戦前後の紛争は、和平合意により終焉を迎えたものが少なくない。こうした国の平和構築支援では、和平合意後、選挙、法執行機関の改革、司法制度の整備が行われる。平和構築で行われるこれらの活動は、本質的にどのような機能を有し、持続的な平和の達成にどう作用するだろうか。本書はこれらの疑問に「法の支配」の視点から答えている。本書は高い評価を受け、第 3 回（2003 年度）大佛次郎論壇賞（朝日新聞社）を受賞した。第 1 刷の出版から 10 年以上が経つが、今日の平和構築活動を検討する上でも重要な示唆を与える。

　篠田は、一見「戦略」とは無縁であると考えられがちな平和構築にも、「戦略的視点」が必要であると考え、政治的・法的分野の戦略的視点として「法の支配」を本書の主題に据えている。本書では、この戦略的視点を「平和構築の法の支配アプローチ」として、理論的分析と実状に基づく機能的分析を行う。

　著者は「法の支配」を、法的制度に関わるだけでなく、恣意的な「人の支配」を排して社会をつくる政治的原則を表現する概念と説明する。またこの法の支配を、国内だけでなく、国際社会に規範的枠組みを提供するものと説明する。とくに紛争経験国では、国際的な法の支配が、国際基準の国内社会への適用により、国内社会で衝突を起こすこと（国際的な法の支配の逆説）を指摘し、本書では、両者を結びつけて平和構築の「戦略的視点」としている。

　篠田は、冷戦後の平和構築における法の支配の問題は、自由主義思想に依拠していることを指摘した上で、和平合意、選挙、法執行活動、司法活動の機能を次のように解析する。和平合意は、法の支配の出発点であり、社会契約の具

体的内容を示した暫定的憲法として機能するものである。選挙は、和平による社会契約を補足・完成させる意味を持ち、和平合意を権威づける住民の意思を確認する機会である。つまり選挙は、新しい国政を樹立する平和構築の正統性の源泉となるものである。法執行活動は、和平と選挙により定められた原則・規則（法の支配の諸原則）が順守されるよう、平和構築を通じて適用していく。したがって法執行部門の充実が、永続的な平和の樹立にとって決定的な意味を持つ。こうした国内社会における法の支配を究極的に保証するのが司法部門である。司法活動は、法秩序維持のために行われる裁判機能を指し、思想的には社会正義の実現を保証するものである。

とはいえ、紛争後という特殊な状況で、法の支配に関連する平和構築活動が上述の規範的プロセスを経て、法の支配の原則が実現されるとは限らない。たとえば著者は、コロンビアやフィリピンなど政府軍と反政府ゲリラ勢力間の紛争では、対等な当事者間の和平と同様の平和構築が進められないことや、ルワンダや旧ユーゴスラビアのように戦争犯罪人を和平の当事者として認めざるを得ない状況など、容易に解決しえない矛盾が生じることを指摘する。とくに司法活動では、ボスニアやシエラレオネで、和平合意にあたり、非人道行為を行った反政府勢力に恩赦を与えるような政治的配慮が司法機能に妥協を迫る例があり、裁判機能を通じて正義を追求することが常に平和に至るための手段とはならないと説明する。篠田はこのような状況を「司法と平和の対立的見解」と呼んで、全く別の論理で動く司法と平和の問題について、現実には妥協のためだけではなく、和解の準備のためにも、紛争後地域では平和の論理が優先されると説明する。本書はこうした複雑な状況に解決策を示すものではないが、問題を明確にし、今後の議論につなげようとする試みである。

法の支配は法学の観点から論じられることが多いが、紛争後の特異な状況では、その政治的な意義は大きい。なぜなら紛争経験国では、地域の特性や現地の個別的状況を考慮せず規範論に固執すると、平和が危機的状況に置かれるからである。平和構築における法の支配とは何であるのかを示し、法の支配をめぐる諸原則を政治的側面からとらえた本書によって、紛争経験国で、法の支配に関連して生じる矛盾や問題がより明確に示された。グローバルに展開する政治的潮流とリンクさせて論じた本書は、初学者から上級者まで、国際貢献として紛争経験国への支援に力を入れる日本国民の重要な課題図書である。

58 オリバー・リッチモンド
『ポスト自由主義的平和』

［邦訳なし］
Oliver P. Richmond, *A Post-Liberal Peace*, Routledge, 2011.

　英国マンチェスター大学の教授オリバー・リッチモンドは、国際関係と平和に関する研究を精力的に行っている。世界各国の研究機関で客員教授を務め、日本の学術界でも知られる。自由主義的平和構築が多くの著作で批判的に論じられるが、自由主義的平和（リベラル・ピース）以外に、平和を達成するためのどのような選択肢があり、どのような平和構築が検討されているのだろうか。本書は自由主義的平和の達成をめざす国際平和活動を批判的に論じた著書の一つであるが、単なる批判に終始するのではなく、ポスト自由主義的平和論（とくにハイブリッド平和論）を展開した先駆的著作である。

　リッチモンドは、国際的に推進されている自由主義的平和とローカルな平和の接点としてポスト自由主義的平和があり、文化的にも、政治的にも、経済的にも、自由化、自決と自治を現地に最適化させることが必要と考える。著者は本書で、カンボジア、ボスニア・ヘルツェゴビナ、コソボ、東ティモールの事例を通して、「自由主義的平和構築では、日常の平和を達成するために重要な当該国社会の文化がないがしろにされ、受益国の資源や主体が平和構築に動員されることなく非政治化（romanticise）されてきた」（p.19）と指摘する。同時にこれらの例における平和は、国際的な主体によって推進された自由主義的要素と、受益国に特有な要素を兼ね合わせた「ハイブリッド型（hybrid form of peace）」であったと指摘する。著者はこれをポスト自由主義的平和とし、本書の主題としている。

　冒頭で著者は、これまでに行われた国際平和活動によって達成された平和は、「国際的な贈り物でも、当該社会がつくり出すものでもなく、一つの契約であった」と述べる。リッチモンドにとって自由主義的平和は、「（当該）国家と国際機関主導であり、自由主義的な社会契約による安定を促すもの」である。

こうした国際的な平和構築は、当該国社会の視点からすれば「上から（トップダウン）のアプローチで、ローカルの現実とは乖離したもの」である。著者はこうした自由主義的平和モデルの失敗が、ローカルの主体や政治エリートなどによる略奪的態度にあり、自由主義的平和によりもたらされる恩恵が当該社会で理解されていないという主張に異論を唱える。「失敗の多くは、国家レベルからコミュニティレベルまで、現地の主体を巻き込んで、ローカルの文化や慣習、歴史、政治経済、社会システム、展望を理解して、現地に存在する平和構築と国際的に行われる平和のためのプロジェクトを擦り合わせられなかったことである」と論じる。著者がこう論じるのは、これまでの平和構築では、受益国社会には、平和を実現するための能力がほとんどないと考えられていたが、現実には、より多くの制度やアクター（たとえば、首長制度や宗教的権威）による受益社会に特有な紛争解決や平和構築が存在しているからである。もちろんローカルアクターによる国際的規範への配慮や国際支援への適応も求められる。

　著者は、「ローカルの平和と自由主義的平和は互いに否定するのではなく、補助し合い融合されていくことが、ポスト自由主義的平和の最も興味深い点」であり、ローカルを非政治化したり、国際的支援を脱政治化したりすることなく、それらの関係が進化していると論じる。たとえば東ティモールやソロモン諸島では、国際平和構築の失敗により、時間を経て国際平和構築支援のローカル化が見られ、これによって国家と社会が安定していったと述べている。ローカル化には、自由主義的平和のモデルに批判的な主体と、社会的支援や紛争解決の実施、和解、コミュニティレベルでの正義の達成に関わる平和構築モデルの不足を補完する慣習が作用する。ハイブリッド化（混合のプロセス）は、国際的な主体とローカルの主体による妥協と政治的調整によるものであると説明する。

　それゆえ著者は、これまでの平和構築の前提を打破するには、持続性の観点から「支援を受ける当該社会の主体への理解と、それを踏まえた当該社会の関与、西欧の政治文化に基づく自由主義への内省、国際的な介入にもたらされる結果を十分に解せる文化人類学や民族史的研究手法が必要」と論じる。その上で、現地の慣習に基づくアプローチを平和構築に資するものとして取り込む姿勢が肝要と主張する。自由主義的平和を否定するのではなく、むしろそれによる受益国社会の変化を踏まえた平和を提起する本書は、今後の平和構築を検討するにあたり参照すべき一冊である。

第21章
民主化支援

keywords 民主化，民主化支援，民主的ガバナンス

❶ 民主化支援とは何か

本章では「民主化支援」を取り上げるが、民主化支援について合意された定義があるわけではない。類義語には、デモクラシー（民主主義）推進（democracy promotion）やデモクラシー援助（democracy aid）がある。前者では強制的手段や外交的手段が強調され、後者は技術や資金の援助を中心とする傾向があるものの、定まった用法はない。本章では、民主化支援を、自由選挙を中心とする自由民主主義体制への移行とその定着の過程としての「民主化」を支援する活動として、両者を含む包括的な意味で用いる（杉浦 2010 紹介文献 **61**）。民主化支援が対象とする分野には、自由選挙の実施から、法の支配の実現、市民社会の育成、人権の擁護、ジェンダー平等、政治教育、政党、自由なメディアといったさまざまな分野が含まれる。支援の方法も、強制的方法から外交的対話、合意に基づく技術協力・資金援助まである。アメリカの民主化支援研究の第一人者であるカロザースの 2004 年の論文集に所収された論考（紹介文献 **59**）に示されるように、時代とともに民主化支援の焦点や争点は変化し、それに合わせる形で民主化支援研究も変化してきた。

❷ 民主化支援の発展

ある国の政治体制を「民主的」なものへ導く国際的な関与は、第二次世界大戦後も限られたものであった。1960 年代に入る頃には、経済発展は教育水準の向上をもたらすなどして民主化につながると想定する「近代化論」が支持されたが、民主化は間接的な目標として開発援助に組み込まれたにすぎなかっ

た。1960年代から70年代にかけては、冷戦が継続し、軍事政権が途上国を席巻する中で、デモクラシーや人権といった「政治的」分野を避けるアプローチが援助コミュニティで主流となる（Carothers & De Gramont 2013, pp.22-28 紹介文献 9）。1980年代になって、従来の開発援助とは別の流れで、民主化自体を目標とする援助がアメリカを中心に形づくられていった。81年に始まったレーガン政権は、中南米諸国の民主化への対応と新冷戦戦略として民主化支援活動を積極化し、83年には、各国の民主化団体を支援する米国民主主義基金（NED）を設立した。

1980年代後半になると、東欧諸国をはじめ世界各国で自由選挙と市場経済を柱とする自由民主主義体制への移行が進み、いわゆる民主化の「第三の波」が広がった（第18章、ハンチントン 1991=1995 紹介文献 51）。それにあわせて、西側先進諸国は、選挙支援や市民社会支援など民主化支援を活発化させた。同時に、開発とデモクラシーの好ましい相関関係が支持されるようになり、政治的分野への関与を避けてきた開発援助にも、程度に差はあるが民主化が目標として取り込まれていく。日本の政府開発援助（ODA）大綱のように、民主化や人権擁護を経済援助の条件とする「政治的コンディショナリティ」が制度化されていった（Crawford 2001；下村他 1999）。また、民主化を直接支援するプログラムも充実していき、たとえばEUは、94年に「デモクラシーと人権のための欧州イニシアティブ」（EIDHR）を設け、民主化関連分野への支援を強化した。国連も、1989年のニカラグアを皮切りに平和維持活動の一環として選挙支援を開始し、その後、選挙支援を制度化していく（杉浦 2004）。これら初期の民主化支援活動を踏まえ、選挙支援を検証するカロザースの論文や猪口らのアメリカの政策を検証する本など本格的な民主化支援研究も登場した（紹介文献 59；猪口他 2000=2006）。

1990年代後半に入ると、多くの国家で自由選挙が実施され、制度面では自由民主主義体制への「移行」が進む一方、政権の転覆や政権の権威主義化が進行する事態も目立つようになった。そのように民主主義体制の「定着」が課題となる中で、民主化支援も多様化していく。非合法的な政権転覆に対する加盟停止のように、民主化を「擁護」するメカニズムが米州機構（OAS）やアフリカ連合（AU）など一部の国際機構で導入された（Halperin & Galic 2005）。

民主化支援の制度化が進む一方、世界銀行を中心とした開発援助コミュニ

ティでは、1980年代のとくにアフリカでの構造調整融資の失敗の経験から、開発援助を受ける政府の形式的な組織（＝ガバメント）よりも実質（＝ガバナンス）が注目されるようになった。行政機構の効果や効率性、透明性、アカウンタビリティ、政権や政策の手続き的な正統性、法の支配、意思決定や執行への参加などが「グッド・ガバナンス」のために要求され、ガバナンス支援が拡大していった（稲田2006）。しかし、ここでデモクラシーとガバナンスの関係が問われるようになる。世界銀行は、ガバナンスの要素として、公共セクターの管理、アカウンタビリティ、開発のための法的枠組み、情報と透明性といった「非政治的」領域を強調する（World Bank 1992）。対して西側先進国が加盟する経済協力開発機構（OECD/DAC）では、政治体制の形態がそこに含まれた（OECD 1995）。その後、UNDPは、2002年度の『人間開発報告書』（紹介文献⑬）で「民主的ガバナンス」を特集し、広い分野への支援を求める折衷的な概念を示して支援枠組みを整えている。

❸ 民主化支援の停滞？

2000年代に入ると、9.11同時多発テロを受けたアメリカのブッシュJr.政権によって、民主化がテロの原因の解消につながるという信念から、対テロ戦争に合わせてデモクラシー推進政策が展開されていった。2003年にはその一環という位置づけでイラク戦争が行われ、それまで戦略的観点から独裁体制を容認していた中東諸国にも民主化へ向けた政治改革を要求していく。ウクライナ（2004年）など、2003年から05年にかけては、旧CIS諸国において選挙で不正が疑われた政権が反対勢力の抗議で倒される政変、いわゆる「カラー革命」が起きたが、それらは西側のデモクラシー推進の成果と考えられた。民主化支援活動全般がいっそう盛んとなり、民主化支援の研究も強制的なデモクラシー推進の是非から支援の効果の測定まで広範に展開されていった（紹介文献59 61）。

しかし、2000年代後半になると、強引なデモクラシー推進に対する反発が強まっていく。国内NGOへの外国からの資金援助の規制強化など、民主化支援全般への警戒や妨害が世界各国で広がった。また、欧米の「二重基準」や対テロ戦争のもとで民主化が進められたアフガニスタンやイラクで民主化の失敗が明らかになると、民主化支援全般の正当性がしだいに損なわれていった。

このいわゆる民主化支援への「バックラッシュ（反動）」（Carothers 2006）が

鮮明になると、民主化支援のリスクが上昇し、政党支援や政治分野で活動的なNGOへの支援など、相手政府に「対決的」な分野を避ける「非政治的」姿勢が援助関係者の間で強まった。本章で取り上げるブッシュの研究（紹介文献**60**）で示されるように、民主化支援活動の発達に伴うNGO間の資金獲得競争や専門化も、民主化支援が「飼いならされていく」傾向を促した。アメリカでは、2009年にオバマが大統領に就任すると、国内世論を反映して内向きな姿勢を強め、前政権のデモクラシー推進政策が改められた。エジプトのムバラク政権が民主化運動で転覆するなど2011年初頭に中東諸国で「アラブの春」が起きた際も、安全保障への配慮もあり、欧米諸国の関与は消極的なものであった。他方、開発援助では、ガバナンスの「主流化」が進み、2005年の援助の実効性に関するパリ宣言以降、当事国のオーナーシップが強まると、選挙や政治的自由、自由なメディア、権力を監視する市民社会といった、民主化にとって重要ではあるが対象国政府には好まれない分野は、支援対象としての優先順位を低下させていった。

　2010年代に入ると、レヴィツキーとウェイが「競争的権威主義体制」と呼ぶ状態になり民主化が停滞する諸国が世界的に増えていく（紹介文献**52**）。背景の一つとして、相対的な欧米諸国の「衰退」と中国の「台頭」に合わせて、政治体制の権威主義と経済の市場主義を組み合わせる中国の開発体制を「北京コンセンサス」として肯定的にとらえる風潮が一部の途上国に広がったことが挙げられる（ハルパー 2010=2011 紹介文献**3**）。また、レヴィツキーとウェイが指摘するように、欧米諸国やその影響下の国際機構によるレバレッジ（てこ）の一つである民主化支援が民主化に影響を及ぼすには、対象国と西側先進諸国の間での経済など多面的なリンケージ（連関）が重要となる。それが中国の台頭によって失われつつある。開発援助においても、新興ドナーとして、人権や民主化を援助の条件としない中国は存在感を増してきた。民主化を阻害し民主化支援の効果を打ち消す、「権威主義の推進」と呼ばれる国際的な動きも指摘されている（Burnell 2011）。

❹ 民主化支援の課題
　このように、冷戦前後からの西側先進諸国による民主化支援活動の本格化、1990年代半ば以降の民主化の「擁護」も含めた制度化の進展、今世紀に入っ

ての民主化支援活動全体へのバックラッシュの広がりといった歴史を経て、現在、実現すべきデモクラシーの概念や、デモクラシーとガバナンスの関係、民主化支援の手段・方法、民主化支援の外交政策や開発援助における位置づけといったテーマをめぐり議論が盛んである。それでも、民主化支援自体が、国内外のアクターの利害を左右する、「政治的」な活動であり、独自の困難さを伴うものであることが広く認識されつつある（Bridoux & Kurki 2014；紹介文献**61**）。

　そのような民主化支援の今後を考える上で重要な点は、第一に、民主化を支援するアクター自身の意思決定のあり方や国際政治の場におけるふるまい方である。とくにアメリカは、外交目標としてデモクラシー推進を掲げ、民主化支援で中心的存在である。他方、実践での「二重基準」が指摘され、民主化支援へのバックラッシュを引き起こしてきた（Cox et.al 2013）。近年内向きな姿勢が強まるアメリカやポピュリズムが浸透する EU 諸国の政策の変化は、民主化支援の正統性を左右する。それらのアクターにおける、安全保障の追求や、経済開発、対テロといった目標と民主化支援との葛藤や優先順位付けも、検討されるべき問題である（Hobson & Kurki 2011；Wolff et.al. 2014）。中国やロシアなど民主化支援に反対・消極的なアクターとの外交関係も注目される。民主化支援と開発援助、とくにガバナンス支援との相違や関係も問われなければならない。

　第二に、民主化支援と民主化の因果関係の解明に取り組む必要がある。どのような民主化支援の活動が、どのような過程を経て実際に民主化を促進するのか、支援効果を測る手法を含めて、過去の例から解き明かすことが求められる（Burnell 2007）。関連して、第三に、結果を測るために不可欠な、デモクラシーあるいは民主化の評価の方法がさらに検討されなければならない。有名なデモクラシー評価には、政治的権利と市民的自由に得点を付けて総合し各国を格付けするフリーダムハウスの「自由度指標」などがある。しかし、デモクラシーの評価は、定義や評価者の公平さの問題も含めて難題がある（Kumar 2013；紹介文献**61**の第 4 章）。国内外で広く受け入れられる評価方法の考案が求められよう。

　最後に、根本的な問題として、支援されるべきデモクラシーのあり方自体が問われなければならない。これまでの民主化支援では、欧米で実践されてきた自由民主主義体制がめざすべきモデルとされてきた。しかし、グローバル化で主権国家自体が変容し、中国など競合する政治体制のモデルが支持されるよう

になる中で、ガバナンス概念の発達も取り込みながら、参加デモクラシーなど多様なデモクラシーの形態に関する知見を参照しつつ、各国家・地域に適したデモクラシーのあり方が模索されるべき時期に来ている（杉浦 2014）。

関連文献ガイド

稲田十一「「ガバナンス」論をめぐる国際的潮流 —— 概念の精緻化と政策への取り込み」下村恭民編著『アジアのガバナンス』有斐閣 2006、pp.3-35.

猪口孝／コックス，マイケル／アイケンベリー，G・ジョン編『アメリカによる民主主義の推進 —— なぜその理念にこだわるのか』ミネルヴァ書房 2000=2006.

下村恭民・中川淳司・齊藤淳『ODA 大綱の政治経済学 —— 運用と援助理念』有斐閣 1999.

杉浦功一『国際連合と民主化 —— 民主的世界秩序をめぐって』法律文化社 2004.

杉浦功一「民主化 —— デモクラシーの実現不可能性」大庭弘継・高橋良輔編『国際政治のモラル・アポリア —— 戦争／平和と揺らぐ倫理』ナカニシヤ出版 2014、pp.206-246.

ハルパー，ステファン『北京コンセンサス —— 中国流が世界を動かす』園田茂人他訳、岩波書店 2010=2011 .

Bridoux, J. & Kurki, M., *Democracy Promotion: A Critical Introduction*, Routledge, 2014.

Burnell, P. ed., *Evaluating Democracy Support: Methods and Experiences*, International IDEA and Swedish International Development Cooperation Agency, 2007.

Burnell, P., *Promoting Democracy Abroad: Policy and Performance*, Transaction Publishers, 2011.

Carothers, T., The Backlash against Democracy Promotion, *Foreign Affairs*, 35(2), 2006, pp.55-68.

Carothers, T. & De Gramont, D., *Development and Confronts Politics: The Almost Revolution*, Carnegie Endowment for International Peace, 2013.

Cox, M., Lynch, T. J. & Bouchet, N. eds, *US Foreign policy and Democracy Promotion: From Theodore Roosevelt to Barack Obama*, Routledge, 2013.

Crawford, G., *Foreign Aid and Political Reform: A Comparative Analysis of Democracy Assistance and Political Conditionality*, Palgrave, 2001.

Diamond, L., *The Spirit of Democracy: The Struggle to Build Free Societies throughout the World*, Times Books, 2008.

Halperin, M. H. & Galic, M. eds, *Protecting Democracy: International Responses*, Lexington

Books, 2005.

Hobson, C. & Kurki, M. eds, *The Conceptual Politics of Democracy Promotion*, Routledge, 2011.

Kumar, K., *Evaluating Democracy Assistance*, Lynne Rienner Publisher, 2013.

OECD, *Participatory Development and Good Governance*, OECD, 1995.

Wolff, J., Spanger, H-J., Puhle, H-J. eds, *The Comparative International Politics of Democracy Promotion*, Routledge, 2014.

World Bank, *Governance and Development*, World Bank, 1992.

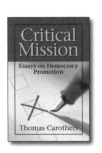

59 トーマス・カロザース
『重要な任務
―― デモクラシー推進についての諸エッセイ』

[邦訳なし]
Thomas Carothers, *Critical Mission: Essays on Democracy Promotion*, Carnegie
Endowment for International Peace, 2004.

　カロザースは執筆時、カーネギー国際平和財団のデモクラシーと法の支配プロジェクトのディレクターであった。1993 年に同財団に加わる前は、国務省の法律顧問としてラテンアメリカのデモクラシー・プログラムに従事していた。本書の執筆段階で、過去の実務経験およびシンクタンクとしての財団での研究を踏まえて、すでに多数の本や論文を公表しており、現在に至るまでなお民主化およびデモクラシー推進の先駆的かつ主導的な研究者の一人である。

　本書はそれまで公表されてきた論考を一つにまとめたものである。各論考は1990 年代から 2000 年代初頭にかけての民主化および民主主義の推進のトピックを題材にして書かれている。なお、カロザースは、資金・技術援助を中心にしたデモクラシー援助（democracy aid）と、それに強制措置や外交圧力を含めた広い意味でのデモクラシー推進（democracy promotion）を分けて用いている。

　本書の内容は時事的な論考も含め多岐にわたる。序章に続く第 2 部では、国際的なデモクラシー推進で中心的な役割を担い続けてきたアメリカに焦点が合わせられている。1993 年から 2000 年までのクリントン政権におけるデモクラシー推進政策と、2001 年の 9.11 同時多発テロ後のブッシュ Jr. 政権による対テロ戦争がデモクラシー推進に与えた影響に関する論考が収録され、対中東政策におけるように、安全保障や資源など戦略的利益の確保とデモクラシー推進という理想主義的な外交目標の追求の間にあるアメリカのジレンマが指摘されている。第 3 部には、デモクラシー援助の核となる要素とされてきた選挙支援、市民社会支援、法の支配支援に関する論考が収められている。第 4 部では、世界全体の民主化と民主主義体制の状況に関する諸論考が並ぶ。とくに、デモクラシー推進に関わる関係者が前提としてきたような、民主化は単線的な過程であると想定する「民主主義体制への移行パラダイム」がすでに現実に合わない

という指摘は大きな反響を呼んだ（"The End of Transition Paradigm" の章）。第 5 部では、テロの温床の撲滅として行われるようになったブッシュ Jr. 政権による中東へのデモクラシー推進について、その信頼性の問題などが書かれている。

　10 年余りの間に書かれた論考の内容は多岐にわたるものの、序章でカロザース自身が述べるように、それらは共通した姿勢によって貫かれている。第一に、アメリカおよび先進民主主義国による海外でのデモクラシー推進は、力強くかつ建設的な批判によって促進されうるという信念である。カロザースは、デモクラシー推進に従事する実務家の間に蔓延する、民主化へのインパクトに対する楽観的で誇張されがちな主張を常に懸念し警告してきた。そのような誇張と楽観主義は、対象国の人々の信用をかえって損なってきたという。

　第二に、デモクラシーの推進に取り組む組織が、一時的な流行に影響されがちであることを批判してきた。1980 年代の終わり以降、選挙、市民社会、法の支配、地方分権、反汚職など、注目される活動は短期間でたえず変遷している。そのつど人材や資源が投入されるものの、望まれた結果が得られないまま、次の流行分野へと移ってしまう。第三に、対象国のローカルな現実と人々の意見への注目である。これまで西側の援助関係者や政策決定者には、民主化支援の受益者からの批判的な説明や知見は十分に伝えられてこなかったという。

　本書を通じて、民主化支援が急速に発達した 1990 年代初頭からの 10 年余りの、世界の民主化とそれに対するアメリカを中心とした民主化支援の変遷を理解することができる。同時に、カロザースが指摘した問題点は、現在の民主化や民主化支援が抱える課題を考える上でも重要な素材を提供する。カロザースは最後の「今後について」と題する章で、楽観的なシナリオと悲観的なシナリオを提示しているが、イラクやアフガニスタンのその後の情勢に見られるように、その後のブッシュ Jr. 政権による中東へのデモクラシー推進政策は失敗に終わり、民主化支援全体も国際社会の信用を失って、カロザース自身が後に「バックラッシュ（反動）」と呼ぶ状況に直面することとなった。

　アメリカによるデモクラシー推進政策の特殊性に注意が必要であるものの、本書でカロザースが述べるように、過去の活動の蓄積とその批判的な省察が民主化支援の発展には必要であり、その機会を本書は提供してくれる。

60

サラ・ブッシュ
『飼いならされるデモクラシー支援
—— デモクラシー推進はどうして独裁者
と対決しないのか』

[邦訳なし]
Sarah Sunn Bush, *The Taming of Democracy Assistance: Why Democracy Promotion Does Not Confront Dictators*, Cambridge University Press, 2015.

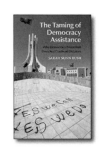

　著者は執筆時、テンプル大学で助教を務め、2011 年プリンストン大学から政治学の博士号を授与されている。本書は、今世紀になり「飼いならされる（taming）」民主化支援をそれに携わる非政府組織（NGO）に注目して説明する。

　デモクラシー推進は「専制体制からの移行や、新しい、あるいは不安定な民主主義体制の定着化を通じて、国家ないし諸国が他国の民主化を促す試み」と定義され（p.6）、経済制裁や報酬、コンディショナリティ、外交圧力、軍事介入を含む。その一部であるデモクラシー支援は、「諸国や国際機関、他のドナーが海外で民主主義体制を促進する明確な目標を持つ援助」とされる（p.7）。

　そのデモクラシー支援は、冷戦後に急速に成長し、デモクラシー推進で最も目立つ活動となったが、今世紀になり、対象国政府と「対決的（confrontational）」な活動が「飼いならされた（tame）」ものへと置き換えられつつある。筆者の言う飼いならされたデモクラシー支援とは、独裁者と直接対決するのを避けて、測定可能な結果と結びつけられた活動である。飼いならされた原因について、これまでは国家中心の説明がなされてきた。すなわち、支援側政府のイデオロギーや自己利益と、対象国の性質の変化が、デモクラシー支援の内容に変化をもたらすとされた。対して著者は、専門的領域としての「デモクラシーのエスタブリッシュメント」に属し、デモクラシー支援プログラムを設計・実施するトランスナショナルな NGO の役割に注目する。そして、①支援側の政府や NGO が関わる「プリンシパル－エージェント（本人－代理人）」問題と、②競争と専門化による NGO の組織上の変化から、デモクラシー支援の変質を説明する。

　①の問題は、デモクラシー支援では、アメリカをはじめ先進国政府（＝プリンシパル）は権限と資金を、支援を設計し実施する NGO（＝エージェント）に

委任することから生じる。支援側政府は、デモクラシー推進という願望を追求すると同時に、有権者に公的資金使用の正当性を示すため支援の効率性を求める。しかし、支援側の政府がNGOを常に監視・統制するのは難しい。対して、裁量の余地を得たNGO側は、デモクラシー推進を望みつつも、組織生き残りのための活動資金を必要とするため、支援側政府が求める「測定可能な（mesureable）」結果を示せるプログラムをもっぱら実施するようになる。同時に、支援の継続には対象国政府へのアクセスが不可欠であり、「独裁者」と直接には対決しない、議会支援や女性の政治参加への支援といった「体制順応的な（regime-compatible）」プログラムを選ぶようになる。他方、選挙、人権、メディア、政党といった現政権を脅かしかねない分野への支援は敬遠されていく。

　この傾向は、②NGO間の競争と内部の専門化でさらに強まる。デモクラシー支援に携わるNGOが増えて競争が激化すると、支援側政府の期待に応えて成功をアピールするため、測定可能な明確な結果を示す動機が増す。組織内部で専門領域への習熟が進む専門化も、測定可能な結果をプログラムに求めがちにする。専門家としての仕事を確保したい欲求もその傾向を後押しする。

　以上のようなロジックで、立案・実施されるデモクラシー支援のプログラムは、結果が測定可能かつ体制順応的なものへと収斂し、「飼いならされて」いく。しかし、結果が測定可能で体制順応的なそのようなプログラムが、必ずしも実質的な民主化につながるわけではない。改革を表面的にアピールしたい権威主義的な政府に利用され、民主化を阻むことすらある（以上、第Ⅰ部）。

　この説明は、第Ⅱ部において、20以上の政府系ドナーを通じた1万2000以上のNGOのデモクラシー支援プログラムの統計分析や（第4章）、全米民主主義基金（NED）が資金提供した5000以上のプロジェクトの分析（第5章）、フリーダムハウス、東欧デモクラシー研究所、オープン・ソサエティ財団といった個別のNGOの検証（第6章）、ヨルダンとチュニジアへのアメリカによるデモクラシー支援の事例分析（第7、8章）を通じて検証・証明される。

　最後に筆者は、政策的示唆として、ロジックを逆手にとり、実質的に民主化につながる支援を行うNGOへの報酬の増加や、NGOへの監視・統制の強化などを挙げる。本書の内容は、アメリカの活動への偏りはあるものの、民主化支援の変質を新しい視点から実証的に説明しようとするものであり、価値がある。

61

杉浦功一
『民主化支援
── 21世紀の国際関係とデモクラシーの交差』

[法律文化社 2010]

　本書は、これまで研究自体が限られてきた国際的な民主化支援活動について、過去の実績を踏まえつつ総合的に研究したものである。民主化支援活動の定義には大きく広義のものと狭義のものがあるが、本書では強制的な手法や外交的手段を含む民主化支援活動の広義の定義を採用している。

　最初に、世界各国の民主化および民主化支援活動が現在の国際関係に置かれた状況が概観されている（序章）。世界的に民主主義体制の権威主義化や民主化の後退・停滞が広がっており、国際的に民主化を支援する活動に対しても2003年のイラク戦争以降、「バックラッシュ（反動）」が起きている。

　そもそも民主化支援活動は、その手段において多様である。そこで、民主化支援活動全体を、支援の手段・方法を「介入の強度」によって強制、説得、合意の各アプローチに分け、同時に、活動の目的から民主化支援活動を民主化の「促進」と「擁護」に分類し、それぞれを組み合わせてまとめている（第1章）。その上で、民主化支援活動の歴史を概観している（第2章）。

　民主化支援の課題の一つは、他の分野と同様、支援活動が対象国の民主化にどの程度影響を与えたかを測定することである。本書でも民主化支援の民主化に対する効果の評価を含めて、民主化と民主化支援活動の関係が考察される（第3章）。しかし、支援の効果の測定の前提として、そもそも対象国の民主化はどの程度進展・後退したかを評価することが不可欠である。他方で、どの程度その政治体制が民主的かを評価することは、政治的立場や曖昧な要素が絡む難しい作業でもある。本書では、国際援助機関や研究者によって提案・実践されてきたデモクラシーおよびガバナンス（DG）の評価の方法について検討される。結果、DG評価の政治性の認識、評価の方法論のさらなる開発と実践を通じた修正、デモクラシーの原理をDG評価の過程にも反映させる工夫、デ

モクラシーとガバナンスの関係の明確化といった課題が提示される（第4章）。

　主要な民主化支援アクターに国連がある。しかし、国連は、民主的な国家からそうでないものまで多様な加盟国を抱えている。その中で国連として民主化を支援することは、欧米先進国とは別の困難を伴ってきた。本書は、国連システムの中で唯一「デモクラシー」の名を冠する機関で2005年に設立された国連民主主義基金（UNDEF）の活動に焦点を合わせながら、国連の民主化支援体制の現状と課題を考察している。UNDEFの課題として、国連全体の民主化支援活動におけるUNDEFの位置づけの明確化や、多様な政治体制を抱える加盟国との関係で生じる問題への対処、事業がその国の民主化全体へもたらした影響の評価枠組みの必要といった点が指摘される（第5章）。

　そもそも国連の主要な活動は平和への取り組みにあり、平和構築活動では民主化が主要な目標の一つである。本書では、民主化および民主化支援の最近の研究成果と結びつける形で、国連を中心とした平和活動における民主化支援が検証される。民主化の進展の評価メカニズムの弱さ、選挙支援への偏重、短期的な視点の強さ、安全保障理事会や平和構築委員会の意思決定過程での正当性確保の困難さといった問題が存在している（第6章）。

　民主化支援では欧米諸国が目立つが、日本もまた西側先進諸国の一員として民主化を支援する一方、独自の立場をとってきた。本書は、日本の民主化支援活動の歴史と実践を分析し、日本の課題として、国外の民主化への態度の明確化の必要、民主化と安全保障や商業的利益など他の国益とのバランス、政府だけでなく民主化に関わるNGOの発達の必要などを指摘する。

　最後に、これらの分析を踏まえ、国内外の諸アクター間の権力闘争と結びつくという意味で、民主化支援の本質的な「政治性」が指摘される。その上で、正当性と実効性の観点から民主化支援の課題が改めて考察される。正当性については対象国国民の参加と包括性が、実効性については対象国の状況に応じた民主化支援の工夫や支援の効果を評価する手法の発達などが課題とされる。

　民主化支援をどのように定義し、どのような観点から分析するか自体が、民主化支援の研究の争点であった。本書は、数少ないそのような試みであり、かつ日本語で書かれたものとして希少であるといえる。2010年頃までの民主化支援の全体的な動向を把握する上でも有用であり、同時に民主化支援に対する重要な視点と生じている多様な争点を理解することができよう。

索　引

英国内閣府　110

エコノミスト・インテリジェンス・ユニット
　　（EIU）　235

欧州連合（EU）　45, 115, 128, 191, 235, 240, 270,
　　273

オックスフォード大学　105, 116, 120

開発援助委員会（DAC）　23-24, 59, 101, 110, 223,
　　228, 234, 271

経済協力開発機構（OECD）　23, 59, 94, 101, 110,
　　141-142, 147, 179, 223, 228, 234, 257, 271, 275

ケンブリッジ大学　29, 119, 263

国際通貨基金（IMF）　21-22, 51, 60, 62, 222, 247-
　　248, 251

国連開発計画（UNDP）　6-8, 43, 59-72, 85, 88, 94,
　　100-101, 139, 141, 143-144, 159, 189, 234, 270

国連カンボジア暫定統治機構（UNTAC）　101

国連経済社会局（UNDESA）　62, 152, 154, 159,
　　164

国連民主主義基金（UNDEF）　281

国連薬物犯罪事務所（UNODC）　142

世界銀行（世銀）　3, 5, 8-9, 20-22, 43, 46-48, 50-52,
　　54-55, 59-72, 76-77, 85, 87, 91, 94, 100-105,
　　107-108, 110, 125, 128, 138-142, 144-145,
　　151-152, 158-159, 171, 174-175, 177, 182,
　　186, 189, 195, 203, 222, 226, 234, 246-248,
　　250-253, 257-259, 261, 270-271

全米民主主義基金（NED）　270, 279

トランスペアレンシー・インターナショナル
　　（TI）　137-140, 143-144, 147

ハーバード・ケネディスクール　152, 155, 177

ハーバード・ビジネススクール　150, 180

非 DAC ドナー　23-24

フリーダムハウス　8, 195, 235, 273, 279

米国会計検査院　127

米国国際開発庁（USAID）　46, 52, 101, 127, 132,
　　140-141

米州機構（OAS）　270

マンチェスター大学　167, 267

◉学問領域

開発政治学　3-4, 7, 9-10, 19, 31, 79, 82, 117, 119,
　　160, 174, 215, 224, 237

開発法学　4, 133

環境学　4

教育学　4

行政学　4, 139-140, 160, 163, 165-166, 169, 182, 188

経済学　4, 9-10, 19-20, 25, 37, 51-52, 107, 139, 197,
　　247, 255, 258

　ケインズ経済学　27

　古典派経済学　19

　新古典派（新古典派経済学）　19-21, 26, 74, 256

　新制度学派　19-30, 74, 125-126, 249

　情報経済学　26

　新自由主義　22, 65, 85, 91, 207, 222, 224, 247

　マルクス経済学　19, 25

公共政策論　31-41, 167, 172-173

国際開発（学）　3-4, 9, 31, 72, 258

国際法　75, 100, 109, 148

システム理論　36, 172

社会学　4, 7, 10, 19, 36-37, 52, 74, 139, 173, 216, 238,
　　247, 258

従属論　21, 31-41, 86

女性学　4

政治学　4-5, 7, 9-10, 19-20, 23, 31-37, 40-41, 74, 91,
　　93, 99-100, 111, 136, 139, 159-163, 165, 172,
　　182, 192, 196-197, 201, 203, 212, 214, 237,
　　247, 249, 255, 258

　国際関係論　20, 23, 99-100, 228

　国際政治学　155

　国際政治経済学　19-30

　国家論（国家学）　9-10, 41, 85-89, 93, 95, 99

　比較政治学　19, 31-41, 215, 232, 239-240, 251

　紛争論　100

政治経済学　9-11, 19-30, 37, 41, 44, 65, 82-83, 144-
　　145

政治社会学　10

文化人類学　258, 261, 268

法学　4, 10, 130, 139, 266

マルクス主義　19, 21-22, 28, 34, 40-41, 86

◉概念・キーワード

《あ　行》

アソシエーション　222

アパルトヘイト　136

288

202, 220-224, 228-229

社会運動　38, 51, 53, 67, 221, 230

社会開発　3, 5, 21, 39, 43-44, 55, 59, 64-65, 89, 91, 93, 152, 159, 171, 174, 245

社会関係資本　220-231

社会契約説　99

社会的包摂　190-191

社会福祉　5, 100, 174, 189

社会民主主義　28, 169

宗教　53, 99, 112, 114-115, 126, 133, 146, 174, 198, 212, 217, 221, 227, 240, 268

宗教政党　212

私有財産制度　75-76

自由主義　21-22, 28, 41, 74, 191, 257-261, 265, 267-268

重責債務貧困国（HIPCs）　61

従属国家　85-86

自由度指標　8, 139, 195, 235, 273

周辺国　21, 25, 41

自由民主主義　37, 74, 77, 114, 210-212, 219, 232-233, 237, 264, 269-270, 273

熟議民主主義　222, 227, 235

主権　106, 109, 127, 191, 238, 273

出版資本主義　113, 118

商工会議所　168, 204

情実任用　196

少数民族　127, 129, 198

植民地　4, 31, 34, 37-38, 87, 93, 97-98, 100, 111, 113, 118-119, 161, 197, 211, 239, 258

新家産制　85-98, 149, 155, 161, 195-208

人権　6, 29-30, 44, 60-61, 68, 72, 76, 103, 125-126, 129, 135, 137, 221, 223, 230, 234, 237, 240, 260, 269-270, 272, 278

新公共経営（NPM）　168, 181, 188, 222

新興工業経済地域（NIES）　34, 92

人材育成　44, 73, 142, 168-169, 173, 265

人治　149-158, 161, 196

新歴史学アプローチ　26

政権党　197

政策介入　172, 247

政策形成　22, 59, 67, 165, 187

政治改革　48, 60, 234, 271

政治経済既得権　42-46, 48, 84, 94, 96, 128, 130, 135-136, 162, 180, 246

政治経済分析（PEA）　42-55, 78, 85-98, 152

政治献金　45, 197

政治参加　38-39, 62, 69, 183, 232, 279

政治制度　38-39, 68, 75-76, 78, 82-84, 101, 109, 136, 202, 219, 233, 236-237, 249

政治的意志　60, 127-129, 137-148, 151-152

政治的資本主義　8, 87, 92, 96, 197

政治的自由　39, 69, 211, 272

政治任用　89, 92, 96, 156, 159-160, 198-199

脆弱国家　10, 99-110, 254, 258

政治利権　197

政党（政党制）　10, 39, 52-54, 62, 67, 69, 74, 89, 129, 136, 149, 160, 166, 175, 179, 196-199, 201-203, 205-206, 209-219, 221, 237-238, 241, 252, 264, 269, 272, 279

正当性（正統性）　67, 78, 102, 108, 114, 127, 135, 196, 220, 229, 240, 249, 259, 266, 271, 273, 279, 281

制度化　9, 34-35, 38-39, 49, 55, 88, 149, 160, 169-170, 188, 209-219, 240, 263-264, 270, 272

制度改革（制度改革支援）　73-84, 102, 128-129, 133-135, 142, 145, 171-180, 245, 249

制度構築　65, 76-78, 145, 189, 257-261, 268

制度論　31-41, 74, 181, 192, 202, 249

政府開発援助（ODA）　245-256, 270

政府調達　55, 137, 141, 196

政府融資　95, 196

世界システム論　31-41

世界社会フォーラム　224, 230

石油輸出国機構（OPEC）　42

説明責任（アカウンタビリティ）　6, 45, 60, 67-68, 88, 103, 138, 141, 145, 151-152, 159, 167-168, 177-178, 187, 198

選挙　6, 8, 38, 44, 52, 54, 67-69, 78, 88, 94, 98, 101-102, 106, 135-136, 155, 163, 165, 168, 170, 173, 175, 179-180, 183-184, 188, 195-198, 201, 204, 206, 209-213, 215-219, 232-235, 237-241, 252, 254, 264-265, 269-272, 276-277, 279, 281

選挙権威主義（体制）　215, 219

選挙民主政　19, 234

前近代　32, 39, 88, 112, 121, 167, 201

選択的援助　254

創造的破壊　76, 84

それなりのガバナンス　77, 203

《た　行》

代議制民主主義　185, 191, 222, 231

◉略語

BHN　→人間の基本的ニーズ
CPIA　→国別政策制度評価
CSO　→市民社会組織
DAC　→開発援助委員会
DFID　→英国国際開発省
EU　→欧州連合
FSI　→破綻国家指標
IMF　→国際通貨基金
MDGs　→ミレニアム開発目標
NGO　→非政府組織

NIES　→新興工業経済地域
NPM　→新公共経営
ODA　→政府開発援助
OECD　→経済開発協力機構
P-C関係　→パトロン‐クライアント関係
PEA　→政治経済分析
PKO　→平和維持活動
SDGs　→持続可能な開発目標
UNDESA　→国連経済社会局
UNDP　→国連開発計画
USAID　→米国国際開発庁

●**執筆者紹介**（50 音順、＊は編著者、［　］内は担当章）

＊**稲田十一**（いなだ・じゅういち）
　専修大学経済学部 教授
　専門：開発の政治経済学、国際協力論、ODA 評価
　主要業績：『紛争後の復興開発を考える —— アンゴラと内戦・資源・国家統合・中国・地雷』
　（創成社 2014）、『国際協力のレジーム分析 —— 制度・規範の生成とその過程』（有信堂 2013）、
　『開発と平和 —— 脆弱国家支援論』（編著、有斐閣 2009）、『紛争と復興支援 —— 平和構築に向け
　た国際社会の対応』（編著、有斐閣 2004）。
　［第 1 章、第 7 章］

＊**小山田英治**（おやまだ・えいじ）
　同志社大学大学院グローバルスタディーズ研究科教授
　専門：国際開発学、開発政治学、途上国のガバナンス・汚職対策研究
　主要業績："Combating corruption in Rwanda: Lessons for policy makers"（J. Quah ed., *Asian Education
　and Development Studies*, Vol. 6, 2017）,「汚職撲滅を阻む要因と促進する要因」（木村宏恒他編『開発
　政治学の展開』勁草書房 2013）、"President Gloria Macapagal-Arroyo's Anti-Corruption Strategy in the
　Philippines: An Evaluation"（*Asian Journal of Public Administration*, National University of Singapore 2005）
　［第 4 章（**12**をのぞく）、第 10 章、第 15 章**40**］

＊**金丸裕志**（かなまる・ゆうじ）
　和洋女子大学人文学群教授
　専門：比較政治学、政党論、民族問題、東南アジア地域研究
　主要業績：『開発政治学入門』（編著、勁草書房 2011）、『開発政治学の展開』（編著、勁草書房
　2013）、『ポストフクシマの政治学』（共著、法律文化社 2014）、『実践の政治学』（共著、法律文
　化社 2011）、『先進社会の政治学』（編著、法律文化社 2006）他
　［第 2 章、第 8 章、第 15 章**42**、第 16 章］

木村宏恒
監修者紹介を参照。
　［はじめに、第 3 章、第 4 章**12**、第 6 章、第 11 〜 13 章、第 15 章（**40 42**をのぞく）］

小林誉明（こばやし・たかあき）
　横浜国立大学国際社会科学研究院准教授
　専門：政治経済学、ODA 政策論
　主要業績：『開発援助がつくる社会生活』第 2 版（共編、大学教育出版 2017）、「ODA は難民
　を救えるか —— グローバルな人口移動時代における国際貢献の構図」（『東洋文化』第 97 号、
　2017）、「「ガバナンスを通じた貧困削減」の現実的妥当性 —— MDGs に内在するトレードオ
　フ」（『国際開発研究』23（1）、2014）
　［第 19 章］

笹岡雄一（ささおか・ゆういち）
明治大学公共政策大学院ガバナンス研究科教授
専門：グローバル・ガバナンス論、国際関係論、比較地域主義論
主要業績：「グローバル・ガバナンスと BRICS の台頭」（『ガバナンス研究』13、2017）、『新版グローバル・ガバナンスにおける開発と政治』（明石書店 2016）、“China's Position on Global Governance”（*Frontiers of North East Asian Studies*, 15, 2016），「分権化と紛争予防」（『国際政治』第 165 号、2011）
［第 14 章］

志賀裕朗（しが・ひろあき）
国際協力機構（JICA）研究所主任研究員
専門：政治学（開発と法、土地問題、新興国援助問題）
主要業績：「参加型憲法制定の問題点と可能性 —— 国民参加による憲法制定はポスト・コンフリクト国の政治秩序安定の切り札となるか」（『国際政治』第 165 号、2011）、“'Emerging Donors' from a Recipient Perspective: An Institutional Analysis of Foreign Aid in Cambodia”（共著、*World Development*, Vol. 39, No. 1., 2011）
［第 5 章、第 9 章］

＊杉浦功一（すぎうら・こういち）
和洋女子大学人文学群准教授
専門：国際関係論、政治学
主要業績：『国際連合と民主化 —— 民主的世界秩序をめぐって』（法律文化社 2004）、『民主化支援 —— 21 世紀の国際関係とデモクラシーの交差』（法律文化社 2010）
［第 17 〜 18 章、第 21 章］

西川由紀子（にしかわ・ゆきこ）
名古屋大学大学院国際開発研究科教授
専門：平和学、国際政治、平和構築論
主要業績：「紛争を経験した脆弱国をめぐる開発協力 —— 批判的検証と今後の展望」（『国際政治』186 号、2017）、“The effects of Global Economy on Contemporary Conflicts”（Otsubo, S.T. ed., *Globalization and Development*, Vol. I, Routledge, 2015）、『小型武器に挑む国際協力』（創成社 2013）、*Human Security in Southeast Asia*（Routledge, 2010）
［第 20 章］

●監修者紹介

木村宏恒（きむら・ひろつね）
名古屋大学名誉教授（大学院国際開発研究科）
専門：開発政治学、国際関係論
主要業績：『国際開発学入門』（編著、勁草書房 2009）、『開発政治学入門』（編著、勁草書房 2011）、
Limits of Good Governance in Developing Countries（編著、Gadjah Mada University Press, 2011），『開発政治学の展開』（編著、勁草書房 2013）、「ガバナンスの開発政治学的分析 ——「統治」と「共治」の関係を見据えて」（『国際開発研究』23（1）、2014）、「ルワンダの開発と政府の役割」（名古屋大学国際開発研究科 DP 2015）

開発政治学を学ぶための 61 冊
開発途上国のガバナンス理解のために

2018 年 2 月 28 日　初版第 1 刷発行

監修者　　　木村宏恒
編著者　　稲田十一・小山田英治
　　　　　金丸裕志・杉浦功一
発行者　　　　大江道雅
発行所　　　株式会社 明石書店
〒 101-0021 東京都千代田区外神田 6-9-5
電　話　03-5818-1171
Ｆ Ａ Ｘ　03-5818-1174
振　替　00100-7-24505
http://www.akashi.co.jp
装丁　　明石書店デザイン室
印刷・製本　モリモト印刷株式会社

（定価はカバーに記してあります）　　　　　　　ISBN978-4-7503-4639-7